|직관과 모형의 종합예술|
경제전망의 실제

| 직관과 모형의 종합예술 |

경제전망의 실제

| 박양수 지음 |

ECONOMIC FORECASTING

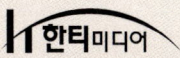

▶ **박양수**

학력 및 경력
- 고려대학교 경제학 학사 및 석사
- University of Illinois at Urbana-Champaign 경제학 박사
- 한국은행 조사국 행원, 조사역
- University of Illinois와 FRB of Chicago 공동 설립 지역경제학연구소(REAL) 선임연구원
- 한국은행 조사국 거시모형반 반장
- 한국은행 뉴욕사무소 차장 등

주요연구논문
- 한국은행 동태적 최적화 모형(BOKDSGE) 개요
- 주요 교역국과의 경기변동 동조화 현황 및 충격요인 분해
- 경제뉴스, 경제상황, 소비자 기대심리 그리고 소비행위의 상호 속성 의제설정 관계에 대한 시계열 분석
- 한국은행 거시계량투입산출모형의 개요
- 우리 경제의 성장잠재력 약화 원인과 향후 전망 등 다수

| 직관과 모형의 종합예술 |

경제전망의 실제

발행일 2011년 01월 10일 초판
저　자 박양수
발행인 김준호
발행처 한티미디어
총　괄 오성준
마케팅 박재인 이재명
편　집 조영주 홍현정
관　리 전보라

등　록 제15-571호
주　소 서울시 마포구 연남동 570-20
전　화 02)332-7993~4
팩　스 02)332-7995
디자인 우일미디어
인　쇄 이산문화사
가　격 20,000원
홈페이지 www.hanteemedia.co.kr
이 메 일 hantee@empal.com

ISBN　978-89-6421-052-9　93320

ⓒ Yang Su Park, 2011

- 이 책은 저자와 한티미디어의 독점계약에 의해 발행한 것이므로 내용, 사진, 그림 등의 전부나 일부의 무단 복제 및 무단 전사를 일절 금합니다.
- 저자와의 협의하에 인지는 생략합니다.
- 파본 도서는 구입처에서 교환해 드립니다.

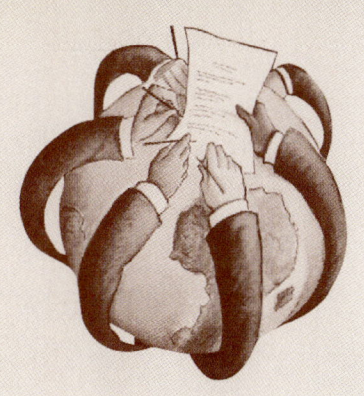

머리말

　필자는 1991년 한국은행에 몸담은 이후 거의 대부분의 시간을 조사국에서 경제전망 및 모형개발과 정책보고서 작성에 보냈다. 한국은행의 해외학술연수원에 선발되어 미국에서 공부할 때도 박사학위 논문을 거시경제학과 계량경제학에 관한 주제로 작성하였다. 특히 2004년부터 2007년까지 거시모형반장을 맡아 BOK04, 거시계량투입산출모형, BOKDSGE 모형을 개발하는 등 한은의 경제예측시스템을 선진국 수준으로 발전시키는 작업을 주도했다. 또한 당시 한은의 경제전망 작업에서 실무 코디네이터 역할도 수행했는데 예측오차가 너무 작게 나는 바람에(2005~2007년중 GDP 성장률 예측오차가 거의 제로였음) 훌륭한 점쟁이로 취급받기도 했다.

　필자가 『경제전망의 실제』라는 주제로 책을 쓰게 된 데는 몇 가지 이유가 있다. 우선 다년간 경제전망 업무를 수행하면서 축적한 경제전망 관련 지식을 총정리해 보고 이를 많은 분들과 공유하고 싶었다. 지식의 정리는 새로운 분야로 연구영역을 넓혀나가기 위한 기초작업이며 이러한 특별한 지식을 공유하는 것은 그동안 가르침을 주신 많은 분들과 한국은행(중앙은행의 예산은 발권력에 근거하므로 국민)에 조금이나마 보답하고자 하는 의미가 있다.

　두 번째는 경제전망에 대한 일반의 이해를 높여 불필요한 오해에서 비롯되는 사회적 비용을 줄일 필요가 있다고 생각했다. 거시모형반장 시절 정책당국자, 언론관계자, 국회보좌진, 대학생 등을 대상으로 강의할 기회를 자주 가졌는데 많은 분들이 경제전망에 대해 잘 이해하지 못하기 때문에 경제전망 담당자에게 존경을 표하다가도 전망이 크게 틀리기라도 하면 기다렸다는 듯이 전망의 무용론까지 들고 나오는 이중적 태도를 보인다는 사실을 깨닫게 되었다. 사실 전망기관들이 전망치를 발표하면 금융시장이 필요 이상으로 민감하게 반응하고 예측오차와 관련한 소모적 논쟁으로 정책당국의 신뢰도가 낮아지는 현상이 발생하고 있는 것은 상당 부분 경제전망의 실제에 대한 이해가 부족한 데 기인한다. 이 책을 통해 전문가와 일반인 사이에 존재하는 경제전망에 대한 이해의 간극이 줄어들 수 있기를 기대한다.

세 번째는 경제전망 업무를 직접 담당하거나 애널리스트가 되고자 하는 분들에게 실무적으로 직접 도움이 될 수 있는 책을 접하게 하고 싶었다. 그동안 경제전망과 관련한 책들은 계량경제학 교과서와 크게 다르지 않아 계량경제학 기법들이 어떤 아이디어에 바탕을 두고 개발되었고 실제 경제현상을 분석하는 데 있어 어떻게 활용될 수 있는지에 대해 설명이 충분하지 못하였다. 이에 따라 대부분의 경제학 및 금융학 전공자들이 계량경제학 교과서에 나오는 수식만 외우다가 시험이나 보고 졸업하게 되는 것이 우리의 현실이다. 이 책을 통해 이러한 사회적 자원낭비를 줄일 수 있는 계기가 만들어지길 기대한다.

마지막으로 우리나라가 국제적인 금융허브를 추구하는 과정에서 인프라가 될 이코노미스트나 애널리스트들의 경제분석 능력이 한 단계 업그레이드되는 데 도움이 되었으면 한다. 사실 우리나라 금융시장이 지금보다 더 효율적으로 작동하기 위해서는 모든 정보가 가용되고 철저하게 분석되며 이것을 바탕으로 금융상품 가격이 형성되는 시스템이 갖추어져야 하므로 금융회사 및 금융시장 참가자들의 경제현상에 대한 분석 및 이해 능력은 매우 중요하다. 필자가 2007년 9월부터 3년 동안 한국은행 뉴욕사무소에서 근무하며 월가의 이코노미스트나 애널리스트들을 직접 접촉할 기회가 많았는데 이들의 분석능력을 보면서 우리나라의 경제분석 인프라가 한시바삐 업그레이드되어야 함을 피부로 느끼게 되었다.

이 책은 경제전망이 직관과 모형을 결합한 종합예술이라는 필자의 견해를 토대로 앞에서 언급한 집필의도에 최대한 부합하도록 다음과 같이 구성하였다. 1장에서는 경제전망이 무엇이고 왜 중요하며 어떤 아이디어에 바탕을 두고 수행되는지 살펴보았다. 또한 경제전망의 2대 요소와 정확성 결정요인 등에 대한 필자의 견해를 제시했다. 2장에서는 단기적인 경기흐름 분석기법을 중점적으로 설명하였다. 매일 홍수처럼 쏟아져 나오는 다양한 경제지표들에서 어떤 방식으로 경기순환 정보를 추출하고 이를 전체 경제전망에 활용하는지, 1년 정도의 시계에 대한 예측에서 시계열분석이 어떻게 사용되는지 등에 관해 설명하였다. 3장에서는 경제이론에 바탕을 두고 체계적인 전망치를 도출하는 데 활용되는 거시계량모형의 구축방식에 대해 기술하였다. 즉 경제이론 및 계량경제기법을 이용하여 거시계량모형을 구축하는 절차, 유의사항 및 모형의 형태 등에 관해 살펴보았다.

4장에서는 거시계량모형을 이용한 전망절차, 모형에 의한 예측치와 부문별 담당자의 전망치를 결합하여 최종 전망치를 확정하는 과정 등에 대해 소개했다. 또한 잠재 GDP, 자연실업률 등 경제활동의 적정수준을 가늠하는 비교 지표들을 정교하게 추정하는 방법에 대해서도 설명했다. 5장에서는 경제예측의 정확성 평가기준 및 예측오차 발생원인 등에 대해 살펴보고 전망의 불확실성과 관련한 커뮤니케이션 방법에 대해서도 설명하였다. 마지막 6장에서는 향후 경제전망시스템의 발전방향 등에 관한 필자의 생각을 첨언하였다.

이 책을 다음과 같이 활용하면 독자들에게 더욱 유익할 것으로 생각한다. 경제학에 관한 지식이 상대적으로 부족한 분들은 소설처럼 처음부터 끝까지 읽어 내려가길 바란다.[1] 수식은 정확히 이해하지 못하더라도 경제전망이 어떤 아

---

[1] 책을 읽어 내려가다 2장의 "시계열분석", 3장의 "거시계량모형의 형태", 4장의 "적정수준 지표의 정교한 추정" 등은 수식이 많으므로 건너뛰어도 될 것이다.

이디어를 통해 어떤 방식으로 수행되며 그것의 한계는 무엇인지 이해하게 될 것이다. 계량경제학 지식을 어느 정도 갖춘 독자들은 이 책을 읽으면서 경제전망에 사용되는 기법들의 의미에 대해 이해하고 전문적인 계량경제학 책을 다시 보면서 그 지식을 심화시킨다면 본인들의 계량분석 능력 향상에 크게 도움이 될 것이다. 한편 대학에서는 경제학과나 금융학과의 선택과목으로『경제전망에 대한 이해』를 추가할 필요가 있다고 보는데 이 경우 이 책자를 교재로 적절히 활용할 수 있을 것이며 계량경제학 과목의 보조교재로도 사용할 수 있다고 본다. 아울러 금융경제 전문가를 양성하는 연수과정에서도 교재로 활용할 수 있을 것이다.

    이 책을 집필하는 과정에서 많은 이들의 도움을 받았다. 필자가 거시모형반장을 맡고 있는 동안 한국은행 조사국에서 모형개발 및 경제전망 업무를 함께 수행했던 모든 분들께 감사드린다. 이 책에서 인용된 표나 그림중 상당부분은 당시에 이 분들과 함께 작성했던 것들이다.[2] 특히 강희돈 박사는 필자가 조사국을 떠나 뉴욕사무소에 근무하던 2007년 이후에도 조사국에 남아 거시계량모형을 적극적으로 개발하였으며 그 결과를 이 책에서 인용할 수 있도록 허락해 주었다. 필자와 공동 집필했거나 본인이 직접 작성한 자료들을 인용할 수 있도록 동의해 주신 오금화 박사, 황상필 박사, 최영일 과장 등에게도 고마움을 표한다. 초고를 끝까지 읽고 코멘트해 주신 이정욱 차장, 문소상 과장, 권민수 과장, 최강욱 조사역, 김예진 조사역 등에게도 감사의 마음을 전하고 싶다. 아울러 한티미디어 출판 관계자 분들에게도 고마움을 표한다. 마지막에 언급하지만 가장 크게 감사할 대상

---

[2] 책에서 제시된 그래프는 대부분 2007년 초까지를 기준으로 작성되었기 때문에 경기국면 구분이 현재와 다소 다르게 표시되는 등 불편한 점이 있다. 그러나 동 문제가 이 책의 내용을 이해하는 데 큰 지장을 초래하지는 않는다고 보며 한국은행의 통화정책 수행 등과 관련하여 불필요한 오해가 발생하지 않도록 하자는 필자의 의도가 반영된 것임을 이해해 주기 바란다.

은 아내 유숙과 두 딸 서연, 지혜다. 사실 이 책이 출간되기까지 아내와 아이들의 희생이 컸다. 뉴욕사무소에 재직하는 동안은 미국이 금융위기 파고 속에 있었기 때문에 사무소의 업무가 너무 바빠 원고를 주말에 시간을 내어 작성해야 했다. 이런 사정으로 외국생활에서 가장 소중한 가족과 보내는 시간이 줄어들 수밖에 없었다. 이 지면을 빌어 가족들에게 미안한 마음과 고마움을 함께 표한다.

마지막으로 이 책의 내용은 필자가 근무하고 있는 한국은행의 공식 견해와는 무관하며 조그마한 오류가 있더라도 모두 필자의 책임임을 밝혀둔다.

2010년 가을
미국 뉴욕 그레잇넥 서재에서
박양수

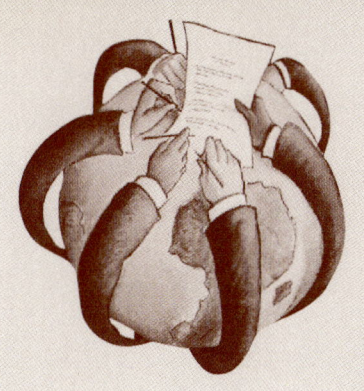

차 례

1장 경제전망의 이해 1
경제전망의 중요성 3
경제활동 수준과 방향 판단 8
경제전망의 2대 요소 15
경제전망의 정확성 결정요인 19

2장 경기흐름 분석 23
동행지표와 선행지표의 활용 25
월별지표 해석 및 지표모형 30
경제시계열에서 순환변동의 추출 33
증감률의 활용 40
서베이 지수의 활용 47
경제지표들의 공통요인 추출 53
시계열분석 63

3장 거시계량모형의 구축 73

경제주체의 경제활동과 경제변수간 관계 75

거시계량모형의 구축 절차 90

이론적 정합성과 현실 설명력 제고 94

거시계량모형의 형태 104

4장 거시계량모형에 의한 전망 및 주관적 판단과의 결합 119

거시계량모형에 의한 전망 절차 121

모형을 이용한 시나리오 분석 130

간접적인 방식을 이용한 시나리오 분석 138

최종 전망수치의 확정 144

적정수준 지표의 정교한 추정 155

5장 경제전망의 불확실성과 커뮤니케이션 169

경제전망의 정확성 평가기준 171

예측오차의 발생 원인과 전망시스템 개선 176

경제전망의 불확실성 제시 180

전망수요자와 커뮤니케이션의 중요성 187

6장 향후 경제전망시스템의 발전방향 195

경제전망시스템의 발전방향 197

전망에 대한 감각 기르기 204

경제전망시스템 디자인과 전문가 양성 208

주요 참고문헌 213

찾아보기 217

Economic Forecasting

참고 박스글

| 1장 | • 경제전망과 경기대응정책 성패의 관계 5
| • 경기순환 관련 용어 6
| • 증감률만 이용시 경제상황판단 오류(예시) 14
| • 경제전망의 대상 변수 18
| • 애널리스트와 모형운용자의 갈등 21

| 2장 | • 국민계정 설비투자와 설비투자추계지수의 차이 28
| • 건축허가면적 · 건설수주에서의 건설투자 정보 추출 29
| • 통계청의 경기순환시계 37
| • 스펙트럴분석 39
| • 불규칙요인에 의한 경기신호 왜곡 45
| • 추세 · 순환계열의 전월대비 증감률 활용 46
| • BSI와 기대 생산활동의 관계 50
| • 연속신호추출법 58
| • 유가충격이 생산 및 소비에 미치는 영향 변화 71

| 3장 | • GDP 성장률과 지출부문별 증감률의 변동성 비교 82
| • 물가지수별로 예측에 활용하는 정보변수의 차이 87
| • 거시계량모형의 방정식 체계 및 활용(예시) 88

- 통화정책 수행과정에서 거시계량모형의 역할 93
- DSGE 모형의 개요 96
- DSGE와 VAR 모형의 수렴 현상 103
- 가계의 최적화 행위 112
- 정의식, 추세변동 및 순환변동 방정식의 예 116
- 글로벌 모형의 개발 117

| 4장 |
- 정책금리를 불변으로 전제할 때의 장단점 126
- BOK04 모형에 의한 시뮬레이션 결과 133
- 기준전망의 하방리스크 점검(예시) 137
- 모형이 경제구조 변화를 반영하지 못하는 상황에서의 시뮬레이션 143
- 한국은행 조사국의 경제전망 작업 흐름 145
- 전망시계에 따른 모형 선택과 시계별 중점 점검요소 149
- 경제전망 수정 및 근거 제시 151
- 왜 경제전망을 직관과 모형의 종합예술이라 하나? 153
- 추정방법별 GDP 갭률의 비교 및 시사점 159
- 준구조모형을 통한 잠재 GDP, 자연실업률, 중립금리의 동시 추정 166

| 5장 |
- 자승평방근퍼센트오차 5%내의 수출입 예측오차와 경상수지 175
- 예측오차에 대한 민간의 비판과 정책당국의 자세 179
- 위기관리 방식의 정책결정과 시나리오 분석 182
- 영란은행 방식의 팬차트 해석 186
- 중앙은행의 책임성과 경제전망치 공표 192

| 6장 |
- 민스키의 경제관 : 금융불안정과 경제정책 201
- 차트분석의 활용 : 시장 효율성 및 경제주체의 합리성 문제 206

CHAPTER 1

경제전망의 이해

1장에서는 경제전망의 실제에 대해 구체적으로 설명해 나가기에 앞서 전망에 대한 일반적인 이해를 돕기 위해 경제전망이 무엇이며 왜 중요하고 어떤 아이디어에 바탕을 두고 수행되는 것인지 살펴본다. 또한 경제전망의 2대 요소와 정확성 결정요인들에 대해 논의함으로써 왜 필자가 경제전망은 직관과 모형의 종합예술이라고 인식하고 있는지의 일단을 보여 주고자 한다.

ECONOMIC FORECASTING

Economic Forecasting

경제전망의 중요성

가계, 기업, 정부 등 경제주체들의 의사결정 과정에서 경제전망[1]은 매우 중요한 역할을 하며 특히 정책시차가 있는 거시경제정책을 수행하여 경기의 진폭을 줄이고자 하는 경우 정확한 경제전망이 정책의 성공 여부를 결정짓게 된다.

경제활동을 영위하는 경제주체는 크게 가계, 기업 및 정부로 구분할 수 있다. 이들 경제주체들은 과거, 현재 및 미래의 경제상황에 대한 정보를 최대한 이용하여 최적의 의사결정을 하게 된다. 가계의 경우 미래의 기대소득을 감안한 예산제약 하에서 현재의 소비와 저축을 결정한다. 기업은 제품에 대한 미래의 수요나 소비자들의 소비행태 변화를 예상하고 이를 바탕으로 현재의 생산이나 투자를 결정하게 된다. 정책당국자도 미래의 경기나 물가의 움직임에 대한 예측에 기초하여 적절한 거시경제정책을 수행하게 된다. 그러므로 미래 경제상황에 대한 전망은 모든 경제주체들의 의사결정 과정에서 매우 중요한 요소이며 잘못된 경제전망은 의사결정 실패 및 부적절한 정책대응을 가져와 자원배분의 효율성을 저해한다.

---

[1] 경제전망과 경제예측은 정량적인 측면에서 다소 차이가 있는 표현이나 일반적으로 혼용하고 있으므로 이 책에서도 거시계량모형과 직접 관계되지 않는 한 구분하지 않기로 한다.

경기안정화의 측면에서 전망의 중요성을 좀 더 살펴보자. 세계 각국은 산업사회로 전환한 이후 경제활동 수준이 상승과 하강을 반복하는 경기순환현상을 경험하고 있다. 경기가 상승과 하강을 반복하더라도 그 진폭이 크지 않고 안정적으로 움직이는 경우에는 개별 경제주체들의 경제활동에 부정적 영향이 크지 않으나 그 진폭이 큰 경우에는 경제·사회적 부담이 매우 커질 수가 있다. 예를 들어 실제 경제활동이 그 경제가 가진 능력에 비해 과도하게 확대되는 경우 물가가 크게 상승하여 상당한 사회적 비용이 유발된다. 반대로 경기가 심하게 침체되는 경우 실업자가 급증하는 문제가 발생하게 되고 실업에 따른 사회적 불안이 커진다. 따라서 경제·사회적 비용을 최소화하기 위해서는 경기가 과도하게 확장되거나 수축되지 않고 안정적으로 움직이도록 하여야 하는데 이를 달성하기 위해서는 통화 및 재정정책 등 거시경제정책이 요구된다. 이런 의미에서 거시경제정책은 안정화정책으로도 표현되며 그 성공을 위해서는 경제활동 수준과 경기변동의 진폭에 대한 정확한 진단이 필수적이다.

한편 거시정책의 두 축인 통화정책이나 재정정책은 정책집행 후 그 효과가 나타나기까지 상당한 시간이 소요된다(정책시차). 따라서 정책당국자가 정확한 경제전망을 확보하지 못한다면 안정화를 도모하려던 경제정책이 오히려 성장이나 물가의 변동을 더 확대시킬 가능성도 배제하기 어렵다. 예를 들어 중앙은행이 경기과열을 방지하기 위해 정책금리를 인상하는 경우를 보자. 정책시차가 4분기 정도인 상황에서 4~5분기 후 경기과열이 심각해질 것이라는 전망결과가 나왔다면 금번 분기에 정책금리를 올리는 것이 최선일 것이다. 그런데 실제 경기가 전망과 달리 2분기 후부터 하강하기 시작했다면 금번 분기의 금리인상은 경기하강을 더욱 심화시키는 결과를 초래할 것이다. 즉 잘못된 경제전망에 기초한 안정화정책은 오히려 경제의 불안정성을 확대시키는 결과를 초래하는 것이다(정책실패).

아울러 민간부문이 중앙은행이나 정부에서 발표하는 경제전망을 참조하여 경제활동 계획을 세우는 상황이라면 이들 기관의 경제전망은 사회 및 경제적으로 영향력을 가짐과 동시에 책임성도 높을 수밖에 없다. 2000년대 초반 국회와 언론 등이 한국은행 경제전망의 부정확성에 대해 거세게 비판했던 것은 중앙은행의 전망은 정확해야 한다는 민간부문의 기대를 반영한 것이라 할 수 있다. 결론적으로 선제적인 통화정책이나 재정정책을 통해 경제안정화를 도모하기 위해서는 정책당국자의 정도(精度) 높은 경제전망 능력이 요구되며 정확한 전망의 사회적 공유는 사회전체의 자원배분 효율성을 높이는 데 크게 기여한다고 할 수 있다.

경제전망과 경기대응정책 성패의 관계

<그림 1.1>에서 실선은 실제 경기순환을 나타낸다고 하자. 만약 전망이 정확하다면 시점 A에서 선제적으로 금리를 인상하면 경기의 과열을 방지하면서 안정화정책이 성공(①의 경로)할 수 있다. 반면 실제 경제상황이 경기정점(peak: 상승에서 하강으로 전환되는 지점)에 가까워져 있음에도 이를 인지하지 못하고 경기상승이 계속될 것이라는 잘못된 전망을 바탕으로 시점 B에서 금리를 인상하면 경기하강을 가속화하여 안정화정책이 실패(②의 경로)하게 된다.

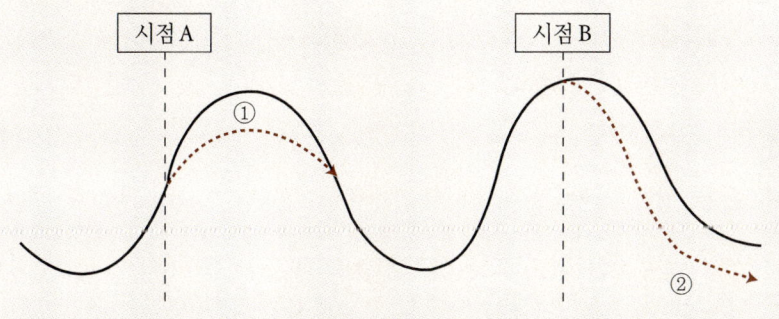

그림 1.1 안정화정책의 성공 및 실패 경로

경기순환 관련 용어

일반적으로 국민경제의 총체적인 활동수준을 경기[2)]라고 부르며 경기순환business cycle이란 경제활동이 장기 성장추세를 중심으로 상승(확장)과 하강(수축)을 반복하는 것을 말한다. 경기가 상승하다가 하강으로 전환되는 점turning point을 경기정점peak, 경기가 하강하다가 상승으로 전환되는 지점을 경기저점trough이라 하며 저점에서 다음 저점까지의 기간을 경기순환주기duration라 한다. 또 경기저점과 정점간의 높이를 경기진폭amplitude이라고 한다. 통상 경기정점과 저점을 기준순환일reference date이라 부르며 우리나라에서는 통계청에서 당시 경제상황을 종합적으로 판단할 수 있는 시간이 경과된 시점에서 학계, 한국은행 등의 의견을 수렴하여 기준순환일을 정하고 있다.

경기순환과정은 2단계로 구분하는 경우 저점에서 정점까지를 경기확장국면(또는 상승국면 : expansion)이라 하고 정점에서 저점까지를 경기수축국면(또는 하강국면 : recession, contraction)이라 한다. 장기 추세선을 기준으로 회복기recovery와 확장기expansion, 후퇴기recession와 수축기contraction 등 4개 국면으로 구분하기도 한다(통계청에서는 이를 회복, 상승, 둔화 및 하강 국면이라 부르고 있다). 우리나라에서는 통상 상승기와 하강기, 즉 2개 국면으로 구분하는 방식을 쓰는데 대개 경제관련 보고서에서는 경기가 상승국면으로 전환한 몇 개월간은 회복국면recovery, 이후 상승국면expansion, 정점통과 이후는 하강국면recession 등 3개 국면으로 구분하여 표현하는 경향이 있다.[3)]

---

2) 경기는 추상적인 개념으로 관측이 불가능하기 때문에 관측이 가능한 GDP를 대용변수로 많이 활용하며 통계청에서 작성하는 경기동행종합지수를 사용하기도 한다. 또한 동태요인모형이나 주성분분해분석 등 계량분석기법을 활용하여 은닉인자unobserved component를 추출, 대용변수로 사용하기도 한다(자세한 내용은 2장에서 살펴볼 것이다).

3) 미국에서는 GDP 성장률이 2~3분기 연속 마이너스를 기록하는 경우 recession으로 표현하는데 이는 미국의 추세성장률이 2~3%로 낮아 경기가 하강국면recession 진입시 마이너스 성장이 나타나기 쉽기 때문이다. 미국 언론들이 미국 경제의 recession 진입 가능성을 언급할 때 우리나라 언론들은 이를 경기침체로 많이 번역하는데 이 경우 우리나라 독자들은 미국의 경기부진이 심각한 것으로 받아들여 심리적으로 과도하게 위축되는 경향이 있다. 경

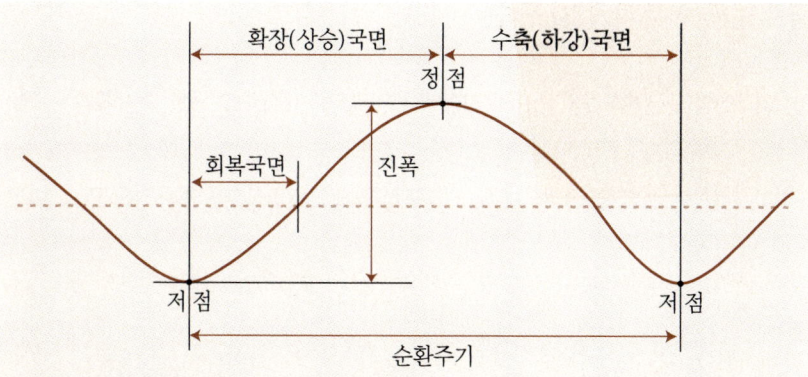

그림 1.2 경기순환의 국면, 주기 및 진폭

언론에서는 이밖에도 다양한 표현이 사용된다. 우선 경기확장기중 경기가 과열되는 경우 활황boom, 경기하강기중 경기부진의 정도가 심각한 경우 경기침체great recession 또는 공황depression으로 표현한다. 또한 경기가 확장을 지속하다 잠시 상승세가 주춤한 후 다시 확장국면으로 복귀하는 경우 소프트패치soft patch, 경기가 잠시 회복되다 다시 위축되면 더블딥double dip이라고 표현한다. 한편 경기가 하강하는 가운데 물가가 크게 상승하는 경우 스태그플레이션stagflation이라는 용어를 사용한다.

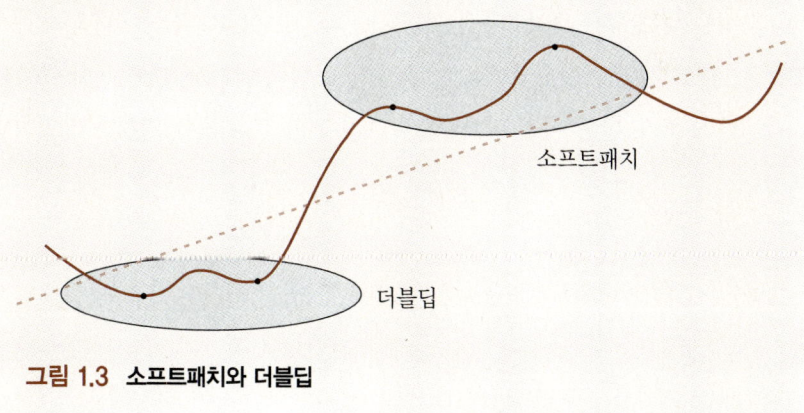

그림 1.3 소프트패치와 더블딥

제의 자기예언self-prophecy적 특성, 즉 소비자들이 심각한 경기부진을 예상하면 소비활동이 위축되어 실제 경기가 악화되는 특성을 고려할 때 번역과정에서 신중을 기할 필요가 있다.

경제활동 수준과 방향 판단

경제전망은 경제활동의 수준과 방향에 대해 정확히 판단하는 것이다. 적정한 경제활동 수준, 실제 경제활동의 적정수준으로부터 괴리 정도 및 적정수준으로의 수렴속도 등을 파악하기 위해서는 각종 경제정보 및 계량분석기법뿐 아니라 그동안 축적된 연구 성과를 종합적으로 활용한다.

경제전망이 현재의 경제활동 수준을 판단하고 향후 경기흐름을 예측하는 것이라고 말하는 이면에는 경제활동의 적정한 수준(균형수준, 지속가능 수준)[4] 또는 경로가 존재한다는 것을 가정하고 있다. 즉 경제전망은 경제활동의 균형수준이 어느 정도인지, 현재의 상태는 균형에서 얼마나 벗어나 있는지, 균형에서 벗어나 있는 이유는 무엇이며 또 얼마쯤 후에 균형에 수렴할 것인지 등을 판단하는 것이며 경제정책 수행은 경제활동이 균형에 신속하게 복귀하도록 대응조치를 강구하는 과정으로 볼 수 있다. 물론 경제의 구조적인 변화로 경제활동의 균형수준 자체가 바뀌는 경우도 발생할 수 있기 때문에 이를 파악해 내는 것도 경제전망 과정에서 중요한 작업중 하나이다.[5]

도식을 통해 향후 경기흐름을 판단하는 과정을 살펴보자. <그림 1.4>에서 점선은 경제활동의 적정수준이라 할 수 있는 균형성장경로 balanced growth path 를 나타낸다고 하자. 만약 실제 경제활동이 A지점이나 C지점에 위치하고 있다면 적정수준에서 벗어난 정도가 상당하고 경제의 자율조정기능이 작동하면서 점

---

[4] 적정수준은 주관이 개입되어 있어 객관적인 개념의 균형수준과 다소 차이가 있으나 이 책에서는 특별히 구분할 필요가 없는 한 혼용하기로 한다.
[5] 경제가 균형상태에서 벗어난 후 균형상태로 복귀하지 못하고 발산하는 경우도 생각해 볼 수 있겠으나 대부분의 경제학자들은 시간이 오래 걸릴 수는 있지만 자동적으로 균형에 복귀하는 안정적인 시스템을 가정하고 경제현상을 분석한다. 또한 균형수준 자체가 바뀌는 경우도 발생할 수 있으나 새로운 균형으로 복귀하려는 경향은 유지되며 다만 시간이 오래 걸리고 혼란을 겪을 수 있다고 보는 것이 일반적이다.

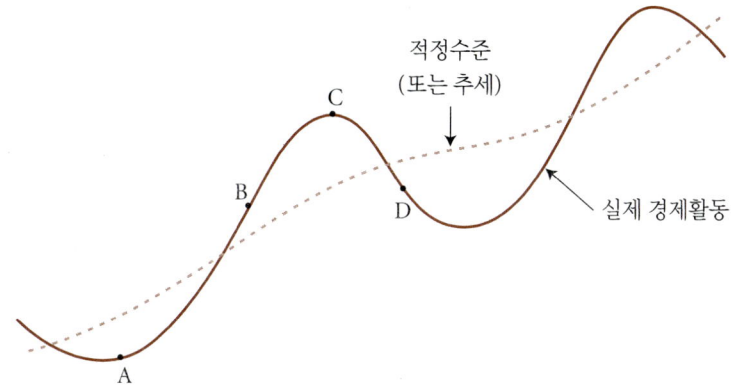

그림 1.4 실제 경제활동과 적정수준

차 적정수준으로 복귀할 가능성이 높아진다고 볼 수 있다.[6] 따라서 경제가 A지점에 있다고 판단되면 경제활동이 점차 활발해질 것으로 전망하는 것이, C지점에 위치할 경우에는 경제활동이 위축될 것을 전망하는 것이 타당할 것이다. 한편 B지점이나 D지점일 경우에는 적정수준에서 벗어난 지가 얼마 지나지 않았기 때문에 B지점에서는 경제활동이 상당기간 가속될 것으로, D지점에서는 더욱 위축될 것으로 예상하는 것이 옳을 것이다. 도식에 의한 설명에 따르면 경제전망이 쉬운 것처럼 보이지만 실제 전망과정에서는 적정수준이나 균형회복속도 추정 등에 많은 불확실성이 따르기 때문에 예측업무는 그렇게 간단치 않다.

우선 적정수준을 어떻게 파악할까? 적정수준은 추상적인 개념이며 관측이 불가능unobservable하다는 특성이 있다. 이에 따라 경제전망을 수행하는 과정에서는 경제이론에 바탕을 두고 경제변수의 적정수준을 추정하거나 경제시계열에서 통계적으로 추세를 추출하여 대용변수로 활용한다. 국내총생산GDP의 경

---

[6] 경제활동 수준을 국내총생산으로 본다면 C지점의 경우 초과수요에 의해 경제가 생산할 수 있는 적정수준보다 더 많은 생산이 이루어지는 상황이고 이 경우 물가가 상승하여 수요를 축소시키면서 생산은 적정수준으로 복귀하게 될 것이다(A지점의 경우는 반대로 해석 가능).

우를 예로 들면 적정수준은 추가적으로 인플레이션을 유발하지 않고 한 나라의 경제가 생산할 수 있는 최대 생산량으로 정의되는 잠재 GDP가 된다.[7] 이러한 잠재 GDP는 생산함수접근법을 통해 노동 및 자본투입 등을 고려하여 추정estimate하거나 실제 GDP에서 추세치를 추출하는 필터링filtering 기법을 통해 추정한다. 이처럼 경제변수의 적정수준은 추정을 통해 식별하기 때문에 추정오차의 발생은 불가피하며 그 추정오차가 경우에 따라 크게 나타나므로 현재의 경제활동 수준에 대한 정확한 판단이 쉽지 않다.[8] 특히 영구적인 충격의 발생으로 경제구조가 바뀌면 균형수준 자체가 변화될 수 있으며 그러한 구조변화를 파악하지 못한 채 경제전망이 수행되면 정책실패를 야기할 위험이 크다. 경제구조 등에 대한 기초연구를 병행하더라도 균형수준 변화여부를 조기에 포착하는 것은 매우 어려운 일이다.

이처럼 적정수준의 추정이 어렵고 추정치 자체의 불확실성도 높기 때문에 경제상황을 분석함에 있어서 경제지표들의 증감률을 많이 활용한다. 사실 경제지표의 증감률에는 경제활동의 수준에 대한 정보가 들어 있다고 볼 수 있다. 앞의 <그림 1.4>에서 알 수 있듯이 A지점에서 C지점까지의 경기확장기에는 실제 경제활동지표의 전기대비 증감률(즉, 기울기)이 추세선(또는 적정수준선)의 기울기보다 크게 되고 C지점 이후의 경기수축기에는 추세 증감률보다 실제 증감률이

---

7) 적정수준의 실업률은 통상 자연실업률NAIRU로 정의된다. 또한 적정 인플레이션은 물가변동에 따른 사회적 비용을 최소화하는 물가상승률이 될 것이기 때문에 0%라 할 수 있다. 그러나 실제 물가통계는 통계작성 과정에서 상향편의upward bias가 존재하고 경제발전단계에 따라 인플레이션을 낮추기 위한 비용이 다르기 때문에 나라마다 적정 인플레이션 또는 인플레이션 목표가 달리 나타난다.
8) 전분기까지의 데이터를 가지고 추정한 잠재 GDP가 실제 GDP보다 0.3%포인트 정도 낮은 수준인 상황에서 금번 분기 실제 GDP가 크게 증가했음에도 잠재 GDP 수준이 재추정과정에서 크게 상향 수정되면서 두 GDP 간 격차가 오히려 축소되는 경우도 가끔 발생한다. 시계열분석기법을 이용한 정보추출이 최신 데이터에 민감하게 반응하는 예들은 앞으로도 자주 언급될 것이다.

낮아지는 현상이 나타난다. 따라서 추세 증감률보다 높은 증감률을 보이면 경제활동이 활발하게 이루어지고 있는 것으로, 그 반대의 경우 경제활동이 위축되는 것으로 해석하는 것이다. 그러나 증감률에는 계절적인 요인뿐만 아니라 다양한 불규칙요인이 포함되어 있기 때문에 경기판단이 혼란스러워질 경우가 많이 발생한다. 예를 들어 파업이 발생하거나 휴일이 많을 경우 경기확장기에도 추세 증감률보다 낮은 증감률이 나타나는 경우가 자주 발생하는 데 이를 경제활동의 방향이 바뀌는 것으로 해석하면 경기판단에 실패하게 된다. 한편 경기상승국면에서 실제 경제활동이 적정수준을 상회하는 시점(4개 국면 구분시 회복국면에서 확장국면으로 전환시점)을 추정해 보기 위해 과거 경기상승기중 실제 증감률이 추세 증감률을 상회했던 평균기간이 활용되기도 한다. 즉 실제 증감률이 추세 증감률을 상회하는 기간이 과거 경기상승기 평균기간의 1/2 이하이면 실제 경제활동 수준이 적정수준에 미치지 못한 것으로(회복기), 1/2 이상이면 실제 수준이 적정수준을 상회하는 것으로(확장기) 판단하는 것이다. 그러나 경기상승이나 하강의 지속기간이 매 경기순환마다 크게 다르기 때문에 일정한 기간이 지나면 적정수준을 통과했을 것으로 판단하는 방법은 상당히 자의적이고 불완전한 것이라 할 수 있다.

현재의 경제활동 수준에 대한 파악이 이루어졌다 하더라도 어느 정도의 시간이 지나야 적정수준으로 복귀할 것인지, 주변 경제여건이 균형으로 복귀하는 데 장애요인으로 작용할지 아니면 가속화시키는 요인으로 작용할지에 대해서도 판단해야 한다. 소비의 예를 들어보자. 소비는 중장기적으로 소득과 이자율에 의해 결정되기 때문에 적정 소비수준은 소득과 이자율의 함수라고 볼 수 있겠다. 그러나 소비는 단기적으로 유가나 금융기관 대출태도 등 다른 변수에 의해서도 영향을 받기 때문에 실제 소비수준은 중장기 적정수준으로부터 벗어날 수 있다. 따라서 현재의 소비수준이 적정수준보다 낮다면 향후 소비증가율은 상당히 높아질 것으로 예상하게 되며 만약 금융기관들이 대출경쟁을 하는 상황이라면 소비 증가율은 더욱 높은 수준이 될 것으로 전망하는 것이 타당하다. 즉 소비 하나를 전망하기 위해서도 소득, 이자율, 국제유가, 금융기관 대출태도, 주식 및 부동산 가격 등 다양한 데이터를 수집하여 분석해야 한다.

한편 다양한 데이터를 수집해서 분석하더라도 균형수준으로의 복귀가 어느 정도의 시간이 소요될 것인지를 계량화하는 것도 중요하다. 계량화의 방법으로는 과거 소비가 크게 위축되었을 때 회복기간이 어느 정도인지를 파악하는 단순한 분석에서부터 오차수정모형 error correction model의 추정까지 다양하다. 오차수정모형의 예를 보자. 앞에서 언급한 소비이론에 따르면 소비함수는 다음과 같이 장기균형관계식([ ] 내의 수준변수로 구성된 오차수정항)과 단기동학식(오차수정항을 제외한 차분관계식)으로 구성될 수 있는데 동 모형을 실제 데이터를 이용하여 회귀분석한 후 ρ값을 추정하여 복귀속도를 파악할 수 있다. 즉 ρ의 절대값이 0에 가까우면 상당한 시간이 흘러야 적정수준에 복귀하고 1에 가까우면 빠르게 복귀함을 의미한다.

$$\Delta 소비_t = \beta_1 \Delta 국제유가_t + \beta_2 \Delta 대출태도_{t-4} + \rho[소비_{t-1} - 적정소비(소득, 이자율)_{t-1}] + \epsilon_t^{9)}$$

그러나 어떤 이론에 중점을 두고 소비식을 설정했느냐에 따라 균형수렴속도 및 소비지출에 미치는 영향의 정도가 달리 추정될 가능성이 크기 때문에 해석하는 과정에서도 많은 불확실성이 따른다.

마지막으로 개별 경제변수들의 적정수준과 균형수렴 속도 등을 회귀분석 등을 통해 추정했다 하더라도 거시경제변수들은 상호 영향을 미치기 때문에 경제전체를 일관성 있는 틀 내에서 분석할 필요가 있다. 예를 들어 특별한 요인을

---

9) ϵ_t는 오차항으로 백색잡음 white noise의 특성을 따르는 것으로 가정한다. 이후에서 특별한 언급이 없는 한 오차항은 동 특성을 가지는 것으로 간주한다. 또한 수식의 설명에서 번잡함을 피하기 위해 특별한 이유가 없으면 오차항에 대한 변수설명도 생략한다.

찾을 수 없는 데도 실제 GDP가 잠재 GDP를 크게 상회하고 물가상승률은 추세적인 수준에 비해 매우 낮을 것으로 예상되었다면 GDP와 물가상승률중 하나는 잘못된 전망치일 가능성이 있다.[10] 이같이 전망치간의 정합성(또는 무모순성)을 확보하기 위한 한 가지 방법은 거시경제 전반에 대해 통찰력을 가진 전문가를 확보하는 것이다. 그러나 경제이론에 관한 해박한 지식과 다양한 실증분석 경험을 가진 전문가를 찾거나 육성해 내는 것이 그리 쉬운 일은 아니다. 정합성 있는 전망치를 도출해내는 다른 방법은 다양한 거시경제변수들간의 관계를 체계적인 틀에서 분석하는 거시계량모형을 구축하는 것이다. 거시계량모형에 의한 전망 수치는 변수간의 정합성 제약을 토대로 도출되기 때문에 동 문제를 어느 정도 해결할 수 있다.[11] 거시계량모형은 거시경제정책을 수행했을 때 경제에 어떤 영향을 줄 것인지를 미리 예상해 보기 위해 정책모의실험policy simulation을 하는 데에도 중요하게 활용된다. 하지만 거시계량모형의 구축에는 많은 시간과 비용이 소요되고 모형 설계자의 능력과 철학에 따라 모형이 달라질 수 있으며 분석결과에서도 상당한 차이가 발생하는 어려움이 있다.

---

[10] 중국이 저임금을 바탕으로 제조업 제품을 낮은 가격으로 수출함에 따라 2000년대 초·중반 세계적으로 물가상승률이 크게 낮아진 적이 있는데 이같은 특별한 충격의 발생시에는 일시적으로 GDP 갭과 물가상승률간 관계가 이론과 달리 나타날 수 있다. 그러나 특별한 충격요인을 발견하기 어려운 상황이라면 잘못된 전망치로 해석해야 한다.

[11] 물론 전망치를 최종 결정하는 과정에서 거시계량모형에서 도출된 예측치의 일부를 수정한다면 최종적으로 선택된 전망치가 정합성을 확보하고 있는지는 추가적인 점검이 필요하다.

증감률만 이용시 경제상황판단 오류(예시)

정부에서는 연말이 되면 새해의 경제운용계획을 수립하는데 이 가운데 가장 중요한 것중의 하나가 거시경제정책을 긴축적으로 가져갈 것인지 아니면 부양적으로 가져갈 것인지를 결정하는 것이다. 이 과정에서 흔히 활용하는 방식이 경제성장률 예상치와 잠재성장률을 비교하는 것인데 예상 경제성장률이 잠재성장률을 상회하면 긴축정책을, 그 반대의 경우 부양정책을 추진하는 것이다. 그러나 이러한 방식은 현재의 경제활동이 어느 지점에 위치해 있느냐에 따라 잘못된 정책선택을 초래할 수 있다. 자세히 설명하면 실제 GDP와 잠재 GDP의 차이, 즉 GDP 갭이 0에 가까운 경우에는 예상 성장률이 잠재성장률을 상당폭 상회(하회)할 때 경기 과열(침체)의 우려가 있기 때문에 긴축(부양)정책을 수행하는 것이 타당할 것이다. 그러나 경제활동 수준이 <그림 1.4>에서 C지점 부근을 지나고 있을 경우라면 연간 경제성장률이 잠재성장률보다 낮으면서도 실제 경제활동 수준은 적정수준보다 높아 과열이 나타날 수 있다. 이 경우 증감률만을 단순 비교하여 경기부양기조로 경제운용계획을 수립하게 된다면 정책실패를 유발할 가능성이 커지게 된다.

비슷한 예를 건설경기 관련 정부대책에서도 찾을 수 있다. 2000년대 초반 부동산 경기가 과열양상을 보였을 때 정부에서는 부동산안정대책을 세워 건설경기를 진정시키는 조치를 취했다. 이에 따라 1~2년 후 건설투자 증감률이 크게 하락하고 경제성장에 대한 건설부문의 기여도가 크게 낮아지는 상황이 발생한 적이 있었다. 필자가 정부부처의 회의에 참석했을 때 당시 업무를 새로 맡았던 고위 정책당국자중 한 분이 건설투자 활성화를 위해 대책을 세워야하지 않겠는가라는 의견을 제시하였다. 그러나 당시 건설투자는 장기추세에 비추어 보았을 때 여전히 높은 수준이었으므로 건설투자 활성화대책은 적절하지 않은 것이었다. 그의 의견은 받아들여지지 않았지만 이러한 잘못된 판단을 내리게 된 것은 적정 수준에 대한 고려 없이 증감률 분석에만 집착했기 때문이다.

경제전망의 2대 요소

주관적인 판단에만 의존한 전망은 시간적 일관성을 확보하기 어렵고 모형에만 의존한 전망은 가용한 정보중 일부만 활용하는 한계가 있기 때문에 경제전망은 직관과 모형을 어떻게 효과적으로 융합시키느냐의 문제로 귀착된다.

많은 자료에서 유용한 정보를 추출하여 미래에 전개될 경제상황을 예견하는 경제전망 작업에서 가장 중요한 2대 요소는 모형model과 직관intuition이라 말하고 싶다. 한 가지 질문에 답해보자. 두 개의 기관에 같은 거시계량모형(예: 한국은행의 BOK04나 BOKDPM[12])을 동시에 제공하고 이를 활용하여 경제전망 작업을 수행한 후 전망치를 발표하게 했다고 하자. 이 경우 두 기관이 똑같은 전망수치를 발표하게 될 확률은 얼마나 될까? 필시 90% 이상은 서로 다른 수치가 제시될 것이다. 왜냐하면 경제전망 과정에서 활용하는 정보는 모형 이외에도 매우 다양하며 모형에서 도출된 예측치와 여타 정보를 종합적으로 고려하여 최종 수치가 결정되기 때문이다. 즉 수집한 자료의 양이 다르고 이러한 자료로부터 모형이나 여타 방법을 통해 뽑아내는 정보가 다른 데다 이들 정보를 이용하여 최종 수치를 결정하는 전망업무 담당자가 다르기 때문에 전망수치는 달라질 수밖에 없다. 이러한 측면에서 경제전망은 모형(도구)과 사람(예술가)이 상호 작용하는 종합예술의 성격을 지닌다고 해도 과언이 아닐 것이다.

경제전망을 개인의 직관 또는 주관적 판단에만 의존해서 수행(주관적 전망, judgemental forecast)[13]하는 상황은 어떤 것일까? 모형이 없는 상태에서 경제전망 작업을 수행하는 경우 전망담당자는 매일, 매주 또는 매달 발표되는 경제지표,

---

12) 한국은행이 개발하여 보유하고 있는 거시계량모형들로서 자세한 내용은 3장의 "거시계량모형의 형태"에서 설명한다.
13) 거시계량모형이 없이 경제지표들에서 소비, 투자, 수출 등에 대한 경기흐름을 파악하여 수치화하는 경제전망 방식을 말한다.

미래에 발생할 가능성이 있는 경제적 사건에 대한 뉴스 등을 통해 얻은 정보들을 경제주체 및 변수들간의 상호관계에 대한 주관적인 관점, 즉 본인의 두뇌에 투영시켜 전망수치를 도출하게 될 것이다. 가계의 소비지출을 전망하는 예를 들어 보자. 먼저 전망담당자는 최근의 가계소비 관련 경제지표들의 흐름을 보면서 향후 가계의 소비지출 증감률을 추정해 볼 것이다. 여기에 만약 주가에 영향을 미칠 사건에 대한 뉴스가 있다면 주가 변동이 소비에 미치는 자산효과 wealth effect 에 관한 연구결과를 참조하여 당초 예상한 소비지출 증감률을 조정할 것이다. 만약 한반도 긴장고조 등 지정학적 불확실성이 높아져 소비심리가 악화될 가능성이 있는 경우라면 과거 비슷한 상황이 발생했을 때 소비가 영향 받았던 정도를 참조하여 가계의 소비지출 증감률을 조정하게 될 것이다.

그러나 모형이 없이 직관에만 의존하는 전망은 몇 가지 취약점이 있다. 우선 전망이 최신의 관찰 자료에 크게 영향을 받고 불규칙요인의 발생에도 민감하게 반응하며 자주 수정되는 경향을 갖는다. 산업생산이 불규칙요인으로 인해 한두 달 동안 당초 예상보다 크게 늘어났다가 이후에는 증가세가 낮아지는 상황을 생각해 보자. 사실 생산이 예상보다 증가하는 경우 이것이 영구적인 변동인지 아니면 일시적인지 판단하기 어렵기 때문에 언론이나 시장참가자들 사이에 낙관적인 분위기가 형성되고 직관을 위주로 한 전망담당자도 기존 전망을 상향조정할 가능성이 높다. 그러나 동 생산증가가 일시적인 것이라면 생산증가세는 다시 낮아질 것이고 전망담당자도 전망수치를 다시 하향조정하게 될 것이다. 즉 상황변화에 너무 민감하게 경제전망을 수정할 가능성이 커지는 것이다. 두 번째는 경제전망이 규율 discipline 과 정합성 consistency 을 상실할 위험이 있고 시간적 일관성도 유지하기 어렵다는 것이다. 전망담당자가 바뀌는 경우를 생각해보자. 새로 전망을 담당한 사람은 머릿속에 있는 모형의 구조가 이전 담당자와는 다르기 때문에 같은 정보를 주더라도 전망치가 달라질 수 있다. 또한 외부충격에 대한 거시경제변수의 반응 정도(탄성치)를 특정한 거시계량모형을 활용하지 않고 기존 연구결과를 참조하는 경우라면 전망담당자간의 이론적 선호에 따라 다른 연구결과를 사용하기 때문에 같은 기관에서 매번 다른 탄성치를 적용할 수도 있다.

이제 모형에 의존하여 전망을 수행하는 경우를 살펴보자. 모형은 경제변수간의 관계를 경제이론, 회귀분석, 시계열 분석 등을 통해 파악하고 프로그램화한 것이다. 따라서 일단 한국은행의 BOK04나 BOKDPM과 같은 거시계량모형이 구축되어 있다면 전망대상 기간에 대한 외생변수의 전제치만 입력해 주는 경우 컴퓨터가 자동으로 모형의 해, 즉 예측치를 계산해 준다. 이러한 측면에서 모형에 의존한 전망은 전망담당자가 바뀌더라도 경제전망 과정에서 규율과 정합성 및 시간적 일관성을 상실할 위험이 매우 낮다고 할 수 있다. 예를 들어 유가가 급등하는 경우 경제에 미치는 영향에 대해 모형은 과거 평균적인 반응을 포착한 것이므로 전망담당자가 누구든지 상관없이 일관된 수치를 반영하게 된다. 또한 경제지표나 새로운 뉴스가 나오더라도 외생변수의 전제치를 변화시키지 않는 정보라면 경제예측치가 바뀌지 않기 때문에 전망수치가 최신의 정보에 민감하게 반응하는 경향은 줄어들게 된다. 그러나 모형에만 의존하는 경제전망은 일별이나 주별 데이터, 파업이나 천재지변 등 모니터링을 통해 수집된 중요한 정보들을 활용하지 못하고 경제구조 변화를 신속하게 파악하지 못하는 한계를 지닌다.

필자의 경험에 의하면 전망시계가 1분기나 2분기 정도인 경우 주관적 판단에 의한 전망이 모형에 의한 전망보다 예측력이 높은 경우가 많았다. 이는 모형에 의한 전망이 일부 변수만의 정보를 이용하나 직관에 의한 전망은 생산, 수출, 소비 등의 월별지표나 모니터링 자료 등 더 많은 정보를 활용하기 때문인 것으로 보인다. 그러나 전망의 시계가 길어져 1~3년 후의 경제상황에 대해 전망하는 경우 주관적 판단에 의한 전망의 유효성은 크게 떨어졌다. 중기시계의 전망에서는 활용할 수 있는 자료가 많지 않아 주요 외생변수의 흐름에 대한 전제만으로 많은 거시경제변수들에 대해 예측해야 하므로 경제전망 전문가가 혜안을 가지지 않는 한 거시모형보다 더 좋은 성과를 내기가 어렵기 때문이다.

경제전망의 2대 요소가 전문가의 직관과 모형이라고 말하면서 필자가 자주 드는 예가 있다. 인간사회에서 지도자는 성인聖人이 되는 것이 좋다. 그러나 성인은 연속해서 탄생할 확률이 낮기 때문에 우리는 시스템적으로 접근하는 것이다. 즉 법과 규율을 만들고 국민투표를 통해 지도자를 뽑는다. 경제전망에서도 비슷한 유형의 훌륭한 직관을 가진 전망전문가가 많이 있어서 연속성을 담보할 수 있으면 좋겠으나 그렇지 않은 경우가 많기 때문에 거시계량모형이라는 것을 만들어 이를 보완하는 것이다.

경제전망의 대상 변수

언론을 통해서 많이 보도되는 경제전망 대상 주요 변수들은 경제성장률, 인플레이션, 실업률, 경상수지 등이다. 그러나 경제전망을 수행하는 기관마다 주요 예측대상이 다르다. 중앙은행의 경우 GDP, 인플레이션, 실업률 등이 중요한 전망 대상이고 투자은행들은 GDP, 인플레이션 이외에 환율, 금리 등 가격변수도 중요한 예측대상으로 간주한다. 정부의 경우 재정수지나 대외수지관리를 위해 재정수입, GDP 디플레이터 및 경상수지 등의 전망도 중시하고 기업들은 수출물가나 수입물가가 중요한 전망대상 변수가 된다. 주요 전망대상이 기관마다 다르다 하더라도 경제변수들은 상호간에 영향을 미치기 때문에 특정변수를 전망하기 위해서는 이에 영향을 미치는 다른 변수들도 예측해야 한다. 따라서 대외적으로 발표하는 수치는 몇 개로 한정되어 있더라도 내부적으로는 거의 모든 거시경제변수들에 대한 예측치를 보유한다.

경제전망의 정확성 결정요인

경제전망의 정확성은 모형의 현실 설명력, 자료수집 및 경제동향 분석 능력, 경제 및 산업구조의 특성, 전문가 확보 등에 의해 좌우된다고 볼 수 있다.

경제전망의 정확성은 여러 가지 요인에 의해서 결정되는데 필자가 중요하게 생각하는 것은 다음 네 가지 정도이다. 우선 현실 설명력이 높은 경제예측모형을 확보하는 일이다. 거시계량모형은 경제의 움직임을 몇 개의 변수로 추상화하여 현실의 경제현상을 최대한 설명하는 역할을 한다. 따라서 거시계량모형만으로 경제현상을 완벽하게 설명할 수는 없으나 전망모형은 외생적인 충격에 대응하여 경제주체들이 상호 반응을 통해 새로운 균형점을 찾아가는 과정을 포착함으로써 예측치를 도출해 주는 중요한 도구이다. 물론 모형은 몇 개의 방정식으로 구성된 간단한 것에서부터 100개 이상의 연립방정식으로 구성되는 복잡한 모형에 이르기까지 다양하지만 가장 중요한 것은 어느 정도의 예측력을 가지고 있느냐이다. 모형의 예측력을 평가하는 통계적 기준이 다양하나 많은 기준들이 과거 평균적으로 어느 정도의 예측오차를 보이는지 점검할 뿐이며 경제구조와 경제주체의 행태가 늘 변하기 때문에 미래에 대한 예측력은 과거 예측오차와는 상당히 다르게 나타날 수 있다.

경제전망의 정확성 결정요인중 두 번째는 동향분석 및 전망의 전제치 부여 능력이라 하겠다. 사실 거시계량모형은 복잡한 경제관계를 추상화한 것이기 때문에 현실에서 얻을 수 있는 모든 정보를 다 고려해 주는 것은 아니고 주요 변수들만의 관계에 초점을 맞춘 것이다. 따라서 정확한 전망수치를 도출하기 위해서는 모니터링을 통해 다양한 정보를 수집하여 모형에 반영해 주거나 모형에서 도출된 수치를 수정하는 작업을 해야 한다. 예를 들면 파업의 발생 등으로 최근의 산업생산이 부진하거나 폭발사고 발생으로 생산시설이 일부 파괴된 경우에는 이를 반영하여 모형에 의한 전망수치를 조정해 줄 필요가 있으며, 이러한 정보를 수집하고 어느 정도 조정해야 하는지를 판단하는 능력이 경제전망의 정확성 결정에 매우 중요한 요소로 작용한다. 한편 거시모형들은 외생변수에 대한 미래치를 부여해 주거나 현재의 상태, 즉 초기 값$^{initial\ value}$을 설정해 주어야만 미래의 내생변수 값들을 계산해 낼 수 있다.[14] 즉 모형에서 국제유가가 외생변수로 설정되어 있다면 미래 국제유가가 어떻게 변할 것인가는 모형운용자가 결정해 수치를 입력해 주어야 하기 때문에 모형에 의한 예측의 정확성은 국제유가의 움직임에 대해 얼마나 정확한 분석을 할 수 있는가에 따라 달라진다.

훌륭한 모형이 있고 또한 동향분석 능력이 뛰어나다 하더라도 그 나라의 산업구조, 경제규모 및 경제정책 추진방식 등에 따라 전망의 정확성은 달라질 수 있다. 현재 우리나라처럼 산업구조가 정보통신산업 위주라면 경기변동이 세계 반도체 경기와 매우 밀접하게 움직일 가능성이 크다. 그러나 세계 반도체 경기는 우리가 통제할 수 있는 변수가 아니기 때문에 경제전망에 상당한 어려움을 주게 된다. 또 경제규모가 매우 작고 수출위주의 경제구조라면 세계경제 성장에 따라 매우 크게 영향을 받게 되고 세계경제 성장의 내용이 어떠한지에 따라서도 그 나라의 경제활동은 다른 모습을 보이게 될 것이다. 2007년 하반기 미국에서 금융위기가 발생하고 2008년 말부터 세계경기가 급속하게 위축됨에 따라 우리나라의 경제전망 오차가 크게 확대된 것은 대표적인 예라 할 수 있다. 한편 한 나라의 경제정책방향이 수시로 바뀌는 등 정책에 대한 예측 가능성이 낮다면 이 또한 정확한 경제전망을 어렵게 하는 요소일 것이다.

현실 부합성이 높은 모형이 있고 모니터링을 위한 시스템을 잘 갖추었다 하

---

[14] 3장에서 설명하게 될 동태적확률일반균형^{DSGE} 모형은 전망시작 시점의 충격을 파악하여 초기 값으로 설정해 주는 작업이 경제전망의 성공적 수행에 매우 중요한 요소가 된다. 즉 전망시작 시점에서 통화충격이 플러스(+)인지 마이너스(-)인지 그리고 그 충격의 크기는 어느 정도인지를 파악하여 전제해 주어야만 하는 것이다.

더라고 궁극적으로 경제전망은 사람이 하는 일이다. 따라서 경제전망에서 전문가의 역할은 너무나 중요하다. 우선 다양한 모형에서 예측치가 도출되었다고 하더라도 어떤 모형에서 나온 수치를 선택할 것인가는 최종적으로 전망담당자가 결정해야 한다. 또 모형에서 경제전망 수치를 일차적으로 결정했다 하더라도 모니터링에서 수집된 다양한 정보를 어떻게 활용해서 어느 정도 모형 예측치를 조정해야 할지는 순전히 전망담당자가 경험을 바탕으로 직관적으로 결정하게 된다. 결국 거시경제에 대한 해박한 지식과 경제지표들의 움직임에 대한 동물적인 감각을 가지고 있고 불확실성하에서도 최종적인 수치를 결정해 내는 결단력을 가진 전망전문가가 필요하다.

애널리스트와 모형운용자의 갈등

경제전망 업무를 수행하는 이들은 통상 동향분석을 위주로 하는 애널리스트analyst와 거시계량모형을 운용하여 예측치를 도출하는 모형운용자modeler 그룹으로 나눌 수 있다. 애널리스트는 주로 경제지표 및 다양한 뉴스들을 수집하여 분석하고 주관적인 판단에 근거하여 향후 경기흐름을 예측하는 데 초점을 맞춘다. 반면 모형운용자들은 현실경제를 잘 반영할 수 있는 거시계량모형을 구축하는 데 많은 시간을 투입한 후 실제 전망작업에서는 일부 외생변수에 관한 정보만을 수집하고 모형에 입력하여 모형에서 제시하는 예측치 도출에 중점을 둔다. 따라서 정도 높은 전망이 수행되기 위해서는 애널리스트와 모형운용자간에 상호 협조적인 관계가 유지되도록 하는 것이 매우 중요하다 하겠다.

그런데 전망작업을 담당하는 조직내에서 애널리스트와 모형운용자간에는 가끔씩 갈등이 발생하기도 한다. 애널리스트들은 모형에서 도출되는 초기 예측치, 특히 1~2분기내의 초단기 전망치가 최근의 추세에서 벗어나는 경우가 많은 점을 들어 모형에 의한 전망방식에 회의적인 태도를 취하는 경향이 있다. 반면 모형운용자들은 애널리스트들을 모형(이론적 배경)도 없이 자로 줄을 그어(즉 최근의 추세만 반영하여) 전망한다고 비판한다.

사실 이러한 갈등이 발생하는 원인중 하나는 전망작업에서 각자의 역할에 대한 평가 및 보상체계가 잘못된 데 있다. 모형운용자들은 업무 특성상 박사학위를 소지하는 등 고학력자가 많고 전망을 다소 중장기 시계에서 수행하는 경향이 있기 때문에 새로운 경제지표나 뉴스가 발표될 때마다 이를 전망에 신속하게 반영하여 정책결정자에게 제공하는 기동력이 떨어진다. 따라서 모형운용자들은 보상에 실질적인 권한을 쥐고 있는 고위 정책결정자들을 접촉할 기회가 애널리스트들에 비해 상대적으로 적게 되고 이는 승진, 보너스 등 보상측면에서 손해를 보는 결과로 나타나기도 한다. 이와는 반대로 애널리스트가 감각적으로 뛰어난 예측력을 가지고 있다 하더라도 박사학위 등이 없기 때문에 실력을 인정받지 못하는 경우도 종종 발생하는 것이 사실이다. 이러한 상황이 조직내에서 발생한다면 유기적으로 협조해야 할 애널리스트와 모형운용자간에는 암묵적인 갈등관계가 조성되고 이는 전망작업의 효율성을 낮추는 요인으로 작용한다.

이러한 측면에서 정확한 전망의 확보가 절대적으로 필요한 정책책임자는 애널리스트와 모형운용자들이 적절한 평가를 받을 수 있는 시스템을 갖추기 위해 특별한 관심을 기울여야 한다. 현장감 있는 정보 활용과 기동력에 취약한 모형운용자, 거시경제이론 및 모형에 대한 지식이 부족한 애널리스트, 현장감과 모형에 대한 지식을 동시에 가진 전문가 등을 구분하여 평가·보상해 주어야 하며 이들이 상호 유기적으로 연계되어 시너지효과를 발휘할 수 있도록 조직을 설계해야 한다. 한편 개인의 입장에서는 애널리스트나 모형운용자라는 굴레에 잡혀 있지 말고 거시계량모형에 대한 지식과 동향분석 능력을 두루 갖춘 경제전망의 최고 전문가가 되기 위해 노력해야 할 것이다.

CHAPTER 2

경기흐름 분석

경제전망에서 기본적이면서도 중요한 작업중 하나가 단기적인 경기흐름 분석이다. 경기분석은 매일 홍수처럼 쏟아지는 다양한 경제지표들에서 경기의 움직임을 파악해 내는 것으로 애널리스트들이 거시계량모형을 활용하지 않고 직관 또는 주관적 판단에 기초한 전망을 할 때 가장 중시하는 분석이다. 또한 거시계량모형에 의한 전망 과정에서 초기 몇 분기의 예측치를 미세조정하는 데 핵심적인 역할을 한다.

그러나 다양한 경제지표들에서 경기흐름을 파악해 내는 것은 그리 쉬운 일이 아니다. 우선 각 경제지표들이 편제방식 및 포괄범위 차이 등으로 경제전망 대상변수의 움직임을 정확히 포착해 주지 못한다. 또한 경제지표는 경기순환뿐 아니라 계절 및 불규칙 요인에 의해서 영향을 받는다. 아울러 실물경제지표들은 금융지표들에 비해 속보성이 떨어지고 서베이 지수는 속보성은 있으나 조사시점에서의 뉴스에 민감하게 반응하는 문제가 있다. 따라서 경기분석을 위해서는 전망대상 변수와 각종 경제지표간 관계, 각 경제지표에서 순환적 흐름의 파악, 서베이 지수의 특성, 경제지표 집합에서 공통요인 추출 등에 대한 지식이 필요하다.

2장에서는 동행지표와 선행지표의 종류 및 활용방법, 지표모형의 아이디어, 경제시계열에서 순환변동요인을 추출해 내는 방법, 증감률을 활용할 때 유의할 점, 서베이 지수 이용방법 및 유의사항, 경제지표 집합에서 공통요인을 추출하는 방법 등에 대해 설명한다. 마지막에는 주요 경제지표를 1년 정도의 시계로 예측하는 데 적극 활용되는 시계열분석기법에 관해 간단하게 소개한다.

Economic Forecasting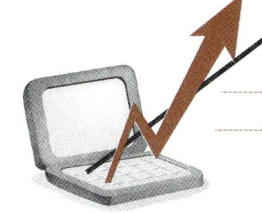

동행지표와 선행지표의 활용

경기흐름의 파악을 위해서는 우선 소비, 투자 등과 관련한 다양한 동행 및 선행 월별 지표를 활용하게 된다. 이들 지표로부터 필요한 정보를 적절하게 추출해 내려면 개별지표의 포괄범위, 작성방식뿐만 아니라 해당 지표가 거시경제의 흐름을 총괄적으로 보여주는 국민소득 통계와 유사한 움직임을 보이는지에 대해 알아야 한다.

국민소득 National Income 통계가 경기의 흐름을 종합적으로 파악하는데 가장 유익하지만 이 통계는 분기 종료 후 상당기간이 지나서 발표된다. 따라서 경기의 흐름을 신속하게 파악하기 위해 GDP, 소비, 설비투자, 건설투자, 수출입 등 국민소득 통계와 밀접한 관계가 있는 월별지표들을 많이 활용한다.[1] 월별지표 중에는 국민소득 통계의 해당 분기와 시차 없이 대응되는 동행지표가 있는가 하면 짧게는 1개월에서 길게는 2년 정도까지 선행하는 지표들도 있다. 따라서 동

---

[1] GDP 등 국민소득 통계는 해당 분기를 2개월 정도 지난 시점에서 잠정치 추계결과를 발표 했었으나 최근에는 가능한 데이터만을 바탕으로 분기 종료후 28일 이내에 속보치를 작성하여 공표하고 있다. 속보치가 발표됨에 따라 해당 분기가 지나 3개월분의 데이터를 모두 확보한 시점에서 월별지표를 활용하여 국민소득을 추정해보는 작업은 크게 필요치 않게 되었다. 그러나 해당 분기중 1~2개월의 월별지표를 바탕으로 해당 분기의 GDP 성장률 등을 예측해 보는 작업은 계속 필요하다.

행지표는 해당 분기의 국민소득 흐름을 판단하는 데 활용하고 선행지표는 짧게는 1분기 후부터 길게는 몇 분기 이후의 국민소득 흐름을 예측하는 데 사용한다.

국민소득 통계의 소비와 밀접한 월별지표로는 통계청의 소비재판매액지수, 도소매업판매액지수 및 내수용소비재출하지수와 관세청의 내수용소비재수입액 등이 있는데 이는 주로 동행지표들이다. 설비투자는 동행지표로 통계청에서 발표하는 설비투자추계지수 및 기계류내수출하지수, 관세청의 내수용기계류수입액 등이 있으며 선행지표로는 통계청의 국내기계수주액이 있다. 건설투자와 관계가 있는 동행지표는 통계청의 건설기성액 및 건설용중간재출하지수 등이 있고 선행지표로는 통계청의 국내건설수주액과 국토해양부의 건축허가면적 등이 있다. 수출입의 동행지표로는 관세청의 통관기준 수출액 및 수입액이 활용된다. 이밖에 통계청의 제조업 생산지수는 제조업 GDP를, 통계청의 서비스업 활동지수는 서비스업 GDP의 동향을 직접적으로 잘 나타내어 준다.

한편 이들 월별지표를 이용하여 GDP나 소비, 투자 등의 움직임을 해당 분기가 지나기 전에 예측하기 위해서는 이들 지표의 특성을 잘 파악할 필요가 있다. 첫 번째로 월별지표의 편제방법 및 포괄범위를 정확히 인식하고 국민계정과 어떤 차이가 있는지를 파악해야 한다. 특정통계가 대기업 위주로 조사되는 경우 이들 지표만 보고 중소기업까지 포함한 국민소득 통계와 직접 비교하면 곤란하기 때문이다. 또한 통계청의 산업생산지수 등 상당수 월별지표는 총산출(중간재투입 + 부가가치)을 측정한 것인데 국민계정 통계는 부가가치만을 포착하는 것이라 중간재투입비중이 다소 빠르게 바뀐다면 과거와 최근의 두 지표간 움직임이 달라질 수 있기 때문이다.

표 2-1 국민소득 통계와 관련된 주요 월별지표 및 작성기관

구 분		지표	작성기관	세부내용
생산		산업생산지수	통계청	광업, 제조업, 전기·가스업으로 구분
		생산자제품출하지수	〃	광업, 제조업, 전기·가스업으로 구분
		생산자제품재고지수	〃	광업, 제조업으로 구분
		제조업생산능력지수	〃	
		제조업가동률지수	〃	
수요	소비	소비재판매액지수	통계청	
		도소매업판매액지수	〃	도매, 소매로 구분
		내수용소비재출하지수	〃	내구재, 비내구재로 구분
		내수용소비재수입액	관세청	곡물, 내구재, 비내구재로 구분(통관기준)
	설비투자	국내기계수주액	통계청	공공 및 민간으로 구분
		설비투자추계지수	〃	설비투자재의 공급측면에서 접근
		기계류내수출하지수	〃	
		내수용기계류수입액	관세청	통관기준
	건설투자	건축허가면적	국토해양부	용도별(주거용, 상업용, 공업용)로 구분
		국내건설수주액	통계청	발주자별(공공, 민간), 공종별(건축, 토목)로 구분
		건설기성액	〃	
		건설용중간재출하지수	〃	
		시멘트출하량	한국양회협회	
	수출입	수출액	관세청	
		수입액	〃	

국민계정 설비투자와 설비투자추계지수의 차이

통계청에서 발표하는 설비투자추계지수는 자본재로 사용되는 재화의 생산 및 수입 합계인 총공급에서 중간수요, 소비, 수출, 재고조정에 이용되는 것을 제외하는 방식으로 가공, 추계하여 지수형태로 작성된다. 이처럼 동 지수는 국민계정의 설비투자와 추계방식이 비슷하기 때문에 당분기 설비투자를 추정해 보는 데 유익하게 활용되고 있다.

그러나 국민계정의 설비투자와 통계청에서 발표하는 설비투자추계지수는 다음과 같은 면에서 차이가 있다. 우선 지수 작성시 설비투자추계지수는 국민계정 설비투자와 달리 선박, 낙농 등의 부문이 제외되어 있다. 또한 수출입 자료의 경우 설비투자추계지수는 통관기준을, 국민계정 설비투자는 국제수지기준을 각각 활용하며 가격기준도 설비투자추계지수는 생산자가격을, 국민계정 설비투자는 상업마진 등을 고려한 구매자가격을 사용하는 차이가 있다. 이러한 작성방법상의 차이 때문에 두 데이터가 전반적으로 비슷한 흐름을 보이지만 월별로는 차이가 발생하는 경우가 있다.

두 번째로는 경제지표가 경상가격기준으로 작성된 것인지 아니면 불변가격기준으로 작성된 것인지를 파악해야 한다. 경기흐름을 분석하는 데는 불변가격기준 국민소득 통계가 주로 활용되는데 경상가격기준으로 작성되는 월별지표를 불변가격으로 전환하는 과정을 거치지 않은 채 직접 비교하게 되면 가격상승률(또는 디플레이터 상승률)만큼 과대평가하는 오류를 범할 수 있기 때문이다. 예를 들면 건설기성액은 경상가격기준이므로 동 지표가 분기평균 10% 성장했다면 불변가격기준 건설투자는 최근의 건설투자 디플레이터 상승률 4%를 뺀 6% 정도 성장했을 것이라고 추정해야 한다.

마지막으로 월별지표의 움직임과 국민계정 통계의 움직임간 상호 관련성에 대해 다양한 분석이 이루어져야 한다. 즉 월별지표중 어느 것이 국민계정 통계와 가장 밀접한지 아니면 몇 개의 월별지표를 가중평균하면 국민소득 통계와 비슷해진다는 등의 분석이 수행될 필요가 있다. 또한 선행지표와 국민소득 통계의 시차가 몇 개월인지 또는 선행지표를 몇 개월 이동평균하면 국민소득 통계와 유사해지는지 등도 중요한 정보가 된다. 예를 들어 건축허가면적은 20개월 정도 이동평균하면 건물건설투자와 가장 유사한 움직임을 보인다는 분석이 이루어지면 건축허가면적의 최근 추세를 보고 1년 후의 건물건설투자를 예상해 볼 수 있는 것이다.[2]

건축허가면적·건설수주에서의 건설투자 정보 추출

2003년까지의 자료를 이용하여 주거용 건축허가면적·건설수주 증감률과 주거용 건축투자 증감률간 시차상관계수를 분석해 보면 당분기 건축투자 증감률과 7~8분기 전의 허가면적 및 수주 증감률의 상관관계가 가장 높은 것으로 나타난다. 이러한 분석을 바탕으로 7~8분기 전 허가면적 및 수주 증감률과 당분기의 건축투자 증감률을 직접 비교해 보면서 향후 1년간(다음 그림에서는 2004년중)의 건설투자 증감률 흐름을 추정해 보는 것이다.

---

[2] 동행 및 선행 월별경제지표들의 공급, 포괄범위, 특징 등에 대한 분석은 장광수·전봉걸(2000) "주요 실물경제지표의 경기순환적 특징"을 참조하되 월별지표들의 편제방식 및 특성들은 수시로 바뀌기 때문에 동 자료를 업데이트하여 분석해 본다면 유익할 것이다.

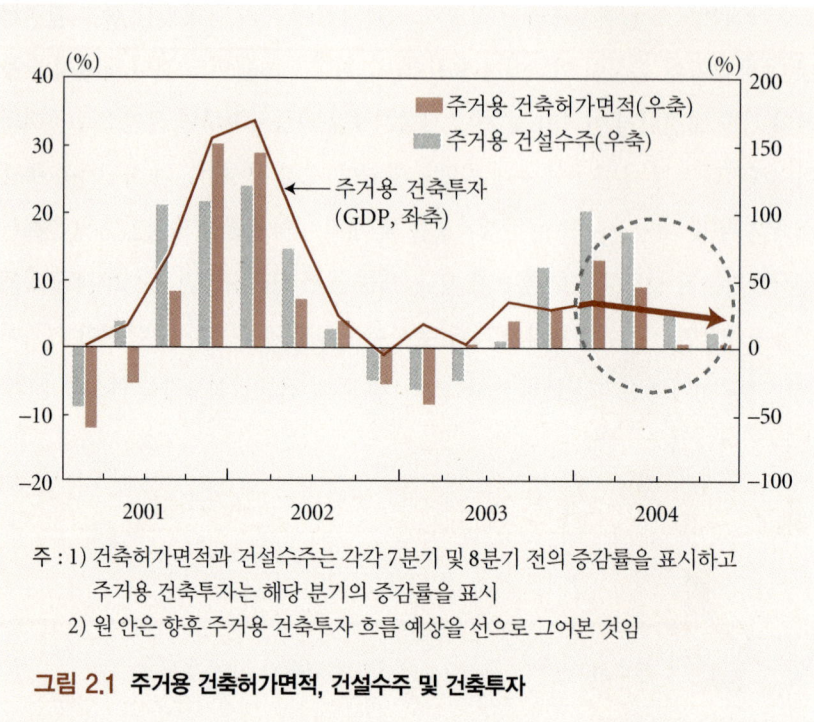

주 : 1) 건축허가면적과 건설수주는 각각 7분기 및 8분기 전의 증감률을 표시하고
주거용 건축투자는 해당 분기의 증감률을 표시
2) 원 안은 향후 주거용 건축투자 흐름 예상을 선으로 그어본 것임

그림 2.1 주거용 건축허가면적, 건설수주 및 건축투자

월별지표 해석 및 지표모형

월별지표는 불규칙요인을 잘 감안하여 증감률 흐름을 중심으로 활용한다. 특히 월별지표의 증감률들을 회귀분석을 통해 가중평균하여 당분기나 1분기 후의 GDP, 소비, 투자 증감률 등을 추정하는데 이를 지표모형이라 한다.

월별 동행 및 선행지표를 이용하여 분기 GDP나 소비, 투자 등의 수치를 추정해내는 방법을 좀 더 자세히 살펴보자. 우선 가장 단순한 방법으로 방향만을 판단해 보는 것이다. 즉 월별지표의 전분기 평균 증감률과 당분기의 증감률간 차이를 보면서 해당 국민소득 통계의 당분기 증감률이 전분기 증감률에 비해 더 높을

지 낮을지를 판단하는 것이다. <표 2-2>는 소비재판매액지수 증감률을 활용하여 민간소비 증감률을 추정한 예를 보여주고 있다. 우선 3/4분기에 대해서는 소비재판매액의 분기평균 전년동기대비 증감률이 있고 4/4분기에는 10월의 전년동월대비 증감률만 있다면 3/4분기 증감률과 10월 증감률을 단순 비교하여 10월 증감률이 높으면 4/4분기 민간소비 증감률이 3/4분기보다 높지 않을까 생각하는 것이다. 만약 10월과 11월의 증감률을 가지고 있는 경우는 두 달 평균치를 사용하여 3/4분기 것과 비교한 후 3/4분기와 비슷하지 않을까 판단하게 된다.

표 2-2 소비재판매액지수 증감률을 활용한 민간소비 증감률 추정 예시

		소비재판매액 증감률	민간소비 증감률
3/4분기 실적치		3.5%	3.0%
4/4분기 가용 데이터	10월	4.5%	↗ (3.8%, ?)
	10~11월	3.6%	→ (3.0%, ?)
	10~12월	3.8%	↗ (3.2%, ?)

주: ( )내는 가용데이터를 이용한 4/4분기 추정치

이러한 단순 방식을 사용함에 있어서는 두 가지를 주의할 필요가 있다. 우선 월별지표가 해당 국민소득 통계와 포괄범위가 유사해야만 이와 같은 방법을 사용할 수 있다는 점이다. 즉 민간소비의 경우 소비재판매액지수(서비스는 제외되어 있지만), 설비투자는 설비투자추계지수, 건설투자는 건설기성액 등이 대체로 포괄범위 면에서 비교우위가 있는 지표들이다. 두 번째로는 이러한 방식을 사용할 때는 주로 전년동기대비 증감률을 사용하게 되기 때문에 영업일수나 파업 등의 불규칙요인을 잘 고려해야 한다는 것이다. 만약 10월의 경우 전년동월에 비해 영업일수가 하루가 많은데 4/4분기 전체로는 영업일수가 전년동분기와 동일하

다면 10월 증감률에서 영업일수 하루분에 해당하는 수치를 제외하고 3/4분기 증감률과 비교하여야 한다.[3] 10월에 파업이 있었어도 만약 11월과 12월에 초과근무 등을 통해 작업손실을 만회할 수 있을 것으로 판단되는 경우 10월 증감률을 상향 조정한 후 3/4분기 수치와 비교 판단해야 할 필요가 있다. 이런 이유로 매월 경제지표가 발표될 때마다 그 안에 내재된 불규칙요인을 파악하는 노력을 병행해야 한다.

한편 방향만을 보지 않고 수치를 구체화하고 싶은 경우에는 변수간에 인과관계가 있는 것은 아니지만 단순히 회귀분석을 실시하여 탄성치를 구한 후 당분기의 해당 국민소득 수치를 추정해 볼 수 있다. 민간소비의 경우를 예로 들어보자. 우선 단순하게 분기별 국민계정의 민간소비 증감률과 소비재판매액 증감률 간에 단순 회귀분석을 실시해보자.

$$민간소비증감률_t = 0.32 + 0.78\ 소비재판매액증감률_t + \epsilon_t$$

그 결과 위와 같은 결과를 얻었다면 소비재판매액의 3/4분기와 10~11월 증감률 차이에 동 탄성치(0.78)를 곱하여 3/4분기와 4/4분기간 민간소비 증감률의 차이를 추정하는 것이다. [<표 2-2> 참조]

사실 민간소비와 밀접하게 관련된 월별지표는 소비재판매액지수뿐 아니라 서비스업활동지수, 도소매판매액지수, 소비재출하지수 등 다양하다. 따라서 가능하다면 이런 지표들의 정보를 모두 이용하려고 하는 것은 당연하며 각 지표들에 어떤 가중치를 주어 예측에 활용할 것인지의 문제가 발생한다. 이같은 가중치 파악을 위해서도 회귀분석이 많이 활용된다. 즉 분기 민간소비와 관련된 월별지표의 분기 평균치를 가지고 계수를 추정한 후 월별지표의 1개월이나 2개월

---

[3] 영업일수 하루당 생산증감률의 차이는 생산증감률 = f(영업일수 ...)로 간단하게 회귀분석하여 파악하기도 한다.

평균치를 대입하여 당분기 민간소비 증감률을 추정해 보는 것이다.

민간소비$_t$ = α 소비재판매액$_t$ + β 서비스업활동$_t$ + γ 소비재출하$_t$ + ε$_t$

이러한 아이디어를 가지고 민간소비, 설비투자, 건설투자, 수출 및 수입 그리고 GDP를 직접 예측해 보는 것이 한국은행이 구축하여 활용하고 있는 지표모형 indicator model, 즉 초단기예측모형이다.[4]

경제시계열에서 순환변동의 추출

거시경제정책 면에서 관심이 있는 주요 경제지표의 기조적인 순환흐름을 파악하기 위해서는 경제시계열에서 추세변동, 계절변동 및 불규칙변동 요인 등을 제거한 후 순환변동 부분만을 분석할 필요가 있다.

경제시계열(또는 경제지표)에는 추세변동trend, 순환변동cyclicality, 계절변동seasonality 및 불규칙변동irregularity이 혼합되어 있다. 추세변동은 경제구조나 생산성 변화 등에 따른 장기성장수준의 변화를 나타내고, 순환변동은 통상적인 경기순환과정(10년 이내)에서 지표가 확장과 수축을 반복하는 부분을 말하며, 계절변동은 매년 계절적으로 반복해서 발생하는 변동 부분을, 불규칙변동은 파업 자연재해 등으로 일어나는 예측 불가능한 변동을 말한다. 따라서 거시경제정책 면에서 관심이 있는 특정 경제지표의 기조적인 순환흐름을 파악하기 위해서는 경제시계열에서 순환변동 부분만을 추출해 분석할 필요가 있다.

사실 계절적인 요인이나 파업, 영업일수 차이 등에 따라 경제지표가 크게

---

[4] GDP는 제조업생산지수와 서비스업활동지수를 이용하여 직접 예측하기도 하고 소비, 투자 등에 대한 예측치를 합산(Y = C + I + G + X − M)하여 예측치를 도출하기도 한다. 초단기모형에 관한 구체적인 내용은 김양우·이긍희·장동구(1997)를 참조하기 바란다.

변했다면 이는 경기순환의 기조적인 변화를 나타내는 것은 아니다. 건설업의 경우 봄부터 가을까지는 공사가 잘 진행될 수 있으나 겨울철에는 추위로 공사 진척이 어려운 경우가 많다. 그래서 건설업 활동은 계절성을 보일 수밖에 없는데 이는 매년 반복되는 현상으로 겨울철 건설기성액이 가을에 비해 줄어들었다고 겨울부터 건설경기가 둔화된 것으로 보기 어렵고 봄이 되면 다시 늘어날 것이다. 또한 파업 등 특정사건으로 인해 어느 달의 제조업생산이 일시적으로 감소하였더라도 다음 달에는 정상적으로 생산활동이 이루어지고 더욱이 초과근로 등을 통해 전월의 감산을 만회하려 한다면 오히려 생산증가율이 높아질 수도 있을 것이다. 따라서 경제지표에서 계절성과 불규칙요인을 제거하는 것은 경기판단과정에서 매우 중요한 일이다.

경제시계열을 4가지 변동요인으로 분해하는 방법은 다양하다. 우선 4가지 요인을 동시에 분해해 낼 수 있는 것으로 미국 상무부에서 개발한 X12-ARIMA가 있다. 한국은행에서는 X12-ARIMA에 설날, 추석 등의 명절이동 효과와 공휴일 효과를 반영하여 우리나라 실정에 맞게 경제통계를 계절조정할 수 있도록 BOK-X12-ARIMA를 개발하였다. 동 프로그램은 국민소득 등을 계절조정하여 발표하는 데 사용되고 있다. 사실 동 프로그램은 계절조정된 경제시계열을 산출하는 데 주로 사용되고 있지만 프로그램에 내장된 다양한 옵션을 활용하는 경우 추세계열과 순환계열 및 계절요인seasonal factor까지 산출해 분석할 수 있다.

X12-ARIMA 외에 장기추세요인을 손쉽게 분해할 수 있는 방법이 HP필터링 Hodrick-Prescott filtering 기법이다. HP필터링 기법은 장기추세치가 원계열(y_t)에서 크게 벗어나면 안된다는 것(첫 번째 항)과 장기추세는 급격하게 바뀌면 안된다는 것(두 번째 항), 이 두 조건을 만족시키는 추세선을 구하는 방법이다. 즉 두 조건에 적당한 가중치(λ)를 두고 다음과 같은 손실함수를 최소화하는 장기추세, τ_t를 구하는 것이다.

$$Min\,(1/T)\sum_{t=1}^{T}(y_t - \tau_t)^2 + (\lambda/T)\sum_{t=2}^{T-1}[(\tau_{t+1} - \tau_t) - (\tau_t - \tau_{t-1})]^2$$

경제시계열에서 불규칙요인을 제거하기 위해서는 모니터링 정보를 활용하거나 이동평균 방식을 이용한다. 만약 자동차 사업장에서 파업이 발생하여 국가 전체의 자동차생산 증가율을 2%포인트 정도 하락시킨 것으로 조사되었다면 파업에 따른 생산감소 부분(2%포인트 × 전산업에서 자동차가 차지하는 비중)을 산업생산계열에서 조정한 후 국가 전체의 생산흐름(즉 경기)을 파악해야 한다. 그러나 많은 경우는 발생한 사건 자체에 대해 파악이 되지 않거나 사건이 경제활동에 미친 영향의 정도를 측정하기가 어렵기 때문에 이동평균moving average 방식을 많이 활용한다. 월별지표들은 보통 3개월 정도 이동평균하면 불규칙요인이 상당히 제거되는 것으로 알려져 있다. 한편 몇 개월 정도를 이동평균할 때 불규칙요인이 가장 잘 제거되는지를 파악하기 위해 X12-ARIMA를 활용할 수 있는데, 즉 동 프로그램을 통해 순환요인 압도 개월수MCD, months for cyclical dominance를 파악하고 동 기간만큼 이동평균하는 방식이 사용된다.

다음으로 제조업생산지수를 각 요인별로 분해한 예를 도식을 통해 설명해 보겠다. <그림 2.2>와 <그림 2.3>은 BOK-X12-ARIMA를 이용하여 제조업생산지수(제조업생산 원계열)를 계절조정한 시계열(제조업생산 SA)과 이를 다시 이동평균하여 불규칙요인을 제거한 추세·순환계열(제조업생산 TC)을 그린 것이다. 원계열보다 계절조정계열이, 계절조정계열보다는 추세·순환계열이 더욱 평활화smoothing된 것을 알 수 있다.

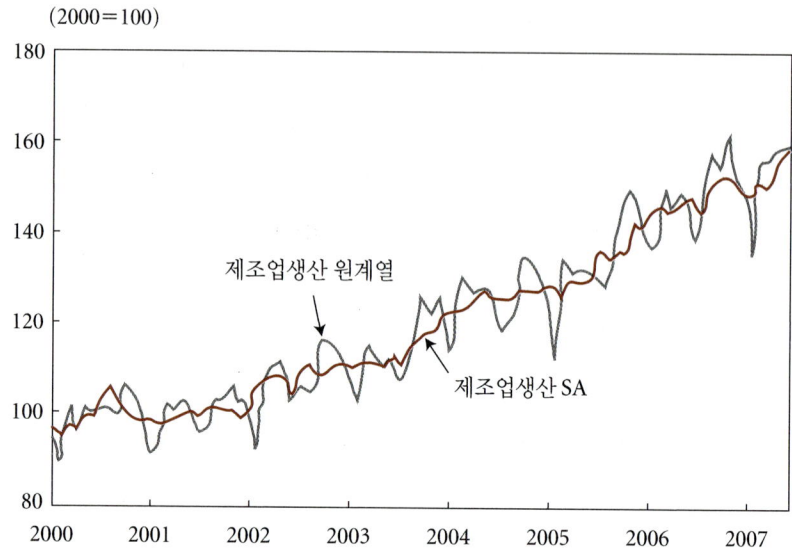

그림 2.2 제조업생산지수 원계열 및 계절조정계열

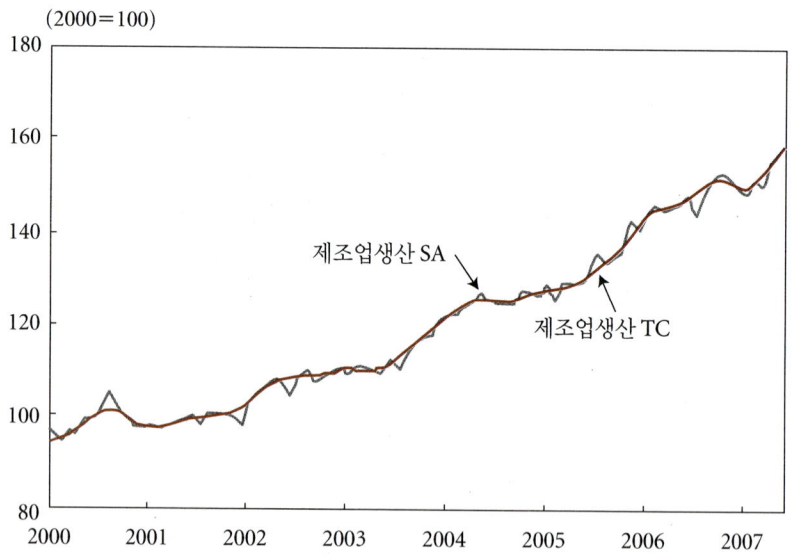

그림 2.3 제조업생산지수 계절조정계열 및 추세·순환계열

<그림 2.4>는 앞에서 구한 추세·순환계열(제조업생산 TC)에서 HP필터법을 이용하여 구분한 추세(제조업생산추세) 및 순환변동(제조업생산TC-제조업생산추세)을 보여준다. 즉 제조업의 경기판단은 동 순환변동치를 가지고 제조업 생산활동이 상승(하강)하는 과정인지, 장기추세수준에 비해 높은(낮은) 수준인지를 판단하는 것이다.

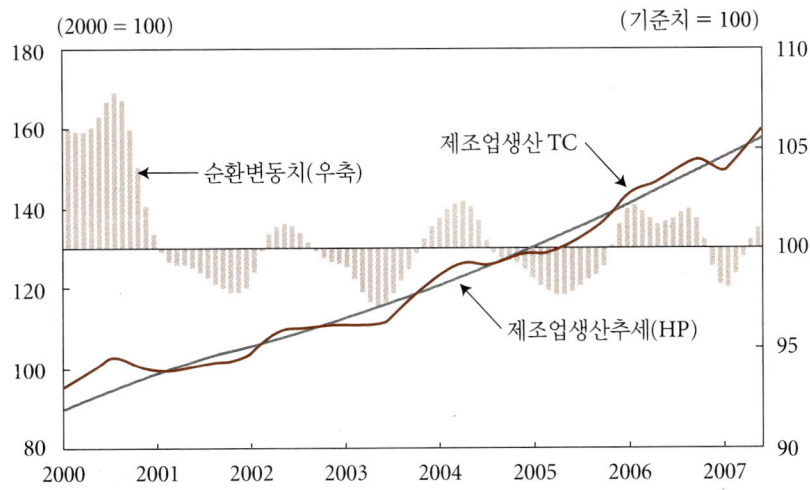

그림 2.4 제조업생산지수 추세·순환 및 추세계열과 순환변동치

통계청의 경기순환시계

통계청에서는 각 경세시표로부터 추출한 순환변동치의 전월내비증감(X축)과 추세로부터 이탈 정도(Y축)를 좌표 평면상에 표기한 경기순환시계business cycle clock를 웹사이트(http://kosis.kr)에 발표하고 있다. 동 시계를 보면 독자들이 직접 순환변동치를 추출하는 작업을 하지 않더라도 관심 있는 경제지표가 경기순환의 어느 국면에 놓여 있는지 파악할 수 있다.

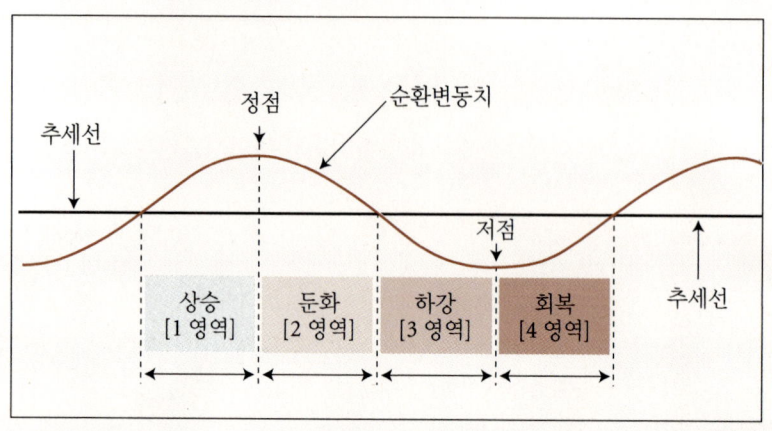

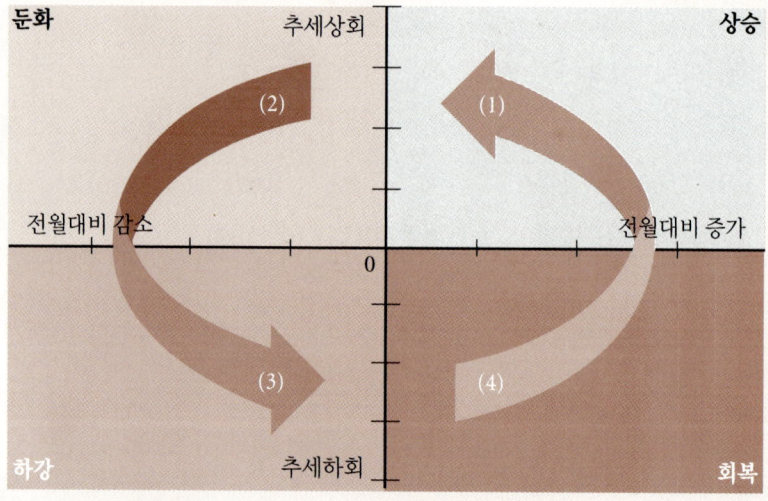

주 : [1영역] 상승국면 : 순환변동치 전월대비 증가, 추세상회
　　[2영역] 둔화국면 : 순환변동치 전월대비 감소, 추세상회
　　[3영역] 하강국면 : 순환변동치 전월대비 감소, 추세하회
　　[4영역] 회복국면 : 순환변동치 전월대비 증가, 추세하회
자료 : http://kosis.kr/bcc/bcc/popup_bcc_help.html 에서 재인용

그림 2.5 경기순환시계의 영역별 경기국면

스펙트럴분석

스펙트럴분석spectral analysis은 경제시계열로부터 다양한 주기duration의 순환변동요인을 추출해내는 방법이다. 물리학에서 사용되었던 동 기법은 경제시계열이 다양한 주기적 순환요인의 결합체라는 인식을 바탕으로 전체기간을 주기로 하는 최장기 순환요인에서 1개월 이내의 짧은 순환요인까지 자세하게 분해해 낸다. 순환요인을 분해하는 과정에서는 시계열을 퓨리에 변환하여 사인sin, 코사인cosin 등 주파수frequency 형태로 순환을 파악한다는 특성이 있다.

스펙트럴분석에 의해 파악된 장기순환low frequency요인은 시계열의 장기추세에 해당하는 것이며 1개월 이내의 짧은 순환high frequency은 불규칙요인에 해당한다고 해석한다. 또한 분해된 순환요인중 우리가 관심 있는 주기의 순환에 대해 과거치를 추적할 수 있기 때문에 이에 대한 예측도 가능하게 된다. 예를 들면 통상적으로 관심이 있는 경기순환은 6분기에서 40분기 범위내에서 순환이 이루어지는 것인데 스펙트럴분석을 이용하여 이러한 순환변동을 찾아내고 전망에 이용하는 대표적인 예가 밴드패스band-pass 필터링 기법이다.

한편 분해된 순환요인들을 이용하여 국가간 시계열의 공행성comovements을 파악함으로써 경기변동의 동조화 정도를 평가해 볼 수도 있다. 예를 들면 두 나라의 GDP로부터 다양한 순환요인을 추출해 낸 후 어떤 순환이 가장 밀접하게 연결되어 있는지 파악하는 방법이 스펙트럴 응집도spectral coherence 분석이다. 구체적인 예는 공철 · 박양수 · 최강욱(2007)을 참조하기 바란다.

증감률의 활용

일상적인 경제동향 분석에는 증감률을 많이 활용하는데 전기대비 증감률과 전년동기대비 증감률은 계절성, 경기선행성, 불규칙요인의 영향 정도 등에서 차이가 있다는 점을 인식할 필요가 있다.

경제지표에서 4가지 요인을 분해하고 순환적 요인만을 파악해 내기 위해서는 상당한 통계적 테크닉과 시간이 필요하기 때문에 일상적인 경제동향 분석에서는 증감률을 많이 사용한다. 통계를 작성하는 기관에서도 경제지표의 수준뿐 아니라 원계열의 전년동기대비 증감률과 계절조정계열의 전기대비 증감률을 함께 발표하는 것이 일반적이다. 여기에서는 증감률을 활용한 경기분석시 알아두면 도움이 될 몇 가지 특성들을 살펴보고자 한다.

첫 번째는 계절성 문제이다. 전년동기대비 증감률의 경우 사실 전년과 당해 연도의 월이나 분기의 수준을 비교하기 때문에 자연적으로 계절성이 제거된다고 볼 수 있다. 즉, 경제지표는 통상 추세, 순환, 계절 및 불규칙 요인으로 구성($x_t = T_t \times C_t \times S_t \times I_t$)되어 있기 때문에 다음 식에서 보듯이 계절요인이 매년 크게 바뀌지 않는다면($S_t \approx S_{t-12}$) 전년동기대비 증감률은 계절변동요인이 거의 제거된다고 볼 수 있다.

$$\text{전년동기대비증감률} = \frac{x_t}{x_{t-12}} = \frac{T_t \times C_t \times S_t \times I_t}{T_{t-12} \times C_{t-12} \times S_{t-12} \times I_{t-12}}$$

$$\approx \frac{T_t \times C_t \times I_t}{T_{t-12} \times C_{t-12} \times I_{t-12}}$$

반면 원계열의 전기대비 증감률은 계절변동요인의 영향이 소거되지 못하고($S_t \approx S_{t-12} \neq S_{t-1}$) 그대로 남아있기 때문에 경기분석 과정에서 동 증감률을 사용하기 위해서는 반드시 계절조정 과정을 거친 지표를 가지고 증감률을 산출해야 한다.

$$\text{원계열의 전기대비 증감률} = \frac{T_t \times C_t \times S_t \times I_t}{T_{t-1} \times C_{t-1} \times S_{t-1} \times I_{t-1}}$$

두 번째로는 전기대비 증감률은 전년동월대비 증감률에 대해 6개월 내외 선행하는 현상이 나타난다는 것이다. <그림 2.6>은 두 증감률간에 존재하는 선후행 현상을 보여주고 있다. 왼쪽에 있는 그림은 매년 5% 정도 추세성장을 하는

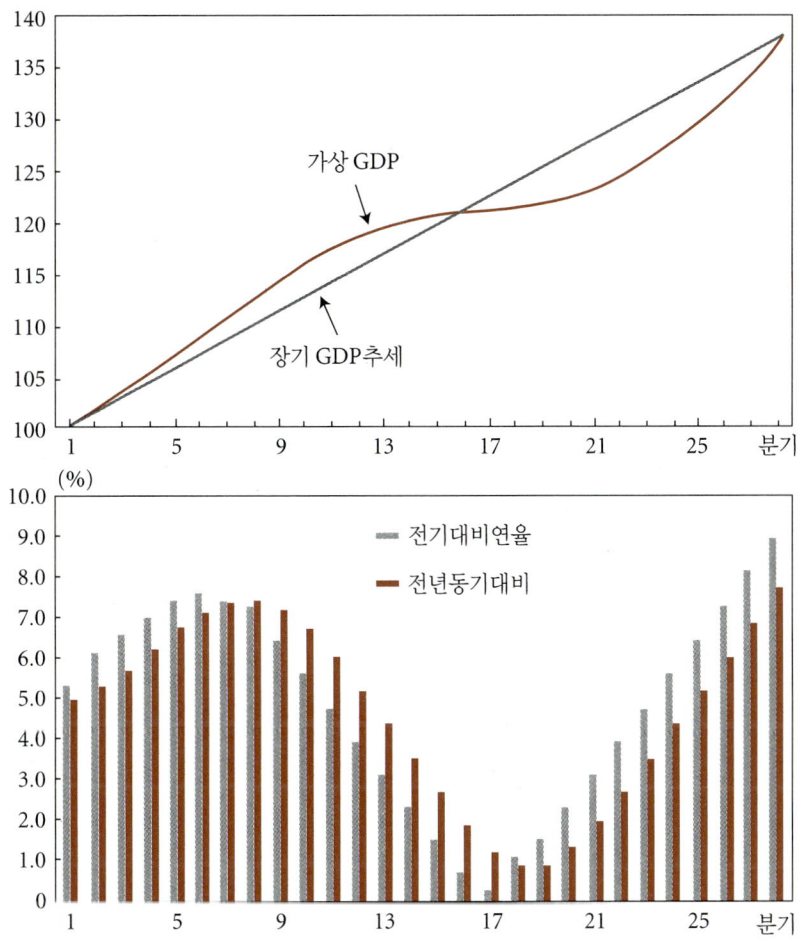

그림 2.6 가상 GDP 및 전기대비연율, 전년동기대비 증감률

가운데 순환변동이 발생하는 가상적인 GDP(계절성과 불규칙요인은 없는 것으로 전제)와 추세 GDP를 함께 그려 놓은 것이다. 아래쪽 그림은 가상 GDP의 전기대비 증감률(연율)과 전년동기대비 증감률을 비교한 것인데 전기대비 증감률이 2분기 정도 선행함을 볼 수 있다. 이처럼 전기대비 증감률이 경기변화를 보다 신속하게 파악할 수 있기 때문에 한국은행과 통계청이 GDP나 산업활동통계를 발표할 때 전기대비 증감률을 주지표로 사용하고 있다.

세 번째로는 전기대비 증감률이 경기상황 변화를 조기에 포착할 수 있다고 하더라도 전기대비 증감률 상승(하락)이 경기확장기(경기수축기) 진입과 반드시 일치하지는 않는다는 점이다. 1장에서도 언급했지만 <그림 2.7>의 위쪽 그림에서 A에서 B까지의 구간을 경기확장기라 하고 B에서 C까지는 경기수축기라고 한다. GDP 갭률 즉, $\frac{(실제\,GDP - 추세\,또는\,잠재\,GDP)}{추세\,또는\,잠재\,GDP}$ 로 설명하면 GDP 갭률이 저점(A)에서 마이너스 폭이 가장 크고 이후 축소되기 시작하면 경기확장기로 진입했다고 말하고, 정점(B)에서 플러스폭이 최대가 된 후 점차 줄어들기 시작하면 경기수축기로 진입한다고 말하는 것이다. 그런데 이를 증감률 측면에서 본다면 다소 주의를 요한다. 전기대비 증감률은 기울기 tangent와 비슷하여 경기확장기에는 장기추세선의 기울기(TT′) 즉 추세 증감률보다 실제 증감률이 높고 경기수축기에는 추세 증감률보다 낮게 된다. 따라서 <그림 2.6>의 가상 GDP를 이용하여 도식한 <그림 2.7>의 아래 그림에서 알 수 있듯이, 전기대비 증감률(연율)이 장기 추세성장률(5%)보다 낮아지지 않으면 GDP 갭률이 줄어들지 않는다. 그러므로 전기대비 성장률이 하락하기 시작했으나 추세 성장률보다 높으면 경기가 수축기로 진입하지 않고 확장세가 점차 완만해지는 것으로 평가해야 한다. 이러한 이유 때문에 전기대비 성장률의 변화를 보면서 경기판단을 하는 경우에는 성장률 자체의 수준에 대해서도 고려해야 한다.

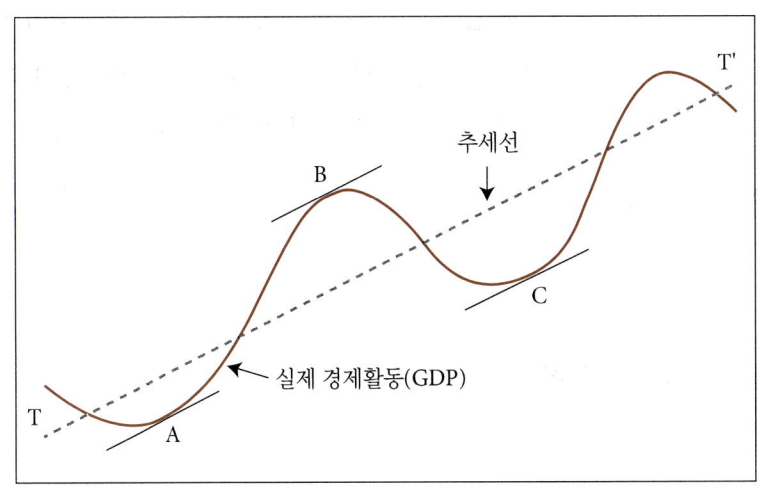

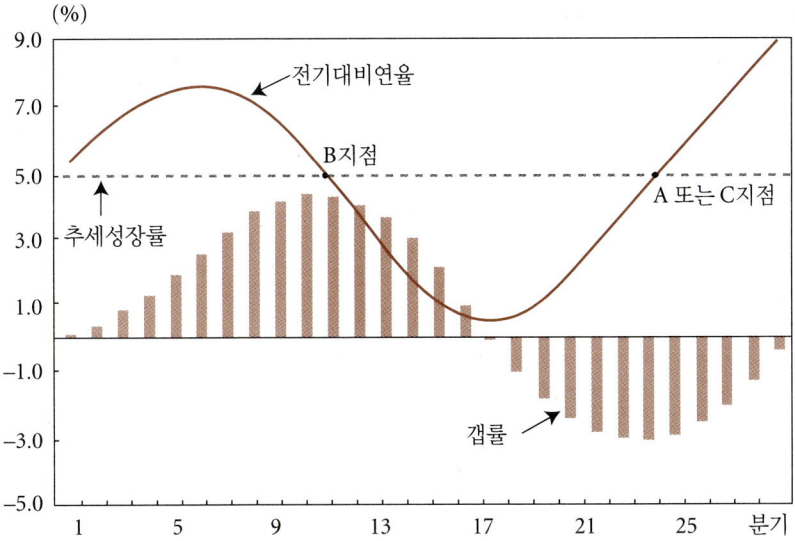

그림 2.7 **전기대비연율, 추세성장률 및 갭률**

네 번째로는 두 증감률 모두 불규칙요인에 의해 크게 영향을 받지만 전기대비 증감률이 전년동기대비 증감률보다 불규칙요인에 의해 영향을 많이 받아 변동성이 심하다는 것이다. 파업이나 자연재해의 발생에 의해 특정월에 생산차질이 발생하더라도 몇 개월이 지나면 만회가 되기 때문에 12개월 동안의 전월대비 증감률을 합한 것과 비슷한 전년동월대비 증감률은 상당히 평활화되는 경향이 있는 것이다.

$$전년동기대비\ 증감률 = (\frac{x_t}{x_{t-12}}) \times 100 - 100$$

$$= (\frac{x_t}{x_{t-1}} \times \frac{x_{t-1}}{x_{t-2}} \times \ldots \times \frac{x_{t-11}}{x_{t-12}}) \times 100 - 100$$

한편 미국처럼 전기대비 증감률을 연율화하는 경우 연율화 과정에서 증가율을 4제곱(분기자료)이나 12제곱(월자료)하게 되므로 추세·순환요인에 의한 변화가 불규칙요인에 의한 변화에 의해 방향이 바뀔 가능성이 높아진다. 즉 다음 식에서 보듯이 불규칙변동의 비율인 $\frac{I_t}{I_{t-1}}$ 과 $\frac{I_t}{I_{t-12}}$ 의 크기가 비슷하더라도 연율기준 전기대비 증감률에서는 불규칙요인의 변동폭이 전년동기대비 증감률에 비해 상당히 클 수 있다는 것을 알 수 있다.

$$전기대비\ 증감률_{(연율)} = (\frac{x_t}{x_{t-1}})^{12} \times 100 - 100$$

$$= [(\frac{T_t}{T_{t-1}})^{12} \times (\frac{C_t}{C_{t-1}})^{12} \times (\frac{I_t}{I_{t-1}})^{12}] \times 100 - 100$$

$$전년동기대비\ 증감률 = \frac{x_t}{x_{t-12}} \times 100 - 100$$

$$= [\frac{T_t}{T_{t-12}} \times \frac{C_t}{C_{t-12}} \times \frac{I_t}{I_{t-12}}] \times 100 - 100$$

이상에서 본 것처럼 경기분석 과정에서 증감률을 이용하면 여러 가지 편리한 점이 있지만 증감률은 불규칙요인에 의해 크게 영향을 받기 때문에 이를 효율적으로 제거하는 것이 매우 중요한 작업이 된다. 즉 평상시에 모니터링을 통해 불규칙요인에 대한 정보를 최대한 파악함으로써 증감률을 조정하거나 이동평균 등 통계적 기법을 적절하게 활용해야만 증감률을 이용한 경기분석의 유효성을 확보할 수 있다.

불규칙요인에 의한 경기신호 왜곡

외환위기 이후 우리나라는 잠재(추세)성장률이 하락하고 경기변동의 진폭도 축소됨에 따라 불규칙요인이 추세·순환요인에 의한 경기흐름을 역전시키는 현상이 자주 발생하고 있다. 최영일·박양수(2007)에 따르면 외환위기 이후 2007년 상반기까지 계절조정된 월별 경제지표 24개를 대상으로 추세·순환요인에 의한 변동과 불규칙요인에 의한 변동을 분해한 결과 추세·순환요인만으로 도출한 월별 증감률의 부호가 불규칙요인에 의해 반대로 바뀐 경우가 30% 정도인 것으로 분석되었다.

표 2-3 **불규칙요인의 추세·순환요인 역전**[1]

(%)

	Type I[2]	Type II[2]	Type III[2]
전 기 간	59.6	48.4	29.0
(위기이전)	(59.0)	(48.3)	(28.3)
(위기이후)	(61.1)	(48.5)	(30.6)

주 : 1) 24개 변수 평균
    2) Type I : 불규칙요인 증감률의 절대값이 추세·순환요인보다 큰 경우
       Type II : 두 증감률간의 부호가 반대인 경우
       Type III : 부호가 반대이면서 불규칙요인 증감률의 절대값이 더 큰 경우
          (경기신호가 정반대로 왜곡)

추세·순환계열의 전월대비 증감률 활용

증감률을 활용한 경기분석시 경기신호 교란을 최소화하기 위해 X12-ARIMA를 이용할 수 있다. 즉 X12-ARIMA로 경제지표에서 추세와 순환변동만을 추출한 후 전기대비 증감률을 산출해 활용하는 것이다.

<그림 2.8>은 산업생산지수의 전기대비 증감률과 동 지표로부터 추출한 추세·순환변동의 전기대비 증감률을 나타낸 것인데 추세·순환요인만의 전기대비 증감률이 단순 전기대비 증감률에 비해 교란신호가 크게 축소됨을 알 수 있다. 다만 추세·순환요인의 분해시 매월 또는 매분기 데이터가 추가될 때마다 과거 시계열의 증감률이 바뀌는 문제가 발생한다는 데에 유의할 필요가 있다.

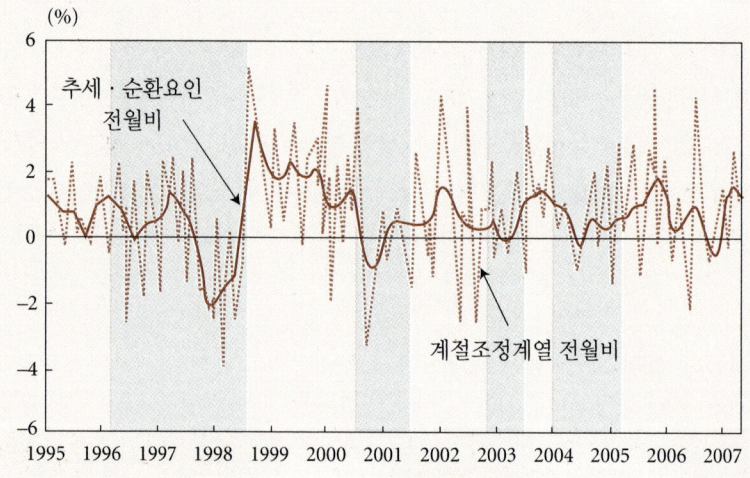

그림 2.8 산업생산지수 전월대비 증감률과 추세·순환요인의 전월대비 증감률[5]

---

5) 이하 그래프에서 음영으로 표시된 부분은 경기하강기를 의미한다.

서베이 지수의 활용

경제주체들의 심리가 실제 경제활동에 영향을 줄 수 있을 뿐 아니라 제조업생산이나 소비재판매 등의 경제지표보다 속보성을 확보할 수 있다는 측면에서 서베이 지수가 경제상황 판단 및 경제전망에 많이 활용된다. 그러나 이들 지수는 측정오차가 발생하고 뉴스에 민감하게 반응한다는 점에 유의해야 한다.

실제 경제활동은 경제주체들의 심리psychology에 상당한 영향을 받는다. 소비자들이 향후 경기가 좋아져 가계의 소득이 높아질 것으로 기대하는 경우 소비지출을 늘리는 경향이 있다. 기업들도 향후 경기가 회복될 것으로 예상되면 생산활동과 투자를 늘리게 된다. 따라서 가계나 기업에 대해 현 경기상황에 대한 판단이나 미래전망 등에 대해 설문조사한 심리 관련 질적지표qualitative economic indicator를 동향분석 및 전망에 활용할 수 있다. 한편 통계청의 산업생산지수 등은 통상 1개월 정도 지난 후에 집계되는데 설문조사는 2,000~3,000개 정도의 가계나 기업을 대상으로 우편이나 전화로 매월 말경에 일주일 정도 실시한 후 집계하기 때문에 해당월의 생산이나 소비활동의 결과를 다음 달 초에 즉각 파악할 수 있는 장점도 있다.

서베이 지수에는 기업을 대상으로 하는 기업경기실사지수Business Survey Index, BSI나 가계를 대상으로 하는 소비자동향지수Consumer Survey Index, CSI 등이 있는데 우리나라에서는 한국은행, 통계청, 전국경제인연합회, 대한상공회의소, 무역협회, 삼성경제연구소 등에서 이들 통계를 작성하고 있다. 통상 서베이 지수는 기업이나 가계에 대해 경기상황이나 전망에 대해 긍정, 보통, 부정의 3점 척도나, 이를 좀 더 세분하여 5점 척도로 조사하는 판단조사방식을 사용한다. 판단조사 결과(3점 척도 기준)는 전체응답중에서 긍정적인 응답(증가 또는 호전) 비중과 부정적 응답(감소 또는 악화) 비중의 차이를 비교하여 통상 100을 기준으로 움직이도록 지수화하며 동 지수가 100보다 크면 긍정적으로 보는 기업(또는 가계)이 많은 것으로 해석하게 된다.

$$BSI(CSI) = \frac{(긍정적\ 응답\ 수 - 부정적\ 응답\ 수)}{전체\ 응답\ 수} \times 100 + 100$$

한편 조사항목은 BSI의 경우는 기업의 업황, 제품재고, 설비투자계획, 매출규모, 제품판매가격, 채산성 및 자금사정 등이며 CSI의 경우 가계의 생활형편, 가계수입, 소비지출, 국내경기, 물가수준 및 금리수준 등이다.

BSI나 CSI는 경제동향의 분석 및 전망 과정에서 다양한 방법으로 활용된다. 우선 현재 및 가까운 장래의 민간소비지출이나 생산, 설비투자 등을 추정하는 데 사용된다. <그림 2.9>와 <그림 2.10>에서 알 수 있듯이 제조업업황 BSI와 제조업 GDP 증감률, 소비자심리지수와 소비재판매액 증감률 등은 매우 비슷한 움직임을 보이기 때문에 서베이 지수를 이용하면 제조업 GDP 증감률이나 소비지출 증감률의 변화방향을 가늠해 볼 수 있다.

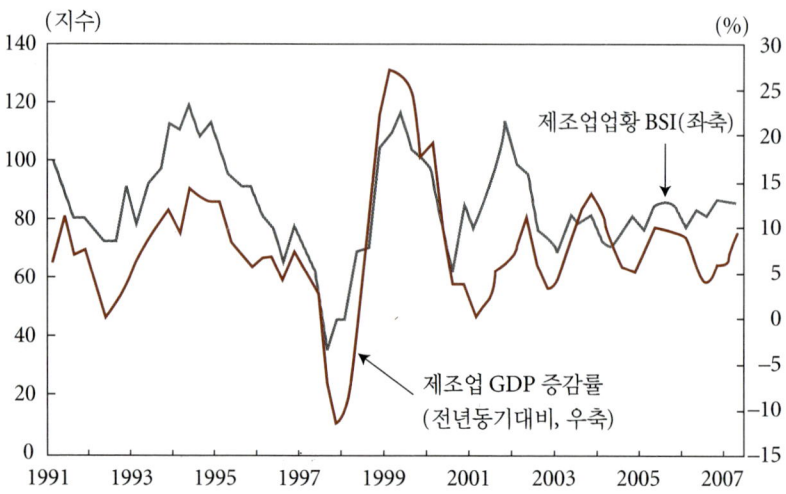

그림 2.9 제조업업황 BSI와 제조업 GDP 증감률

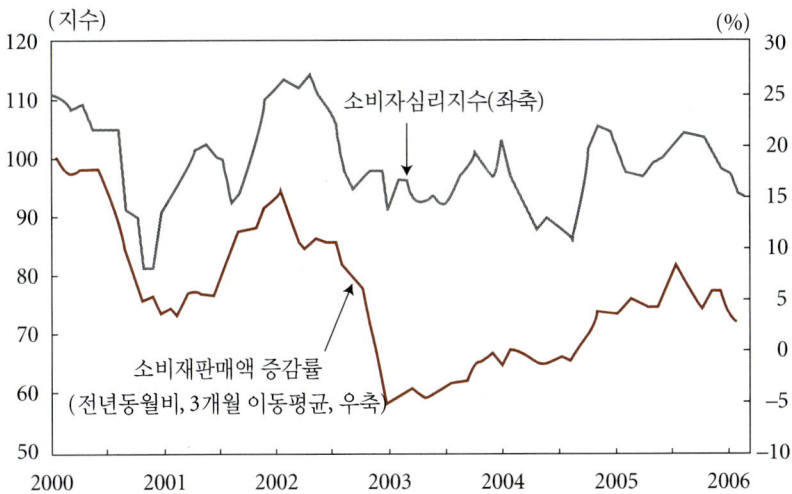

그림 2.10 소비자심리지수와 소비재판매액 증감률

특히 확률분포에 대해 일정한 제약을 가하는 경우 설문조사 항목과 실제 경제지표 사이에는 선형관계가 성립하기 때문에[6] 회귀분석, 상태공간모형, 전이함수모형 등을 활용하여 실제 생산이나 소비의 예상치를 계량화할 수도 있다.[7] 예를 들면 소비지출과 소비지출전망 CSI를 회귀분석한 후 최근 시점에서 조사된 CSI를 이용, 소비지출 증감률을 전망하는 것이다.

$$소비지출_t = \beta_1 \, 소비지출_{t-1} + \beta_2 \, 소비지출전망 \, CSI_t + \epsilon_t$$

---

[6] 참고 박스글 "BSI와 기대 생산활동의 관계"를 참조하기 바란다.
[7] 김종욱(2000)을 참조하기 바란다.

BSI와 기대 생산활동의 관계

기업의 생산수준에 대한 기대를 호전, 변화없음, 악화 등 3가지로 응답하게 한 경우 확률이론을 이용하여 기대 생산활동을 계량화할 수 있다. 개별기업은 업황전망에 대한 질문에 대해 미래의 기대 생산량 $_t\pi^e_{t+1}$이 어떤 특정한 수치(c)를 넘으면 호전될 것으로, 특정수치($-c$)보다 낮으면 악화될 것으로 응답할 것이다. 따라서 악화응답 확률($_tF^e_{t+1}$)은 $\text{prob}\{_t\pi^e_{t+1} \leq -c\} = P(-c) = {_tF^e_{t+1}}$, 호전응답확률($_tR^e_{t+1}$)은 $\text{prob}\{_t\pi^e_{t+1} \geq c\} = 1 - P(c) = {_tR^e_{t+1}}$으로 나타낼 수 있다. 만약 모든 개별기업의 기대 생산활동이 나라 전체 기대 생산수준의 특정범위($_t\Pi^e_{t+1} \pm q$) 내에 위치하는 균등분포uniform distribution를 보인다면 [c, $_t\Pi^e_{t+1} + q$]의 범위에 드는 기업은 긍정적으로 답변하고 ($-c, c$) 범위내에서는 변화없음으로, [$_t\Pi^e_{t+1} - q, -c$] 범위내에서는 악화로 대답하게 될 것이다. Theil(1952)은 이러한 전제를 바탕으로 다음과 같은 관계가 성립함을 증명했다.

$$_t\Pi^e_{t+1} = q({_tR^e_{t+1}} - {_tF^e_{t+1}}) = q_t B^e_{t+1}$$

즉 BSI($_tB^e_{t+1}$)와 국가전체의 기대 생산수준은 선형관계에 있기 때문에 계수(q)를 추정한 후 조사된 BSI를 위 식에 대입하여 미래의 생산을 예측할 수 있다는 것이다.

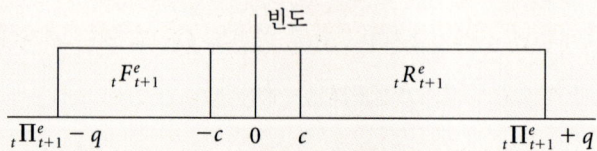

그림 2.11 균등분포하의 기대 생산활동과 긍정 및 부정 응답확률

두 번째로는 현재의 경제상황에 비추어 기업가나 소비자의 투자 및 소비심리가 과도하게 얼어붙어 있지 않은지 등에 대해 파악한 후 향후 경제에 미칠 영향을 예상해 보는 것이다. 앞에서 언급했듯이 경제주체들의 심리는 실제 경제활동에 영향을 주기 때문에 경제뉴스나 여타 요인에 의해 소비자나 기업가들의 심리

가 위축되어 있으면 미래 소비 및 투자활동이 부진할 것으로 예상할 수 있다.[8] 이러한 분석을 위해서는 서베이 지수에서 경기요인(다음 식에서는 GDP 성장률을 통해 포착)을 제거하는 작업이 필요한데 여기에는 상태공간모형이 많이 이용된다. 즉,

$$CSI_t = 경기반영부분(B_t) + 경기외적부분(C_t)$$
$$B_t = \alpha + \beta_1 B_{t-1} + \beta_2 GDP\ 성장률_t + \omega_t$$
$$C_t = \phi_1 C_{t-1} + \phi_2 C_{t-2} + e_t$$

와 같은 상태공간모형을 구축하고 칼만필터를 이용하여 경기요인을 제거한 후 경기외적인 기대(C_t)가 크게 부정적으로 나타날 경우 향후 소비 전망치를 기초적인 여건에 의한 예측치보다 하향조정하는 방식으로 활용하는 것이다.

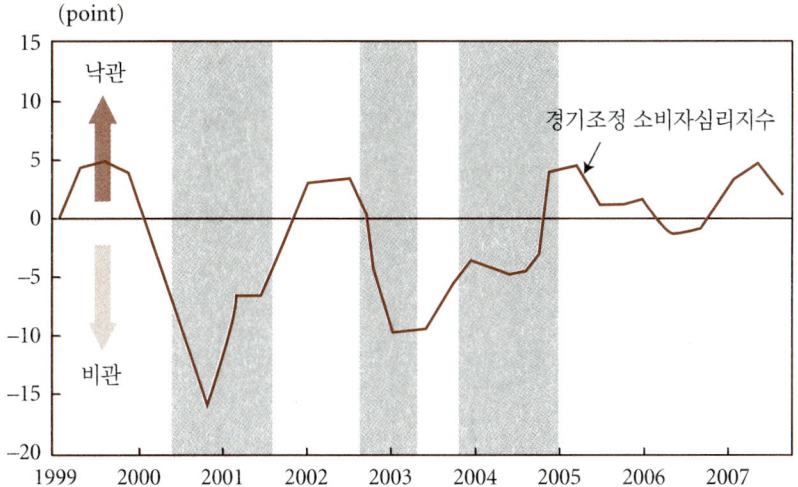

주 : 한국은행 소비자심리지수에서 상태공간모형을 통해 경기요인 제거
자료 : 강희돈 · 이중식(2008)에서 재인용

그림 2.12 경기조정 소비자심리지수

---

[8] 이완수 · 심재철 · 박양수(2007)는 언론의 보도태도에 따라 소비자의 심리가 영향을 받을 수 있고 이것이 실제 경제활동에까지 영향을 미칠 수 있음을 보여주면서 언론의 경제상황에 대한 정확한 보도가 사회후생 증가에 중요한 요소가 될 수 있음을 지적하였다.

한편 서베이 지수를 경제전망에 활용하는 과정에서 몇 가지 주의할 사항이 있다. 우선 동 결과는 제한적인 기업이나 가계를 대상으로 조사한 것이기 때문에 측정오차measurement error가 발생한다는 점이다. 따라서 전월의 BSI와 금월의 BSI가 1~2포인트 밖에 차이나지 않는데 기업들의 경제상황에 대한 인식이 바뀌었다고 말하기는 힘들다는 점이다. 필자의 연구결과[9])에 의하면 통상 비교대상 월의 지수가 3포인트 이상 차이가 나야만 경제상황에 유의한 변화가 있다고 판단하는 것이 적절한 것으로 분석되었다. 또한 회귀분석시 실무적으로 측정오차 문제를 무시하는 경우가 많지만 이론적으로는 설명변수에 측정오차가 있는 경우 일치추정치consistent estimate를 얻지 못할 가능성은 염두에 두어야 한다.

두 번째로는 조사대상 기간중 뉴스에 의해 BSI나 CSI가 영향을 받는다는 점이다. 만약 설문조사대상 기간중 북한의 미사일발사 등 지정학적 리스크가 높아지는 뉴스가 발표될 경우 가계나 기업의 응답은 이에 상당한 영향을 받고 경기전망에 대해 부정적인 응답이 많아지는 경향이 있다. 그러나 동 조사 직후 미사일 발사 문제가 좋은 방향으로 해결되었다면 실제 경제활동은 크게 영향을 받지 않을 가능성이 있다. 이런 경우 BSI나 CSI를 조정하지 않고 경제전망에 사용하면 잘못된 판단을 초래할 가능성이 크다. 따라서 BSI나 CSI를 활용하고 해석할 때는 조사대상기간에 어떤 사건이나 뉴스가 있었는지 파악할 필요가 있다.

마지막으로 경제전망의 시계가 길어질 경우 서베이 지수의 유용성이 저하된다는 것이다. 앞에서처럼 소비지출의 설명변수로 CSI를 사용하는 모형을 구축했다고 하자. 동 모형을 이용하여 1년 후의 소비전망을 하고자 한다면 1년 후의 CSI를 외생변수처럼 전제해 주어야 한다. 그러나 1년 후의 CSI는 아직 작성되지 않았기 때문에 예상치를 넣어야 하는데 동 예상치는 결국 부문전망의 종착점인 GDP 전망과 밀접하게 연결될 수밖에 없어 순환논리에 빠지는 문제가 발

---

9) Park(2004)을 참조하기 바란다.

생한다. 그래서 BSI나 CSI는 연립방정식 형태의 거시계량모형에서 시스템 변수로 활용하지 않고 개별 소비나 투자를 예측하는 보조모형에서 정보변수로 이용하는 것이 일반적이다.

경제지표들의 공통요인 추출

경기는 다양한 경제지표들을 동시에 움직이는 역할을 하기 때문에 여러 지표에서 공통정보를 추출해 보면 경기흐름 파악에 도움이 될 수 있다. 또한 개별 변수에만 의존한 경기판단시 불규칙요인 때문에 범하는 오류를 줄일 수 있다.

한국은행, 통계청, 노동부, 관세청 등에서는 서로 다른 목적으로 다양한 경제지표를 발표하고 있으며 이들 지표는 경제현상을 분석하는 데 유익하게 활용되고 있음을 살펴보았다. 특히 지금까지 살펴본 분석방법들은 특정 경제변수(예: 소비, 투자 등)와 관계 있는 개별 경제지표의 순환적 움직임을 파악하는 데 중점을 두었다. 그러나 개별 경제지표에는 다양한 경제지표들을 동시에 움직이는 경제 전체의 경기에 관한 정보가 포함되어 있다. 따라서 여러 경제지표에 포함된 공통의 정보를 추출해 보면 경기흐름 판단에 유익한 경우가 많다. 공통 정보의 추출을 위해 2~3가지 변수를 비교하거나 합성지수 작성, 동태요인분석 및 주성분분해분석 등 다양한 기법이 동원된다.

관련 변수의 비교

우선 2~3가지 경제지표의 움직임을 상호 비교하면서 특정 경제변수나 경기의 흐름을 파악하는 방법이 있다. 제조업생산증감률과 생산능력증감률을 비교하는 설비투자조정압력, 제조업출하증감률과 재고증감률의 차이를 살펴보는 재고순환선, 장단기금리차이를 비교하는 수익률곡선 yield curve 등을 예로 들 수 있다.

여기서는 설비투자조정압력과 재고순환선에 대해 간단히 설명해 본다.

설비투자조정압력은 제조업생산증감률과 제조업생산능력증감률의 차이로 설비투자를 전망하는 데 활용한다. 기업 입장에서는 수요가 크게 늘어나 생산이 큰 폭으로 증가하는데 생산능력이 이를 따라주지 못한다면 설비투자를 늘릴 유인이 증가하고, 생산능력은 증가하나 생산이 이에 미치지 못할 경우 유휴설비가 발생하여 설비투자를 하지 않으려 할 것이다. 이러한 아이디어를 활용한 것이 설비투자조정압력 지표이며 생산증감률이 생산능력증감률을 상회하는 상황이 지속되면 향후 설비투자가 활성화될 것으로 판단한다. [<그림 2.13> 참조]

출하증감률과 재고증감률의 차이로 기업의 재고순환을 파악하고 이를 통해 경기변동을 예측하기도 한다. 수요가 확대되기 시작하면 출하가 크게 늘어나 재고가 줄어들고(경기회복국면) 이후 기업들은 생산을 크게 늘려 의도적으로 재고를 축적하기 시작한다(경기확장국면). 반면 수요가 줄어들기 시작하면 출하는 줄어드는 대신 재고는 더욱 크게 늘어나며(경기후퇴국면) 기업은 생산을 더욱 크게 줄여 의도적으로 재고를 줄이는(경기수축국면) 순환을 반복하게 되다. 이러한 기업들의 재고

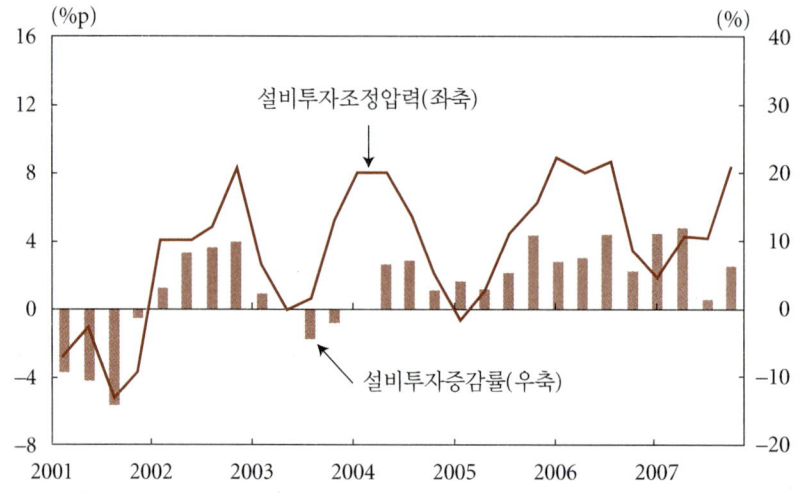

그림 2.13 설비투자조정압력과 설비투자

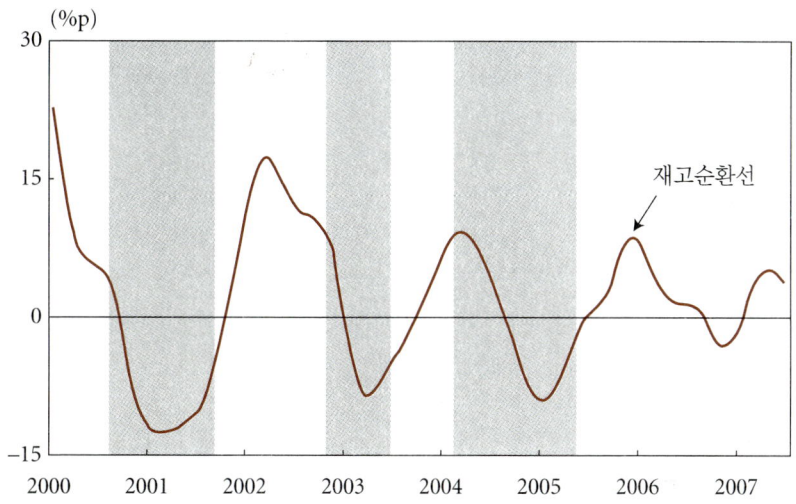

그림 2.14 재고순환선

조정 특성을 포착, 출하증감률과 재고증감률 차이의 시계열을 그린 것이 재고순환선이며 동 순환선은 경제 전체의 경기변동 파악에 많이 활용되고 있다. [<그림 2.14> 참조]

합성지수(synthetic indicators)

주요 경제지표들을 합성하여 가공지표를 만들고 이를 종합적인 경기파악에 활용하는 것 가운데 하나가 경기종합지수이다. 경기종합지수는 국민경제 전체의 동시적 움직임co-movements이 경기라는 인식하에 각 부문별 경제활동을 대표하고 경기대응성이 높은 각종 경제지표들을 선정한 후 이를 가공·종합하여 작성한다. 우리나라에서는 통계청에서 경기종합지수를 매월 작성하여 발표하고 있는데 경기전환점(기준순환일)에 대한 시차에 따라 선행지수, 동행지수 및 후행지수 등 3개 지수로 나누어진다.

<표 2-4>에서 알 수 있는 것처럼 경기선행종합지수에는 기준순환일에 대

표 2-4 경기종합지수 구성지표

선행종합지수	동행종합지수	후행종합지수
1. 구인구직배율 2. 재고순환지표(제조업) 3. 소비자기대지수 4. 국내기계수주액(선박제외) 5. 자본재수입액 6. 건설수주액 7. 종합주가지수 8. 총유동성(Lf) 9. 장단기금리차 10. 순상품교역조건	1. 비농가취업자수 2. 산업생산지수 3. 제조업가동률지수 4. 건설기성액 5. 서비스업활동지수 6. 도소매업판매액지수 7. 내수출하지수 8. 수입액	1. 이직자수(제조업) 2. 상용근로자수 3. 생산자제품재고지수 4. 도시가계소비지출 5. 소비재수입액 6. 회사채수익률

해 선행성이 있는 구인구직배율 등 10개 지표가, 경기동행종합지수에는 동행성이 있는 비농가취업자수 등 8개 지표가, 경기후행종합지수에는 후행성이 있는 이직자수 등 6개 지표가 구성지표로 포함된다. 경기종합지수를 작성할 때는 각 지표들을 표준화시키는 과정을 거치는데 개별지표들의 계절조정 전기대비 증감률을 각 계열의 분산으로 나눈 후 단순평균하여 지수를 산출하게 된다. 즉 각 계열의 증감률을 분산이 1이 되도록 표준화한 후 평균한 것이기 때문에 실질적으로는 분산이 큰 지표의 경우 가중치가 낮고 분산이 작은 지표에 더 높은 가중치를 주는 가중평균방식이라 볼 수 있다.

    경기종합지수는 다양한 통계적 기법을 이용하여 경기변동의 방향, 경기국면 및 전환점은 물론 변동속도를 파악하는 데 사용한다. 우선 전미경제연구소 NBER가 개발한 Growth Cycle 프로그램의 국면평균법을 이용하여 경기동행종합지수에서 추세요인을 제거하고 순환변동치를 작성한다. 동행지수 순환변동치는 100을 기준(장기추세수준을 의미)으로 상하로 움직이는데 순환변동치가 100을 하회하는 경우 현재의 경제활동수준이 장기추세 이하에 머무는 부진한 상황이

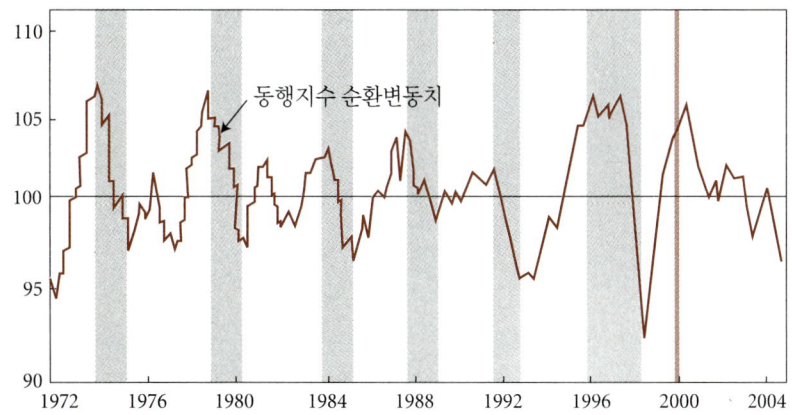

그림 2.15 동행지수 순환변동치

라고 해석한다. 동행지수 순환변동치가 상승을 멈추고 6개월 이상 계속 하락하면 경기가 정점을 지나 수축기로 전환되었다고 판단하며 다른 경기순환기와 비교하여 정점과 저점간 동행지수 순환변동치의 진폭이 크게 나타나면 경기침체의 골이 깊다고 평가한다. 한편 순환변동치가 정점을 지나 짧은 기간 동안 크게 하락하는 경우 경기하강의 속도가 빠른 것으로 해석할 수 있다. 한편 선행종합지수 전년동월대비 증감률[10]은 과거 경기전환점에 대해 3~15개월 정도 선행하는 특성을 보이기 때문에 경기전환점을 사전에 예측하는 데 활용된다. 즉 선행지수 전년동월대비 증감률이 전환점을 통과하여 하락세를 지속하면 얼마 후에 경기가 하강할 것으로 판단하는 것이다.

합성지수 방식은 서베이 지수에도 활용되고 있다. 기업경기조사나 소비자동향조사에서 작성한 여러 가지 지수들중 경기대응성이 높은 지수들을 가중평

---

[10] 전년 동월의 특이 변화에 따른 왜곡현상을 완화하기 위하여 전년 동월을 전후한 12개월간 (전년 동월과 이전 5개월 및 이후 6개월)의 평균지수에 대하여 당월 지수의 증감률을 산출한다.

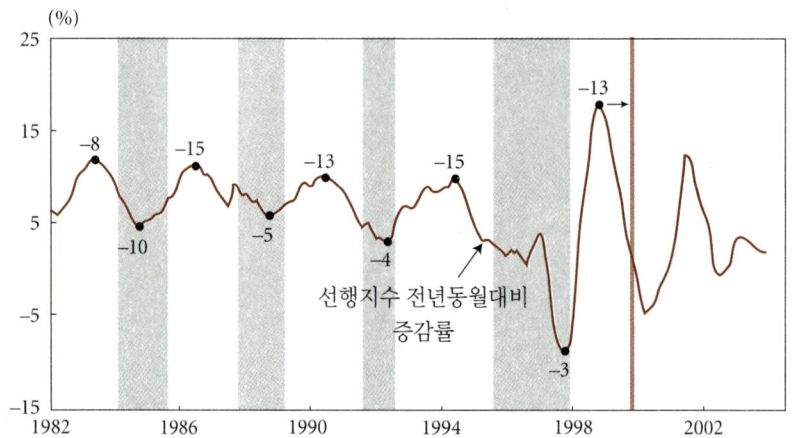

주 : 그림 안의 수치는 정·저점에 대한 선행시차를 의미

그림 2.16 선행지수 전년동월대비 증감률

균하여 합성지수를 만든 후 경기상황을 판단하는 데 사용하는 것이다. 한국은행이 2005년 1/4분기부터 발표하고 있는 소비자심리지수Consumer Sentiment Index는 생활형편, 경기상황 및 소비지출 등과 관련된 6개의 CSI를 지수수준 및 진폭을 일정하게 표준화한 후 합성한 것으로 소비자들의 경제에 대한 전반적인 인식을 종합적으로 파악할 수 있도록 만든 합성지수의 하나이다.

연속신호추출법

연속신호추출법sequential signaling은 경기선행종합지수와 동행종합지수를 비교함으로써 경기전환점을 판단하는 방법이다. 즉 선행종합지수 증감률은 지수 속성상 동행종합지수 증감률을 일정한 시차를 두고 앞서가기 때문에 두 증감률이 특정한 임계치를 통과하는 신호를 포착함으로써 경기전환점의 발생을 파악하는 방법이다.

경기가 수축국면에서 확장국면으로 전환되는 경우에는 먼저 선행지수 증감률이 임계치(L)를 통과하고 후에 동행지수 증감률이 임계치(L)를 통과할 것이며 확장국면이 지속되면서 경기상승속도가 빨라지면 동행지수 증감률은 다른 임계치(H)를 지나게 될 것이다. 즉 경기가 저점을 통과하는 과정에서 T1 → T2 → T3 신호가 연속적으로 나타나게 된다. 반대로 P1 → P2 → P3 신호가 순차적으로 포착되면 경기가 정점을 지나 수축국면으로 전환되었음을 의미한다.

여기서 하나 지적해 두고 싶은 것은 연속신호추출법에서는 임계치(H, L)를 설정하는 것이 가장 중요한데 경제성장률이나 이의 진폭은 시간이 지나면서 변하기 때문에 이런 변화를 조기에 포착하여 임계치를 적절하게 조정해야만 연속신호추출법의 유용성을 확보할 수 있다는 점이다.

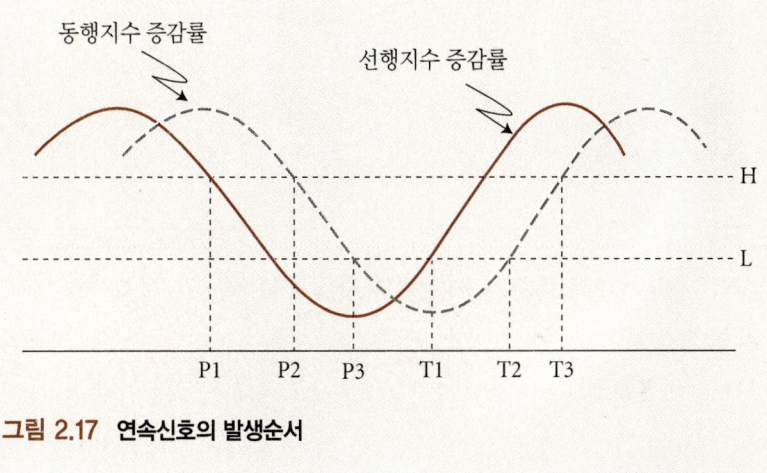

그림 2.17 **연속신호의 발생순서**

동태요인분석 및 주성분분해분석

경기종합지수는 시계열들의 분산을 표준화하여 단순하게 평균하는 방식을 사용하는데 사실 각 시계열별로 정보의 중요도에 따라 가중평균을 한다면 더욱 유용한 지표를 만들 수 있을 것이다. 이처럼 정보의 중요도에 따라 가중치를 달리 하는 방법중 하나는 지표모형처럼 회귀분석 방식을 쓰는 것인데 회귀분석은 비슷한 정보를 가진 많은 변수를 설명변수로 포함시키면 다중공선성multi-collinearity 의 문제가 발생하게 된다. 이러한 다중공선성의 문제를 피하면서도 실물경제지표와 금융·외환시장의 경제지표들을 총망라해 공통요인을 추출하는 것이 동태요인 모형Dynamic Factor Model과 주성분분해분석Principal Components Analysis 방법이다.

Stock & Watson(1989)에 의해 활발하게 연구되기 시작한 동태요인모형은 관찰 가능한 다양한 경제지표에 동시에 영향을 미치는 자귀회귀 특성을 가진 은닉인자 또는 비관측요인unobserved component을 찾아내는 것이다. 즉 다음과 같이 상태공간모형을 구성하고 관찰 가능한 추세가 제거된 경제지표들의 집합(ΔX_t)에서 관찰되지 않는 공통적인 움직임, 즉 순환변동치(ΔC_t)를 칼만필터와 최우추정법(MLE)를 통해 추정해 내는 것이다.

$$\Delta X_t = \beta + \gamma(L)\Delta C_t + \mu_t$$
$$\phi(L)\Delta C_t = \varepsilon_t$$
$$\zeta(L)\mu_t = \upsilon_t$$

단, $\gamma(L), \phi(L), \zeta(L)$는 후방 연산자[11]

이렇게 추출된 순환변동치는 동행종합지수 순환변동치와 비슷한 형태로 활용할 수 있다.

미국 필라델피아 지역연준에서는 비농가취업자수, 제조업평균노동시간, 실업률, 실질임금 등 4개 경제데이터를 이용하여 동태요인모형을 적용함으로써 50개 주에 대해 각각의 경기동행지수를 발표하고 있다. <그림 2.18>은 뉴욕주의 데이터를 가지고 추출한 순환변동치에 GDP 장기추세치를 합해 만든 경기동행지수의 모습이다.[12]

---

[11] 후방 연산자의 의미는 다음과 같다. $\theta_1 \chi_{t-1} + \theta_2 \chi_{t-2} + \theta_3 \chi_{t-3} = \theta_1 L^1 \chi_t + \theta_2 L^2 \chi_t + \theta_3 L^3 \chi_t = \sum_{i=1}^{3} \theta_i L^i \chi_t = \theta(L)\chi_t$

[12] http://www.philadelphiafed.org/research-and-data/regional-economy/indexes를 참조하기 바란다.

그림 2.18 뉴욕주의 경기동행지수

Stock & Watson(1999)은 주성분분해를 통해 경제지표들로부터 공통요인을 추출하는 방식도 제안하였다. 동태요인모형이 10개 이내의 제한적인 경제지표만을 이용하는 데 반해 주성분분해분석은 수백 개에 달하는 지표에서도 비관측요인을 직접 추출해 낼 수 있다. 즉, 각 경제지표들은 다양한 주성분의 선형결합에 의해 표현될 수 있고 각 주성분도 각 경제지표들의 선형전환에 의해 도출될 수 있다는 전제하에 경제지표들의 집합에서 중요도가 높은 주성분을 분해해 낸 후 이를 경기의 대용변수로 사용하는 것이다.

구체적으로 살펴보면 T기간에 대한 N개의 경제지표 집합을 X라 하면 X는 다양한 주성분들(F)의 선형결합(B × F)으로 나타낼 수 있다.

$$X_t = BF_t + \Phi_t$$

따라서 주성분들은 XX′ 행렬에서 각 고유근 eigen value에 해당하는 고유벡터 eigen vector를 구하고 그 고유벡터를 이용하여 각 시계열을 선형결합하면 노출할 수 있다.

$$f_{1t} = \omega_{11}x_{1t} + \omega_{12}x_{2t} + \ldots + \omega_{1n}x_{nt}$$
$$\vdots \qquad \vdots \qquad\qquad\qquad\qquad\qquad \vdots$$
$$f_{qt} = \omega_{q1}x_{1t} + \omega_{q2}x_{2t} + \ldots + \omega_{qn}x_{nt}$$

단, $(x_{1t}, x_{2t}, \ldots, x_{nt})$는 n개 관측가능변수

$(f_{1t}, \ldots, f_{qt})$는 q개 주성분

$\begin{bmatrix} \omega_{11} & \cdot & \cdot \\ \cdot & \cdot & \cdot \\ \cdot & \cdot & \omega_{qn} \end{bmatrix}$는 가중치행렬, 즉 고유벡터들의 집합을 의미

미국 시카고 지역연준이 80개 정도의 미국 실물 및 금융 경제지표에서 가장 중요도가 높은 주성분을 추출하여 경기지수로 발표하고 있는 것이 CFNAI^{Chicago Fed National Activity Index}이다. <그림 2.19>는 우리나라의 30개 월별 실물경제지표를 가지고 주성분분해분석을 통해 작성해 본 우리나라의 경기지수이다.

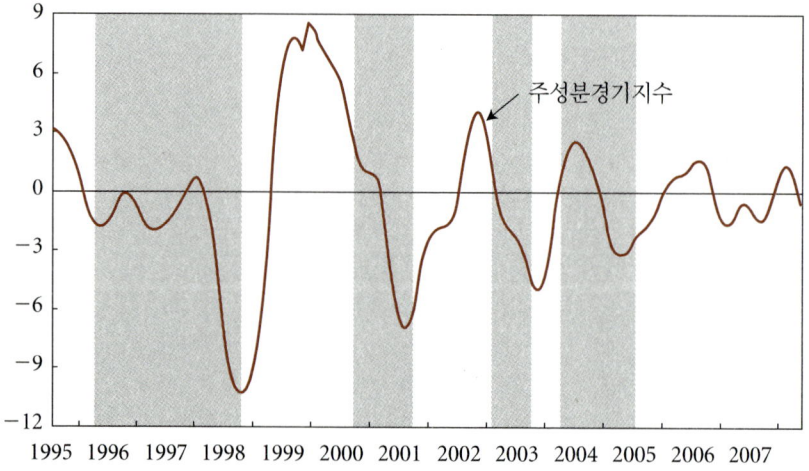

그림 2.19 주성분경기지수 추이

시계열분석

주요 경제변수를 1~2년 정도의 짧은 시계에 대해 예측할 때 간편하게 활용하는 방법이 시계열분석이다. 시계열분석은 경제변수가 가지고 있는 다양한 규칙성을 포착하고 가까운 장래에도 동 규칙성이 반복될 것이라는 전제하에 예측치를 도출하는 방법이다.

경제상황을 정확하게 분석하기 위해서는 경제지표를 이용하여 현재의 경제활동 수준과 변화속도를 파악하는 가운데서도 동 경제지표들이 단기적으로 어떤 움직임을 보일지 예상해 볼 필요가 있다. 즉 소비재판매액, 건설기성액 등 월별지표를 이용하여 당분기 소비나 투자를 예상하기도 하지만 이들 월별지표가 향후 어떤 움직임을 보일지 예측하여 미래의 소비나 투자를 전망할 필요성도 있다. 한편 소비 투자 등을 경제이론에 기초하여 관련 변수들을 이용, 전망을 하기도 하지만 때로는 국민계정의 소비나 투자 데이터 자체만을 가지고 예측치를 추정해 보고 이를 이론에 바탕을 둔 전망치와 비교해 볼 필요가 있다. 아울러 거시계량모형에서 사용하는 국제유가 등 외생변수는 예측에 필요한 정보변수가 많지 않기 때문에 때로는 동 변수의 최근 흐름에 대한 정보만으로 예측해야 할 경우도 있다.

이처럼 경제이론적인 측면에서 설명할 수는 없으나 경제변수가 가진 자체의 정보만을 이용하여 전망치를 추정할 때 흔히 사용하는 방법이 시계열분석 time series analysis이다. 즉, 시계열분석은 경제변수가 가진 다양한 내재적 규칙성을 발견하고 동 규칙성이 가까운 미래에도 지속될 것이란 전제하에 단기시계에 대해 예측할 때 활용하는 기법이다.[13] 필자의 경험으로 볼 때 시계열분석을 이용한 전망은 전망담당자와 정책결정자간 커뮤니케이션(왜 그런 전망치가 도출되었는지

---

13) 적절한 비유가 될지 모르지만 매일 강아지가 아침 7시만 되면 배가 고프다고 주인에서 소리를 낸다면 내일 아침 7시에도 같은 행동을 할 것이라고 예상하는 것과 같은 원리다.

경제이론을 바탕으로 설명하는) 면에서는 어려움이 있지만 1년 정도의 단기전망에 대한 예측력 면에서 결코 거시계량모형에 뒤지지 않았다. 이하에서는 경제전망 실무에 많이 사용하는 시계열분석법 가운데 단일변수 방식인 외삽법extrapolation과 ARIMA 모형, 그리고 상관관계가 높은 몇 개의 변수를 활용하는 전이함수transfer function 및 VAR 모형에 대해 간단하게 설명하고자 한다.

단순 외삽법

단기시계에 대해 전망함에 있어 가장 단순한 방법중 하나는 현재의 수준이 지속된다고 보는 것이다.

$$P(X_{t+1}) = X_t + \epsilon_t$$

단, $P(\cdot)$은 괄호 안 변수의 예측치를 의미

이 방식은 너무 단순하기 때문에 예측이라 할 수 없다고 주장하는 이도 있겠으나 가까운 미래를 예측하는 작업에서는 상당히 많이 쓰이고 있다. 예를 들어 보자. 경제이론에 따르면 환율변동은 국가간 성장률 및 인플레이션 격차, 경상수지 및 자본수지 추이, 이자율 차이 등 다양한 요인에 의해 결정된다고 볼 수 있다. 그러나 단기간에 시장에서 움직이는 환율은 뉴스에 따라 임의보행random walk하는 경우가 많기 때문에 전문가들도 1~3개월 정도의 단기전망에서는 이론과 관계 없이 최근의 환율수준이 지속된다고 예상하는 경우가 많다. 다른 예로 다음 달 산업생산의 전년동월대비 증감률이 어느 정도 될 것인지를 추정할 때도 가장 기초적으로 활용하는 실무적인 방식이 임의보행이다. 즉 최근의 계절조정 전월대비 증감률 정도만 유지된다면 전년동월대비 증감률은 얼마는 된다고 계산한 다음 다른 요인들을 고려하면 이보다는 어느 정도 달라지겠구나 하는 방식으로 추정치를 조정하는 경우가 많은데 이 경우가 동 방식에 해당된다고 볼 수 있다.[14]

---

14) 이 경우는 계절인자를 정확히 확보하고 있어야만 의미 있는 작업이 될 것이다.

한편 직전 기간의 정보만을 이용하는 것보다 더 많은 정보를 활용할 필요를 느낄 때가 있는데 이 경우는 최근 몇 개월(또는 몇 분기)의 정보를 단순평균하거나 가중평균하는 방식을 사용하기도 한다. 예를 들면 최근 경기흐름에는 큰 변화가 없는데 명절이나 파업 등으로 영업일수에 변화가 생겨서 월별 생산증감률이 불규칙하게 움직이는 경우가 있다. 이같은 상황에서는 지난 3개월 정도의 생산증감률을 평균한 것이 최근의 경기흐름에 더 가깝다고 할 수 있기 때문에 다음 달에 불규칙요인이 없을 것으로 예상되는 경우 생산증감률은 지난 3개월의 평균 증감률이 될 것이라고 보는 것이다.

$$P(X_{t+1}) = \frac{1}{3}(X_t + X_{t-1} + X_{t-2}) + \epsilon_t$$

한편 몇 개월의 정보를 평균하되 최신의 정보에 더 많은 가중치를 두는 방법은

$$P(X_{t+1}) = \alpha(X_t + \beta X_{t-1} + \beta^2 X_{t-2} + \ldots + \beta^J X_{t-J}) + \epsilon_t \quad (단, 0 < \beta < 1)$$

와 같이 과거 정보에 기하급수적으로 가중치를 작게 주는 것이다(exponential smoothing 기법).

ARIMA 모형

ARIMA 기법은 확률적 움직임을 보이는 경제시계열에서 자기회귀적인 특성을 파악하여 단기적인 경제전망에 활용하는 방법이다. 수식을 통해 ARIMA 모형에 대해 간단히 설명해 보자. 우선 어떤 안정적인 시계열 X_t가 다음과 같은 규칙성(또는 특성)을 보이는 경우는 p차 자기회귀(AR(p))한다고 말한다.

$$X_t = a_1 X_{t-1} + a_2 X_{t-2} + \ldots + a_p X_{t-p} + \varepsilon_t$$

또한 X_t가 충격의 이동평균에 의해 설명되는 경우는 q차 이동평균(MA(q))하는 특성이 있다고 말한다.

$$X_t = \varepsilon_t + b_1\varepsilon_{t-1} + b_2\varepsilon_{t-2} + \ldots + b_q\varepsilon_{t-q}$$

아울러 자기회귀와 이동평균의 특성을 동시에 보유한 경우에는 ARMA(p,q)과정을 보인다고 한다.

$$X_t - (a_1 X_{t-1} + \ldots + a_p X_{t-p}) = \epsilon_t - (b_1\epsilon_{t-1} + \ldots + b_q\epsilon_{t-q})$$

한편 어떤 시계열은 불안정하여 d차 차분을 한 이후에 안정적인 시계열로 바뀌는데 d차 차분된 계열이 ARMA 과정을 보인다면 이 경우는 ARIMA(p,d,q)의 특성을 보인다고 말한다.

$$(1 - L)^d A(L) X_t = B(L)\epsilon_t$$

단, $A(L), B(L)$ 등은 후방 연산자

이와 같이 어떤 시계열이 특정한 ARIMA의 특성을 가지는 경우 계량경제 추정법을 통해 계수들을 추정함으로써 시계열의 미래 예측치를 도출해 낼 수 있다. 즉 ARIMA 모형의 계수와 과거 예측오차 추정치를 이용하여 가까운 미래의 예측치를 계산해 내는 것이다. ARIMA 모형은 자기상관auto-correlation이나 편자기상관partial auto-correlation 함수분석 등을 통해 p, d, q를 식별해 내고 식별된 모형에서 각각의 계수를 최우추정법MLE을 통해 추정하는 절차를 거친다. 그리고 추정이 잘 되었는지 여부는 잔차분석 등을 통해 평가하게 된다.[15]

이처럼 ARIMA 모형에 의한 전망은 시계열 자체 특성만을 이용하기 때문에 다른 복잡한 경제이론을 고민할 필요가 없다는 것이 장점이라 할 수 있다. 필자는 산업생산, 소비재판매액 등 월별지표의 최근 움직임을 이용하여 6개월 이내의 전망을 하고자 할 때 ARIMA 기법을 많이 이용한다. 또한 ARIMA를 통해 GDP를 직접 전망하기도 하고, 소비 투자 등 지출부문별로 전망한 후 이를 합산

---

15) 자세한 추정방법은 이종원(2006)을 참조하기 바란다.

하거나 제조업 건설업 서비스업 등 생산부문별로 전망 후 합산하여 GDP를 예측하기도 한다. ARIMA 예측치는 나중에 거시계량모형에 의한 예측치와 상호 비교시 상당히 유용한 정보를 제공하게 된다. 필자의 경험에 의하면 1년 이내의 전망은 ARIMA 기법이 상당한 정도의 예측력을 확보해 주었다. 다만 동 방법은 최신의 자료에 크게 영향 받기 때문에 새로운 데이터가 추가될 때마다 전망수치가 상당히 많이 수정된다는 약점이 있다.

<그림 2.20>은 ARIMA 기법을 이용하여 GDP를 전망해 본 것으로 GDP 자체만을 이용한 경우와 소비 투자 등 지출측이나 제조업 건설업 등 생산측 부문별로 예측치를 도출한 후 이를 합산한 경우를 보여 준다.

그림 2.20 ARIMA 모형을 이용한 GDP 성장률 전망

전이함수 모형

ARIMA 모형처럼 변수 자체의 정보만 추출하여 예측할 수도 있으나 때로는 다른 변수가 가진 추가적인 정보도 이용할 필요가 발생한다. 즉 y_t가 자체적

으로 부분조정partial adjustment 과정을 거치는 가운데 x_t에 의해 시차를 두고 영향을 받는 상황이라면

$$A(L)y_t = B(L)x_t + \varepsilon_t$$

와 같은 형태로 표시가 가능하다. 양변을 $A(L)$로 나누면

$$y_t = \frac{B(L)}{A(L)} x_t + \frac{1}{A(L)} \varepsilon_t$$

의 형태로 전환이 가능한데 이러한 함수형태를 전이함수transfer function라고 한다. 이러한 전이함수 모형은 오차항(ε_t)이 MA 과정을 거치는 것으로 가정할 수도 있기 때문에 ARIMA와 회귀분석이 혼합된 형태라고 볼 수 있다.

경제지표간에 위의 식과 같은 관계를 설정할 수 있는 경우라면 전이함수 모형을 추정하여 경제전망에 활용할 수 있다. GDP를 자체 특성인 ARMA 과정과 경기선행종합지수에 포함된 정보를 동시에 활용하여 예측하는 경우 이런 방법을 쓰기도 한다. 물론 경기선행종합지수 대신 BSI나 CSI 등을 넣어 볼 수도 있다. 전이함수 모형을 만드는 과정에서 중요한 절차중 하나는 설명변수(예 : 선행종합지수)의 시차를 어느 정도까지 잡아야 하는지를 결정하는 것이다. 선행종합지수가 기준순환일에 선행하는 정도와 상관관계를 보고 정하기도 하고 선행종합지수 자체를 ARIMA로 추정하듯 시차구조와 계수를 추정하기도 한다. 한편 전이함수 모형을 이용하여 시계가 긴 예측을 하고자 한다면 선행종합지수를 ARIMA로 예측한 후 전이함수 모형에서 추정된 계수에 대입하는 방법도 사용할 수 있다. <그림 2.21>은 GDP 성장률과 선행종합지수 전년동월대비 증감률을 이용하여 전이함수 모형을 구축하고 2007년 1/4분기 이후의 GDP 성장률 흐름을 예측한 것이다.

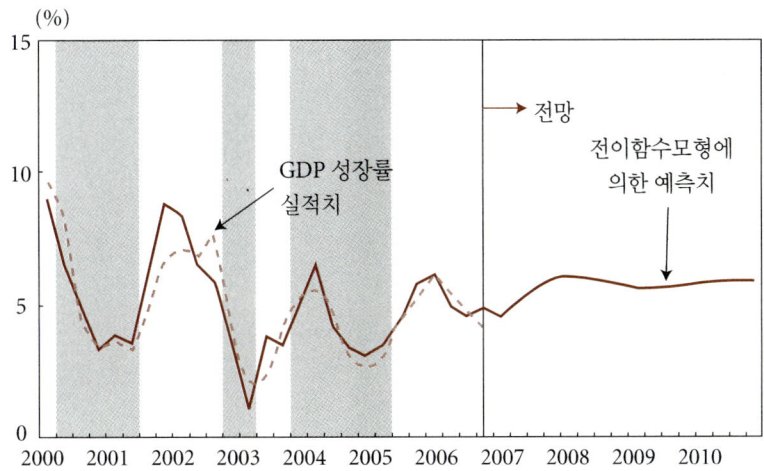

그림 2.21 전이함수모형을 이용한 GDP 성장률 예측

VAR 모형

ARIMA나 전이함수 모형보다 더 많은 변수를 사용하고 변수간에 실증적인 경제관계를 고려하여 편리하게 경제예측에 활용할 수 있는 것이 VAR 모형이다. ARIMA, 전이함수 등에서 설명변수로 이용되는 것들은 종속변수에 일방적으로 영향을 주거나 종속변수에 대한 설명력이 높은 경제변수들이었다. 그런데 경제변수간에는 GDP와 투자처럼 GDP의 증가(즉, 소득이 증가)는 투자를 유발하고 투자가 늘어나면 GDP도 증가하는 식으로 상호 영향을 미치는 경우가 많이 있다. VAR 모형은 상호 인과관계를 갖는 변수를 최대한 설명변수로 사용하여 관심 있는 경제변수에 대해 전망하고자 할 때 활용하는 모형이다.

VAR 모형은 경제변수간의 이론적 관계나 시차구조에 대한 사전적인 제약을 주지 않고 데이터에 포함된 정보를 바탕으로 실증적인 관계를 포착하고 이를 경제전망에 활용하자는 것이 기본적인 아이디어이다.[16] 이에 따라 VAR 모형은

---

[16] 경제이론을 전혀 고려하지 않는 단순 VAR 모형에 비해 경제이론을 바탕으로 장기적인 관계를 VAR에 제약으로 추가하여 추정하는 것을 structural VAR 모형이라 한다.

경제이론에 따라 각 종속변수에 대한 설명변수를 자의적으로 선별하지 않고 주요 경제변수들은 동 시점에서 상호 영향을 미칠 뿐 아니라 시차를 두고도 영향을 미치는 구조로 설계structure model한다. 그러나 실제 모형을 추정할 때는 구조모형을 축차모형reduced-form model으로 전환한 후 선형회귀분석 형태로 각각의 계수를 추정하게 된다.

구조모형 : $B_0 Y_t = B_1 Y_{t-1} + B_2 Y_{t-2} + \ldots + B_k Y_{t-k} + \varepsilon_t$

축차모형 : $Y_t = A_1 Y_{t-1} + A_2 Y_{t-2} + \ldots + A_k Y_{t-k} + \upsilon_t$

단, $A_i = B_0^{-1} B_i$, $\upsilon_t = B_0^{-1} \varepsilon_t$

따라서 GDP, 소비자물가, 이자율 등 세 가지 변수를 이용하여 VAR 모형을 추정하는 경우 GDP에 대한 설명변수는 GDP 자체의 과거치뿐만 아니라 소비자물가와 이자율의 과거변수가 모두 포함되게 된다. 이처럼 VAR 모형은 통상 내생변수들만으로 시스템이 설계되기 때문에 예측치가 결정될 때 추정계수와 오차항만 이용하게 되므로 다른 외생변수에 대한 전제가 필요치 않다는 장점을 가진다. 한편 VAR 모형의 추정과정에서는 시차를 어느 정도까지 할 것인지를 결정하는 것이 매우 중요한데 이 과정에서는 AIC^{Akaike's Information Criterion}나 BIC^{Baysian Information Criterion} 방식이 많이 활용된다.

VAR 모형에 의한 전망치는 ARIMA 모형에 의한 전망치와 마찬가지로 거시계량모형에서 도출된 예측치와 비교할 목적으로 많이 사용되는 한편 인과관계검정이나 충격반응분석에도 많이 활용된다. 사실 그랜저인과검정Granger-causality test은 VAR 모형에 의한 일반적인 인과검정의 특수한 예로 볼 수 있다. 즉 그랜저인과검정은 두 변수만으로 VAR 모형을 구축하고 인과관계를 보는 것이다.

VAR 모형이 많이 활용되고 있는 가장 중요한 이유는 충격반응함수impulse response function 분석일 것이다. 즉 특정변수에서 예기치 못한 충격이 발생했을 때 여타 변수에 어느 정도의 영향을 주는지 가장 쉽게 수량화할 수 있는 것이

VAR 모형이다. 충격반응함수는 모형내의 어느 특정변수에 대하여 일정한 충격을 부가한 다음 모형내의 모든 변수들이 시간에 따라 반응하는 결과를 나타낸다. 앞의 예처럼 GDP, 소비자물가 및 이자율로 VAR 모형을 추정하고 충격반응함수를 분석하면 이자율이 1% 상승했을 때 GDP와 소비자물가가 어떻게 변하는지 알 수 있는 것이다. 물론 이자율의 상승이 GDP나 물가에 어떤 경로로 영향을 미치는지(즉 우리가 알고 있는 이론적인 경로 등)는 동 모형내에 블랙박스로 남아 있지만 실제 데이터에 내포된 통계적 반응 정도를 포착할 수 있다. 다음은 국제유가 충격 발생시 국내 생산 및 소비에 미치는 영향에 대해 VAR 모형으로 분석한 예를 소개한다.

유가충격이 생산 및 소비에 미치는 영향 변화

유가충격이 생산 및 소비에 미치는 영향력에 변화가 생겼는지를 분석해 보기 위해 제조업생산, 민간소비, 실질유가 등 3변수를 가지고 VAR 모형을 설정하였다. 동 모형을 1970~80년대와 1990년 이후로 구분하여 추정하였으며 충격반응함수의 결과는 <그림 2.22>에 나타나 있다. 그림에서 알 수 있듯이 실질유가가 예상외로 1% 상승했을 때 제조업생산에 미치는 부정적인 영향은 70~80년대에 비해 1990년대 이후 축소되었으나 소비에 미치는 영향은 기간별로 큰 차이가 발생하지 않았다. 이는 생산과정에서 석유의존도가 낮아진 반면(전산업 석유의존도 1980년 9.1% → 2000년 4.8%) 소비지출 가운데 유류비 지출이 차지하는 비중은 자동차 보급 확대 등으로 오히려 상승(1980년 2.8% → 2000년 3.6%)한 데 기인한 것으로 해석된다.

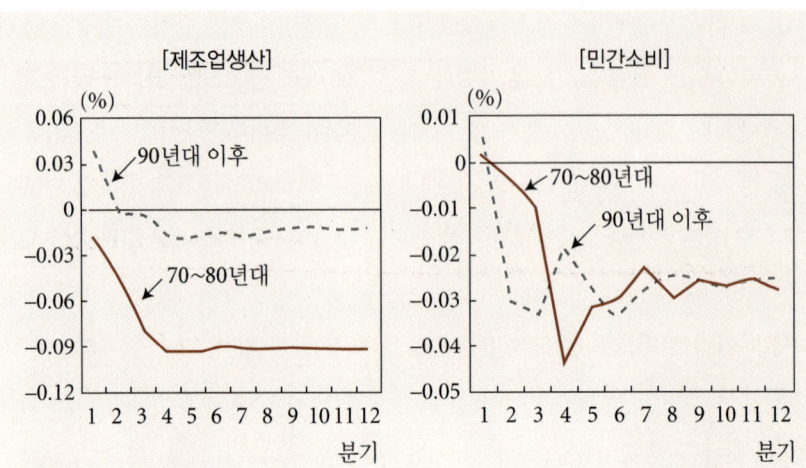

그림 2.22 실질유가 1% 상승의 파급 영향

CHAPTER 3

거시계량모형의 구축

2장에서는 다양한 경제지표를 이용하여 경기흐름을 파악해내는 방법에 대해 살펴보고 경제이론에 대한 고려 없이 통계적인 기법에만 의존하여 하나 또는 몇 개의 경제변수를 예측하는 ARIMA, VAR 등 시계열분석모형을 소개하였다. 그러나 이같은 방식으로 도출한 예측치는 경제적 인과관계를 통한 설명이 불가능하고 예측치간 정합성(또는 무모순성)도 확보하기 힘들다. 예를 들어 ARIMA 모형을 이용하여 소비가 향후 1년간 4% 증가한다고 예측되었더라도 소득, 금리 등 어떤 요인이 어느 정도 영향을 미쳐 증가하는지에 대한 설명이 불가능하다. 또한 ARIMA 모형으로 소비와 GDP를 각각 예측하는 경우 두 개 변수의 움직임을 동시에 제약하는 조건이 없기 때문에 소비와 GDP의 예측치로 저축률(1-소비/GDP) 예측치를 산출시 이 예측치가 최근 저축률의 흐름과 크게 다를 수 있다.

이에 반해 거시계량모형은 변수간 인과관계를 바탕으로 정합성 있는 예측치를 도출해 줄 뿐만 아니라 시나리오 분석이나 정책효과 분석도 가능하다. 물론 VAR 모형도 충격반응함수 분석을 통해 정책효과 분석을 할 수 있지만 거시계량모형의 활용도가 더 높은 편이다. 거시계량모형은 한 국가 또는 여러 국가를 포함하는 다양한 경제주체들의 경제활동을 정량적인 관계로 표현한 것이다. 통상 거시계량모형은 소비, 투자 등 각 경제주체들의 행위를 포착하는 여러 개의 방정식을 결합하여 경제변수들이 상호 영향을 미치면서 동시에 값이 결정되는 구조적 연립방정식체계structural simultaneous equations system로 설계된다. 거시계량모형에서 각 방정식은 경제이론에 바탕을 두어 설정하고 변수간 상호작용의 정도 및 충격반응효과는 계량경제학 기법을 이용하여 추정하게 된다. 따라서 거시계량모형은 경제지식과 데이터의 합성체라 할 수 있다. 한편 거시계량모형은 어떤 경제이론을 채택할 것이며 어떤 추정기법을 활용한 것인지, 모형의 규모는 어느 정도로 하고 어떤 기대형성방식을 가정할 것인지에 따라 매우 다양한 형태로 구축될 수 있다.

3장에서는 우선 다양한 경제변수간 상호관계를 경제이론에 바탕을 두고 정리해 보고, 계량경제기법을 활용하여 거시계량모형을 구축하는 절차 및 유의사항에 대해 살펴본다. 마지막에는 한국은행 등에서 실제로 구축하여 활용하고 있는 거시계량모형들을 소개한다.

Economic Forecasting

경제주체의 경제활동과 경제변수간 관계

경제주체들의 경제활동 과정에는 여러 가지 요소들이 복합적으로 영향을 미치기 때문에 거시계량모형의 구축은 경제이론을 참조하여 경제변수간 관계를 파악하는 데서 출발한다.

소비지출

개인의 소비지출 행위와 관련한 이론으로는 항상소득가설permanent income hypothesis 및 평생소득가설life-cycle income hypothesis 등이 있다. 이들 이론에 따르면 개인의 소비는 평생소득과 보유자산의 현재가치에 의해 결정된다. 미래 소득을 현재가치로 환산하려면 이자율이나 기대물가상승률에 대한 정보가 필요하기 때문에 결국 현재 소비는 미래 소득흐름의 대용변수인 가처분소득, 부동산 주식 등 자산가격, 물가상승률, 이자율 등의 함수라고 볼 수 있다.

더 자세히 살펴보면 가처분소득이 늘어나면 가계는 그것이 일시적인 것인지 아니면 영구적인 것인지를 판단하고 일시적이면 소비를 늘리기 보다는 저축하게 되고 영구적이라면 소비를 늘리게 된다.[1] 경기순환과정에서 소비증감률의

---

[1] 일시적으로 소득이 늘어나더라도 불확실성 때문에 실현된 소득에 대해 더 민감하게 반응하는 현상이 나타나기도 하는데 이를 소비의 과도민감성excess sensitivity이라 한다.

변동이 소득증감률에 비해 상대적으로 작게 나타나는 것은 이러한 가계의 소비행태를 반영한 것이다. 가계의 자산가치, 즉 부wealth 가 늘어나도 소비가 증가한다wealth effect. 부동산가격이나 주가가 상승하게 되면 개인의 재산이 증가하기 때문에 소비를 늘릴 유인이 생기는 것이다. 인플레이션도 소비에 영향을 미친다. 물가가 상승하면 실질 소득이나 실질 부가 감소하기 때문에 물가상승은 소비에 부정적으로 작용하게 된다. 이자율이 변해도 소비가 영향을 받는다. 이자율 상승은 미래 소비보다 현재의 소비가 상대적으로 비싸지는 것을 의미하기 때문에 현재 소비를 위축시키는 효과(대체효과)가 있는 반면 저축에서 나오는 이자소득의 증가로 현재 소비가 증가하는 효과(소득효과)도 동시에 갖게 된다. 따라서 이자율 상승이 소비를 감소시킬지 아니면 오히려 증가시킬지는 실증분석을 통해 파악해야 하는데 일반적으로는 대체효과가 크게 나타난다.

이밖에도 소비활동은 금융기관의 대출태도 등 금융상황에 의해서도 영향을 받는다. 가계가 은행으로부터 이전보다 쉽게 대출을 받을 수 있게 되었다면 은행차입에 제약이 있었던 가계들의 소비가 늘어날 가능성이 높아진다. 은행들이 가계에 대해 적극적으로 대출하는 경우 가계신용이 증가할 것이며 이는 소비가 늘어날 가능성을 높여준다. 실업률도 소비에 영향을 미친다. 실업률이 높은 상황에서는 임금소득이 줄어들기도 하지만 개인들이 언제 실직할지 모른다는 불안감을 느껴 현재의 소비를 줄이면서 저축을 늘릴 가능성이 높기 때문이다. 마지막으로 소비자들의 심리상태도 영향을 미칠 수 있다. 남북 긴장관계의 고조 등으로 소비자들의 소비심리가 과도하게 위축되면 가계의 소비지출이 축소될 가능성이 있는 것이다.[2]

$$\text{소비지출} = f(\text{가처분소득}, \text{자산가격}, \text{소비자물가}, \text{이자율}\ldots)$$

---

[2] 2장의 "서베이 지수의 활용"에 나왔던 경기조정 심리지수가 이러한 소비심리 변화를 포착한 것이었다.

설비투자

　설비투자에 대한 경제이론으로는 가속도이론, 신고전파이론 및 토빈의 q이론 등이 대표적이다. 가속도이론의 기본 아이디어는 기업의 투자는 자본스톡과 생산의 비율을 일정하게 유지하는 방향으로 이루어진다는 것이다. 따라서 수요 확대가 예상되면 이에 부합하는 자본스톡을 축적하기 위해 설비투자를 늘리게 되는데 이때 자본스톡의 비율이 일정하게 유지되기 위해서는 설비투자 증감률의 변동이 생산 증감률을 상회하는 현상이 나타난다.[3] 신고전파는 기업의 설비투자는 자본의 한계수익(또는 자본생산성)에 의해 결정된다고 주장한다. 한편 q이론은 투자가 프로젝트 수행에 따른 기대수익과 동 프로젝트 수행에 필요한 자본의 조달비용에 의해 결정된다는 것이다.

　이들 이론을 바탕으로 기업들의 설비투자 행위를 설명해 보자. 우선 GDP가 늘어나기 시작하면 향후 수요도 함께 증가할 것으로 예상할 수 있기 때문에 설비투자가 확대된다. 물론 투자는 미래의 수요를 먼저 예상하여 선제적으로 이루어져야 하겠지만 실제 데이터의 움직임을 보면 불확실성 등으로 설비투자 순환은 GDP에 동행하거나 다소 후행하는 모습을 보인다. 금리가 상승하면 설비투자에 부정적인 영향을 미친다. 기업들의 투자는 통상 장기대출을 통해 이루어지는데 장기금리가 높은 경우 기업들의 자금조달 비용이 높아져 설비투자가 위축되게 된다. 물론 기업의 수익성이 높아지면(매출액영업이익률이나 경상이익률 상승, 주가 상승 등) 투자가 늘어난다. 한편 자본재의 상대가격이 높아지면 설비투자가 둔화된다. 기계설비 등의 가격이 비싸지면 투자비용이 높아지기 때문에 설비투자

---

3) 자본스톡(K_t)은 전분기의 자본스톡과 현재기의 투자(I_t) 및 감가상각률(δ)에 의해서 결정된다. ($K_t = (1-\delta)K_{t-1} + I_t$) 따라서 자본스톡과 GDP의 비율($k = K/GDP$)이 일정하게 유지되려면 GDP가 q% 증가하면 자본스톡은 q% 늘어나야 하고 자본스톡이 GDP의 k배이고 설비투자는 GDP의 1/4 정도라면 설비투자 증가율은 4 kq%가 되어야 한다. 여기서 k는 통상 1보다 크기 때문에 설비투자 증감률의 변동성이 GDP 성장률의 변동성에 비해 커지게 된다.

를 망설이게 되는 것이다. 또한 우리나라처럼 자본재의 수입비중이 높은 경우 환율이 상승하면 국내통화표시 수입재가격도 높아지기 때문에 환율이 설비투자 결정에 중요한 요소로 작용한다.

이밖에도 기업가들의 심리가 투자에 영향을 미친다. 외환위기를 맞아 많은 기업들의 도산과 더불어 구조조정이 이루어졌을 때나 2000년대 반기업 정서가 지나치게 확산되었을 때 기업들이 투자를 꺼리는 현상이 발생했던 것들은 이런 예에 해당된다. 한편 은행들의 기업에 대한 대출태도도 설비투자에 중요한 요소로 작용한다. 은행들이 가계대출에 더욱 적극적인 태도를 보이고 기업대출은 보수적으로 운용하는 경우나 금융위기 발생으로 은행들이 기업대출을 극도로 꺼리는 상황에서는 투자가 위축될 수밖에 없다.

$$설비투자 = f(\text{GDP}, 이자율, 주가, 매출액경상이익률, 환율\dots)$$

건설투자

건설투자는 주거용 건물건설, 비주거용 건물건설, 도로·교량 등 구축물 건설 등으로 나뉘는 데 통상 주거용과 비주거용은 민간 경제주체들의 의사결정으로 이루어지고 구축물 건설은 정부부문의 사회간접투자가 주를 이룬다. 이처럼 건설투자는 부문별로 경제주체와 투자성격이 다르기 때문에 투자결정 요인도 각각 다르다.

우선 주거용 건물건설은 가계의 주택에 대한 수요에 의해 결정되기 때문에 가계의 소비지출과 비슷한 요인에 의해 영향을 받는다. 즉, 가계의 소득이 높아지거나 이자율이 낮아지면 주택투자가 늘어난다. 또한 주택은 주거 목적 이외에도 주식처럼 투자자산으로서의 기능도 하기 때문에 주택투자는 미래의 기대 렌트rent 수익이나 투기적 동기 등에 의해서도 상당한 영향을 받게 된다. 이밖에도 인구가 늘어나면 주택수요가 증가하게 되고 은행들의 대출태도가 완화되어도 수요가 늘어난다. 한편 미분양주택이 많이 누적되어 있는 상황이라면 다른 여건이 괜

찮더라도 주택건설은 상당기간 위축될 수밖에 없다. 1980년대 말의 주택 200만 호 건설대책 등의 예에서 알 수 있듯이 정부의 주택정책 기조에 의해서도 크게 영향을 받는다. 필자의 경험에 의하면 1년 미만의 건설투자는 GDP의 흐름과 정부의 부동산 정책, 유동성 상황, 투기적 요인 등에 의해 주로 결정되었다.

비주거용 건물건설은 사무실이나 공장건물 등을 주로 포함하기 때문에 설비투자나 전체 경기수준과 밀접한 관계가 있다. 즉, 비주거용 건물건설은 경기가 좋으면 호조를 보이게 되고 자본조달비용이 높아지면 위축되는 모습을 보인다. 또한 공급측면에서 사무실의 공실률이 높은 상황이라면 사무실 건설은 줄어들게 된다. 한편 도로, 교량 등 구축물 건설은 정부에서 시행하는 사회간접자본투자가 대부분이기 때문에 정부의 국토개발계획, 지역균형개발계획 등에 주로 영향 받는다.

종합해 보면 건설투자 전체를 설명하는 경제변수로는 GDP, 이자율, 유동성 및 부동산가격 등을 들 수 있고 정부부문의 건설계획과 규제방향, 미분양아파트 실태, 사무실 공실률 등도 매우 중요한 정보변수가 된다고 할 수 있다.

$$건설투자 = f(GDP, 이자율, 유동성, 부동산가격 \ldots)$$

재고투자

재고투자는 곡물, 원자재, 중간재, 최종재 등이 소비되지 않고 생산단계나 유통단계에서 창고에 저장되어 있는 재화를 의미한다. 국민소득계정에서는 재고수준 자체가 아닌 재고수준의 변동(재고증감)으로 파악되고 있는데 전분기에 비해 재고수준이 늘어나면 재고증감이 정(+)의 부호로, 재고수준이 줄어들면 부(−)의 부호로 나타난다.

재고투자와 관련해 많이 인용되는 이론에는 다음 두 가지가 있다. 우선 자발적인 재고투자론이다. 즉 미래에 수요가 늘어날 것으로 예상되는 경우 지금부터 생산을 늘려 재고를 확보함으로써 실제 판매가 증가하면 생산을 초과하는 출하가 이루어지도록 한다는 것이다. 물론 수요가 줄어들 것으로 예상되면 그 반대의 상황이 발생할 것이다. 두 번째는 재고의 완충기론 buffer theory이다. 기업들은 한계비용을 고려하여 스케줄에 따라 일정한 양을 생산하려 한다. 따라서 수요가 줄어드는 상황에서는 출하되는 양보다 생산되는 양이 많아 재고가 늘어나게 된다. 물론 재고를 보유하기 위해서는 창고비용 등도 고려되어야 한다. 결국 재고투자는 최종수요, 현재의 재고수준 및 이자율 등의 함수라고 할 수 있다.

$$재고투자 = f(최종수요, 현재고수준, 이자율…)$$

한편 제조업 제품과는 달리 곡물재고 등은 계절요인이 가장 중요한 결정요소가 된다. 벼농사를 지어 가을에 수확하기 때문에 4/4분기에는 곡물재고가 크게 늘어나는데 이 때문에 국민계정에서 4/4분기 재고증감이 매우 큰 폭의 플러스를 나타내는 현상이 나타난다. 농작물의 생산량은 기후조건에 따라서도 매우 다르게 변하기 때문에 풍년이 든 해는 재고가 크게 늘어나게 된다.[4]

수입 및 수출

수입은 소비재, 중간재, 자본재 등 재화와 서비스를 포함하기 때문에 가계의 소비지출이나 기업 투자의 연장선상에서 이해할 수 있다. 소비지출이나 투자가 재화수입이나 서비스수입을 통해 이루어지면 결과적으로 경제전체의 수입으로 포착되기 때문에 수입의 결정요인은 GDP나 수입단가 및 환율 등이라 할 수 있다. 즉 GDP가 증가하면 수입물량이 늘어나고 외화표시 수입단가가 상승

---

[4] 우리나라는 생산측 접근법을 활용하여 GDP를 추계하고 있다. 즉 산업부문별로 생산량을 합산하여 생산측 GDP를 먼저 작성하고 이를 지출부문별로 배분하는데 이 과정에서 소비, 투자, 수출 등은 관련 월별지표의 정보를 이용하여 조정하는 과정을 거친다. 한편 재고증감은 생산측에서 합산된 GDP에서 소비, 투자, 수출, 수입부문을 제외한 잔차 residual의 형태로 추계된다. 따라서 재고증감은 변동성이 상대적으로 클 수밖에 없고 변동성이 높은 변수를 일부 정보만을 가지고 전망하는 경우 예측력이 낮아지는 것은 피할 수 없다. 실제로 본문에서 언급한 다양한 변수를 이용하여 재고투자 모형을 설정하더라도 재고투자에 대한 예측력은 여타 부문에 비해 낮게 나타나는 것이 일반적이다.

하면 수입물량은 줄어들며 원화환율이 상승(=원화가치 하락)하는 경우에도 수입물량이 줄어들게 된다. 우리나라의 경우 원유나 기타원자재를 많이 수입하기 때문에 국제원자재가격도 매우 중요한 변수가 될 수 있는데 국제유가가 상승하면 원유 수입량은 줄어든다.[5] 한편 대외개방이 확대되면 수입도 늘어날 것이기 때문에 대외개방도도 수입의 결정요소가 된다.

$$수입 = f(GDP, 수입단가, 환율, 국제유가, 대외개방도…)$$

수출은 외국의 입장에서 수입을 의미하기 때문에 세계경제성장률(교역신장률)이나 수출가격, 환율 등에 의해 결정이 된다고 할 수 있다. 다만 구매력평가기준으로 집계된 세계경제성장률보다는 우리나라와의 교역비중으로 가중한 세계경제성장률 변수가 수출에 대한 설명력이 높은데 이는 세계경제성장률이 같더라도 교역관계에 있는 나라의 성장률이 교역이 없는 국가보다 높을 경우 수출에 미치는 긍정적 영향이 더 크게 나타날 것이기 때문이다. 이밖에도 수출제품의 대외경쟁력도 중요한 요소이다. 가격경쟁력이나 품질경쟁력이 향상되면 수출도 크게 늘어나게 된다.

$$수출 = f(세계경제성장, 수출단가, 환율, 경쟁력…)$$

경상수지는 재화와 서비스 등을 모두 포함한 총수출과 총수입의 격차이기 때문에 경상수지는 수출과 수입을 결정하는 모든 요인들에 의해 결정된다고 말할 수 있다. 한편 중기적인 시계로 볼 때 경상수지는 저축률과 투자율의 결정요인에 의해 좌우된다고 할 수 있다. 왜냐하면 경상수지의 대GDP 비중은 국민계정상 저축률과 투자율의 차이와 같기 때문이다. 따라서 중장기적 시계에서 경상수지는 경제발전단계, 금융중개기능 수준, 인구구조 등 저축률과 투자율을 결정하는 경제구조변수에 영향을 받는다고 할 수 있다.

---

[5] 원유 수요의 가격탄력성은 낮기 때문에 유가 상승시 원유수입금액은 증가하게 된다.

GDP 성장률과 지출부문별 증감률의 변동성 비교

GDP 성장률과 소비, 투자 등 지출부문별 증감률의 변동성을 비교해 보는 것도 흥미롭다. 경제이론에 따르면 소비의 평활화, 투자의 가속화 특성 등으로 소비 증감률의 변동이 GDP 성장률에 비해 상대적으로 작고 설비투자 증감률의 변동은 GDP 성장률보다 크게 나타나야 한다. 또한 농산물 재고 등을 생각할 때 재고증감은 계절적으로 매우 불규칙한 모습을 보일 것으로 예상할 수 있다.

<그림 3.1>은 GDP 성장률과 민간소비 증감률을 비교해 본 것인데 1990년대 초반까지는 평활화의 특성이 나타나고 있으나 외환위기 기간과 2000년대 초반 신용카드 붐 및 가계부채 급증 시기에는 소비의 변동폭이 더 크게 나타나고 있음을 알 수 있다. 이는 외환위기시 민간의 심리가 극도로 위축되고 금리도 크게 상승하면서 소비가 극단적으로 부진하였고 가계부채 급증 이후 부채조정 과정에서 소비가 비정상적으로 위축되었던 데 기인한 것으로 볼 수 있다. 한편 <그림 3.2>에서 보듯이 설비투자는 가속도이론 만큼의 크기는 아니지만 GDP에 비해 변동성이 상당히 크게 나타나고 있다.

<그림 3.3>은 상품수출 증감률과 GDP 성장률의 움직임을 비교한 것인데 GDP 변동이 수출변동과 유사한 흐름을 보이는 것을 볼 때 소규모개방경제로서 수출에 의해 국내경기가 크게 영향받고 있음을 알 수 있다. <그림 3.4>는 재고증감의 대GDP 비중을 나타낸 것인데 계절성이 뚜렷한 점 외에는 특이한 점을 발견하기 어렵고 변동성이 매우 크다는 것을 알 수 있다. 이는 국민소득의 추계과정에서 재고증감이 잔차로 처리되는 것과도 무관하지 않은 것으로 보인다.

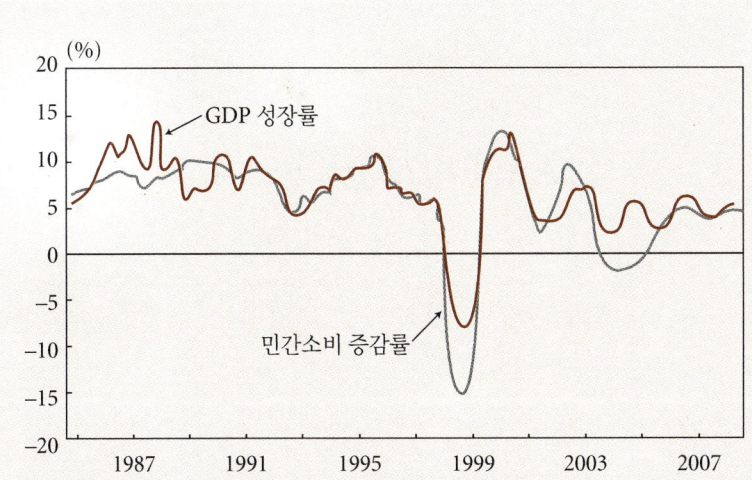

그림 3.1 GDP 성장률과 민간소비 증감률

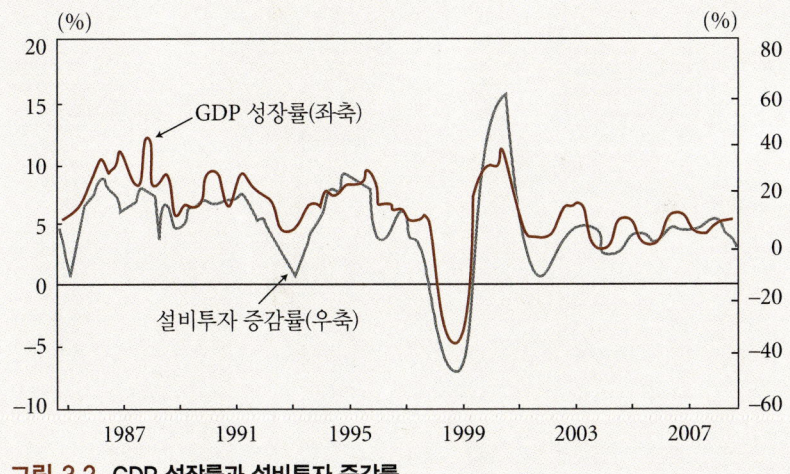

그림 3.2 GDP 성장률과 설비투자 증감률

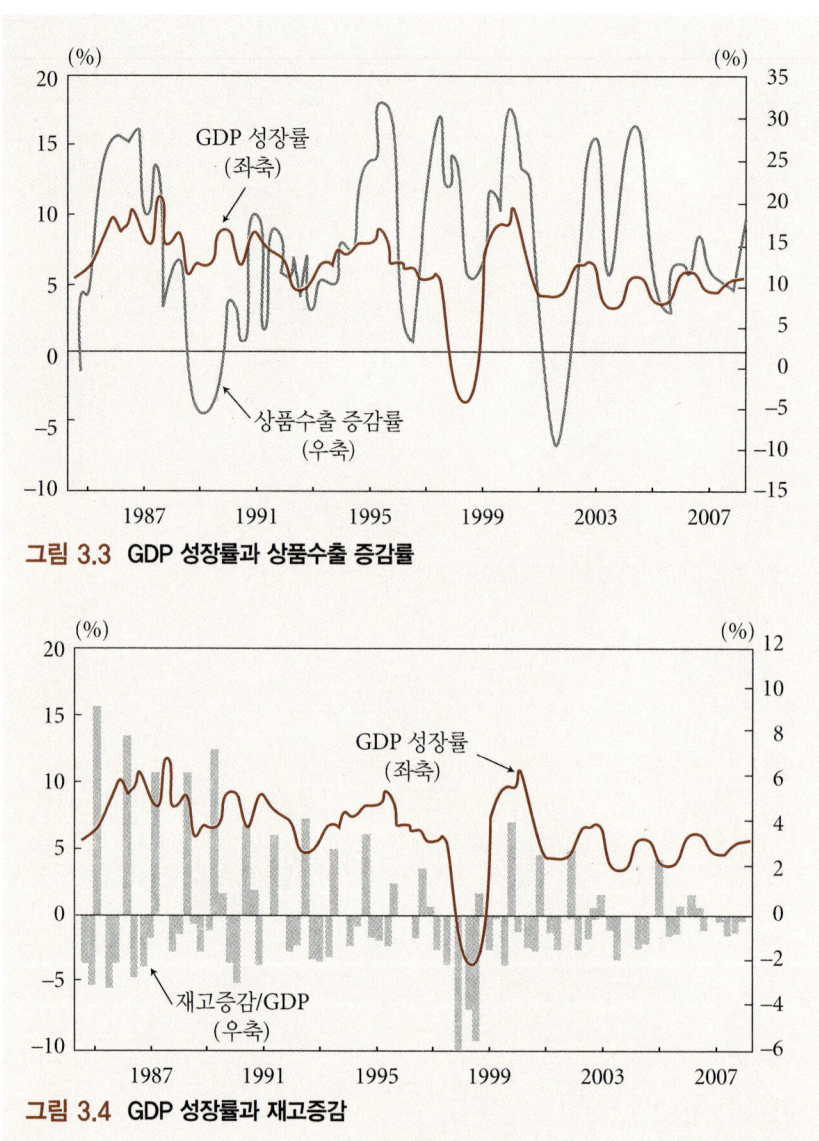

그림 3.3 GDP 성장률과 상품수출 증감률

그림 3.4 GDP 성장률과 재고증감

고용 및 실업

고용은 생산활동 수준과 실질임금 등에 의해 영향을 받는다고 볼 수 있다. 기업은 주어진 수요에 대응하여 비용을 최소화하는 방식으로 고용수준과 자본스톡을 결정하게 되는데 자본스톡은 단기간에 크게 조정하기 어렵다. 즉 수요변화에 대해 자본스톡을 증가시켜 신속하게 대응하기 어렵기 때문에 우선 고용수준(근로 인원 및 시간)의 조정을 통해 생산량을 조절하게 된다. 따라서 수요가 증가하면 근로시간이 우선 늘어나고 나중에 취업자수가 확대되는 현상이 나타난다. 이러한 측면에서 수요의 대용변수로 GDP를 사용한다면 국민경제 전체의 고용은 GDP의 함수라 할 수 있다.

또한 고용은 실질임금의 함수가 된다. 임금인상률이 물가상승률에 미치지 못하는 경우 실질임금이 하락하는 결과를 가져오고 이같은 고용비용의 저하는 기업이 채용을 확대하도록 한다. 한편 기술진보가 빠르게 진행되는 경우에는 고용을 늘리지 않고도 수요증가에 대처할 수 있으므로 기술발전도 고용을 결정하는 요소가 된다.[6][7]

$$\text{취업자수} = f(\text{GDP}, \text{실질임금}, \text{기술진보}\ldots)$$

한편 실업률은 경제활동인구에서 취업자수를 차감(= 실업자수)한 후 이를 경제활동인구로 나누어 산출하게 된다. 즉 실업률은 취업자수뿐만 아니라 경제활동인구의 변화에 의해서도 결정되는 것이다. 따라서 실업률을 전망하기 위해서는 15세 이상 인구중에서 취업할 의사가 있는 경제활동인구를 예측해야 한다.

$$\text{실업률} = \frac{(\text{경제활동인구} - \text{취업자수})}{\text{경제활동인구}} \times 100$$

경제활동인구는 경제활동참가율의 추세적인 변화와 GDP 변동, 인구구조 변화 등에 의해 결정된다. 경제활동참가율은 경제발전 단계에 따라 변하는데 선진국들의 경우는 남성과 여성의 참가율이 각각 70% 정도에 이른다. 우리나라의

---

6) 생산함수 $[Y = AK^{(1-\alpha)}L^{\alpha}]$를 고용함수 $[L = (YA^{-1}K^{(\alpha-1)})^{\frac{1}{\alpha}}]$로 전환하면 고용은 생산(Y), 기술진보(A) 및 자본스톡(K)의 함수가 된다.
7) 최근 한국이나 미국 등에서는 제조업 부문의 취업자가 추세적으로 감소하는 현상이 나타나고 있는데 이는 제조업 부문의 노동절약적 기술진보나 합리화 노력에 기인한다. 따라서 제조업 취업자수 등을 전망할 때는 경기요인 외에 기술진보 등 구조적 변화도 고려해야 한다.

경우 아직까지 여성의 경제활동참가율이 선진국에 비해 낮고 계속 상승하는 추세에 있기 때문에 경기상황에 관계 없이 경제활동참가율이 추세적으로 높아지는 경향을 보이고 있다. 또 경기상황이 좋을 때는 직장을 구할 확률도 높아지기 때문에 적극적으로 취업의사를 보이는데 이 경우 경제활동인구가 늘어나는 결과가 된다.[8] 반대로 경기상황이 나쁘면 취업의사 자체를 포기하는 경우가 많은데 이는 경제활동인구의 감소요인으로 작용한다. 한편 베이비붐이 일어났던 특정연도의 출생자들이 15세로 편입되는 해에는 경제활동인구가 크게 늘어나기 때문에 인구구조도 경제활동인구의 중요한 결정요소라 할 수 있다.

$$경제활동인구 = f(추세, GDP, 인구구조...)$$

물가 및 임금

　물가와 임금의 결정요인에 대한 이론은 매우 다양한데 통상 수요측과 공급측 요인으로 나누어 볼 수 있다. 우선 물가를 살펴보자. 기업들은 수요가 크게 늘어나는 경우 가격을 인상할 가능성이 높기 때문에 실제 생산이 잠재 GDP(물가상승을 초래하지 않으면서 가능한 생산수준)를 초과하면 물가가 상승하게 된다. 임금이나 원자재 및 중간재가격이 상승하면 상품 및 서비스가격에 전가되므로 물가가 높아진다. 환율이 상승하는 경우도 수입품 가격의 인상으로 이어져 물가가 상승한다. 또한 일반의 인플레이션 기대심리가 높아지면 기업이 가격 인상을 자제할 필요가 줄어드는 데다 명목금리의 상승과 이에 따른 기업의 생산비용 증가로 실제 물가가 상승하게 된다. 한편 기상여건에 따라 농산물의 작황이 변하기 때문에 기상여건도 농산물 등의 가격결정에 중요한 변수이다.

$$물가상승률 = f(초과수요압력, 노동비용(임금), 중간재가격...)$$

---

8) 적극적으로 구직활동을 하지 않는 경우 비경제활동인구로 분류되어 실업률 계산시 경제활동인구에서 제외된다.

임금의 경우 필립스곡선에 의해 설명할 수 있다. 즉 실제 실업률이 자연실업률(추가적인 임금상승을 유발하지 않고 달성 가능한 구조적인 실업률 수준)보다 낮거나 실제 생산이 잠재 GDP를 초과하면 임금은 상승하게 된다. 또한 기대인플레이션이 상승하면 근로자들은 실질임금이 유지되도록 하기 위해 추가적인 임금인상을 요구하게 되므로 기대인플레이션도 임금의 결정요인이 된다. 노동생산성 향상도 노동에 대한 수요 증가를 통해 임금상승 요인으로 작용한다.

임금상승률 = f(노동생산성상승률, 기대인플레이션, 실업률...)

위의 물가방정식과 임금방정식에서 알 수 있듯이 임금과 물가는 중간비용과 같은 형태로 상호작용을 하고 있다. 즉 임금이 과도하게 상승하면 단위노동비용이 높아져 물가가 상승하고 물가상승률이 높으면 기대인플레이션이 높아져 임금이 상승하기 때문에 임금과 물가간에는 동반상승spiral현상이 나타난다.

물가지수별로 예측에 활용하는 정보변수의 차이

물가안정목표제inflation targeting를 시행하는 국가의 중앙은행들은 목표대상지수로 소비자물가headline CPI나 근원소비자물가core CPI를 많이 사용한다. 근원소비자물가는 소비자물가에서 에너지가격과 농산물가격 등 중앙은행이 총수요 조절을 통해 통제하기 어려운 부문을 제외하고 산출한 물가이다. 이같은 차이가 소비자물가나 근원소비자물가의 예측시 고려대상 변수를 다르게 한다.

근원소비자물가는 주로 초과수요압력과 단위노동비용 등을 통해 예측하시만 소비자물가는 이밖에도 농산물가격에 영향을 주는 기상여건이나 국제유가 변동 등의 정보를 추가적으로 고려하게 된다. 다만 3~5년 정도의 기간을 평균해 보면 에너지가격이나 농산물가격의 불규칙한 변동은 평활화되기 때문에 중기시계로 전망하는 경우 두 지수를 전망하는 정보변수에 큰 차이가 없게 된다. 또한 물가는 근본적으로 통화적인 현상이라 할 수 있기 때문에 중기시계의 물가전망에는 초과유동성이 매우 중요한 정보변수가 된다.

한편 물가결정에서 중간비용처럼 물가지수 자체들이 다른 물가지수의 예측에 활용되기도 한다. 즉 생산자물가에는 수입물가, 소비자물가에는 생산자물가, 수출물가에는 다시 국내 소비자물가나 생산자물가가 중요한 설명변수가 된다. 따라서 수입물가지수가 포괄하는 품목이 생산자물가나 소비자물가의 구성에서 차지하는 비중을 고려하여 수입물가 몇 % 상승시 생산자물가는 몇 %, 그리고 다시 소비자물가는 몇 % 상승하게 될 거라는 식으로 예측에 활용한다.

거시계량모형의 방정식 체계 및 활용(예시)

앞에서 설명한 소비, 투자, 물가, 실업률 등의 관계식을 모아 놓으면 하나의 구조적 연립방정식 체계가 된다. 이러한 연립방정식 체계에는 경제주체들의 소비, 투자 등 경제행위를 나타내는 함수인 행태방정식과 GDP, 실업률 등 항등식이 포함된다. 한편 각각의 변수는 모형 자체에서 결정되는 내생변수와 모형 밖에서 결정되는 외생변수로 구분할 수 있다.[9] 우리나라의 경우 소규모개방경제로서 세계경제성장이나 국제유가 등에 직접적으로 영향을 줄 수 없기 때문에 이들 변수는 외생변수로 취급된다.

---

[9] 내생변수는 연립방정식 체계내에서 해를 구할 수 있는 것으로 모형내의 여타 변수와 상호간에 영향을 미치는 변수를 말한다. 즉 GDP와 물가는 상호간에 영향을 미치기 때문에 모형에서는 내생변수가 된다. 반면 외생변수는 모형내의 여타 변수에 의해 설명되지 않는 변수, 즉 경제여건을 나타내는 변수를 말한다. 소규모개방국가에서는 세계경제성장이나 국제유가 등 국외변수가 이에 해당하며 국내변수로는 정부의 재정지출, 중앙은행의 정책금리 등 일단 수준이 정해지면 경제상황에 관계 없이 상당기간 계획대로 진행되는 변수 등을 포함한다. 한편 정책금리목표나 재정지출계획 등은 경제상황에 따라 변경될 수도 있는 내생변수의 특성도 포함하기 때문에 모형을 운용하는 과정에서 정책반응함수 등을 도입하여 내생변수로 처리하기도 한다.

행태방정식

소비지출 = f(가처분소득, 자산가격, 소비자물가, 이자율...)
설비투자 = f(GDP, 이자율, 주가, 매출액경상이익률, 환율...)
건설투자 = f(GDP, 이자율, 유동성, 부동산가격...)
수출 = f(세계경제성장, 수출단가, 환율, 경쟁력...)
수입 = f(GDP, 수입단가, 환율, 국제유가, 대외개방도...)
취업자수 = f(GDP, 실질임금, 기술진보...)
물가상승률 = f(단위노동비용, 중간재가격, 초과수요압력...)
임금상승률 = f(노동생산성상승률, 기대인플레이션, 실업률...)

항등식

GDP = 소비지출 + 설비투자 + 건설투자 + 재고증감 + 총수출 − 총수입 + ...
초과수요압력 = GDP − 잠재 GDP
경상수지 = 수출 − 수입 + ...

실업률 = $\frac{(경제활동인구 - 취업자수)}{경제활동인구} \times 100$

위와 같은 구조적 연립방정식 체계를 실제 데이터를 바탕으로 계량경제기법을 통해 각 변수의 계수(또는 탄성치)들을 추정하면 거시계량모형이 구축된다. 거시계량모형을 이용하여 경제예측치를 도출한다는 것은 예측대상 기간중 외생변수의 수치를 대입한 후 연립방정식의 해, 즉 내생변수의 값을 구하는 것을 의미한다. 따라서 일단 거시계량모형이 구축된 경우 외생변수에 대한 전제만 있으면 쉽게 경제예측치를 구할 수 있게 된다. 한편 시나리오 분석이나 정책효과 분석은 외생변수를 변화시키거나 내생변수에 충격을 가하여 경제적 영향을 계산해 내는 것이다. 예를 들어 국제유가를 기본 전제치보다 10% 상승시켜 모형에 대입한 후 GDP, 물가 등에 대한 모형의 해를 다시 구해서 당초 해와 비교함으로써 국제유가 10% 상승이 GDP 및 물가에 미치는 영향을 파악할 수 있다.

거시계량모형의 구축 절차

거시계량모형은 많은 인력과 시간을 투입하여 경제이론에 기초한 경제변수간 관계를 설정하고 외생변수와 모형의 크기 결정, 모수 값의 추정, 예측력과 현실 부합성 점검 등의 과정을 반복함으로써 구축된다.

거시계량모형을 구축하는 과정에서 첫 번째 작업은 경제변수간의 관계를 어떤 이론에 바탕을 두고 설정할 것인지를 결정하는 일이다. 앞에서는 다양한 경제이론에 바탕을 두고 경제변수간 관계를 백화점식으로 나열했는데 실제 거시계량모형은 모형운용기관(또는 설계자)의 특정한 경제관을 반영하게 된다. 모형운용기관이 실물경기변동이론real business cycle theory을 신봉한다면 거시계량모형에 통화가 GDP 변동에 미치는 영향의 경로를 포함하지 않게 되며 통화론자monetarist의 입장을 취하는 경우라면 물가 결정요인에 통화량을 꼭 포함시키려 할 것이다. 중앙은행의 경우 통화정책을 수행하는 기관이기 때문에 가격이나 임금의 경직성 등을 전제하는 뉴케인지안 형태의 동태적확률일반균형DSGE, Dynamic Stochastic General Equilibrium 모형을 선호할 것이나 재정정책 특히 최적조세정책에 관심이 많은 정부는 신고전파 이론에 바탕을 둔 연산일반균형CGE, Computable General Equilibrium 모형을 선호할 것이다. 그러나 때로는 경제관과는 상관 없이 현실 예측력에 중점을 두고서 어떤 이론이라도 절충하여 경제변수간 관계식을 설정하는 경우도 있다.

컴퓨팅 능력의 발전 정도에 의해 선호하는 경제이론을 거시계량모형에 반영할 수 있는지가 결정되기도 한다. 사실 거시계량모형은 경제전망 과정에서 반복적으로 예측치를 산출해 내야 한다. 그런데 특정한 이론을 반영해서 모형을 구축하는 경우 한번 해를 구하는데(모형운용자들은 이를 "모형을 돌리는데"라고 표현함) 하루씩 걸린다면 동 이론을 반영한 거시계량모형의 유용성은 크게 약화될 수밖에 없다. 예를 들어 기대변수가 포함된 연립방정식의 해를 구하는 알고리듬이 개발되기 전까지는 합리적인 기대를 가정한 거시계량모형(예 : DSGE 모형)이 활발하게 활용되지 못했으며 동 알고리듬이 개발되고 컴퓨터의 계산속도가 엄청나게 빨라진 지금까지도 거대한 규모의 DSGE 모형 등은 실용화되지 못하고 있다.

거시계량모형의 구축과정에서 두 번째 단계는 외생변수는 어떤 것으로 하고 모형의 크기는 어느 정도로 할 것인지를 결정하는 것이다. 외생변수의 수를 최소화하고 내생변수 위주로 모형을 구성할 경우 소수의 외생변수에 대해 미래치만 전제해 주면 예측치를 쉽게 도출해 낼 수 있는 장점이 있다. 그러나 외생변수가 많아지면 각 외생변수의 미래치를 전제하는 과정에서 상당한 시간과 노력이 필요하고 부정확한 전제치를 부여하는 경우에는 전망의 정확성이 떨어지는 문제가 발생한다. 또한 내생변수를 많이 늘려 변수간의 관계를 정교하게 설계하게 되면 정책효과분석에서는 유용하나 모형이 너무 커져 모형운용자가 모형을 통제하는 데 어려움이 발생한다. 예를 들어 컴퓨터를 통해 모형의 해를 구하는 과정에서 에러^{error}가 발생한 경우 어디에서 문제가 생겼는지 파악하는 데 상당한 어려움이 발생할 수 있다. 모형에서 도출된 예측치가 현실과 크게 괴리되었을 경우에도 어느 방정식에 원인이 있는지를 찾아내는 데 많은 시간이 소요된다.

경제변수간의 관계가 설정되고 모형의 규모도 결정되었다면 다음 단계의 작업은 실제 데이터를 이용하여 변수간 영향을 주는 정도(탄성치) 또는 모수^{parameter} 값들을 계산해 내는 것이다. 소비지출 함수를 예를 들면 가처분소득 증가나 자산가격의 상승이 소비지출에 어느 정도 영향을 주는지 계량화하는 과정, 즉 다음의 소비함수에서 적절한 β_i 값을 찾는 과정을 수행하는 것이다.

$$소비지출 = \beta_1 가처분소득 + \beta_2 자산가격 + \beta_3 이자율 \dots$$

이 과정에서 많이 사용하는 방법이 캘리브레이션^{calibration}과 추정^{estimation}이다. 캘리브레이션은 정상상태균형$^{steady\ state\ equilibrium}$에서 주요 경제변수간 이론적 관계 등을 바탕으로 국민소득 통계(노동소득분배율, 저축률 등)를 활용하거나 미시적 연구결과를 이용, 모수 값을 직접 부여하는 방식이다. 반면 추정^{estimation}은 과거 데이터를 바탕으로 회귀분석 최우추정법 베이지안기법 등을 이용, 계수를 확정하는 방식이다. 따라서 모형 구축과정에서 캘리브레이션이나 추정하는 단계는 실제 데이터에 부합하는 모수 값을 설정하여 거시계량모형의 현실 설명력을 최대한 높이는 과정이라고 볼 수 있다.

모형이 포함하는 개별방정식의 계수들이 모두 확정되었다면 전체 연립방정식 체계를 이용한 시뮬레이션 분석을 통해 모형의 예측력과 현실 부합성을 점검한다. 우선 구축된 거시계량모형을 이용하여 과거 기간에 대해 예측치를 계산한 후 실적치와 비교함으로써 거시계량모형의 예측력을 평가한다. 개별 방정식들이 잘 추정되었다 하더라도 연립방정식 형태의 모형에서는 모형내에 포함되어야 할 중요한 변수가 빠진 경우 예측력이 낮게 나타날 수 있으며 특정 방정식의 설명력이 너무 낮아 모형 전체의 예측력을 저하시키는 경우도 있어 이를 식별하기 위해서이다. 또한 국제유가 등 외생변수 변화에 따른 주요 내생변수들의 반응, 즉 충격반응함수 분석을 통해 모형의 현실 적합성을 점검해 본다. 충격반응함수의 현실 부합성은 통상 경제이론에 상관 없이 실제 데이터에 포함된 변수간 분산-공분산관계를 포착하는 VAR 모형의 결과와 비교하여 점검하는데 거시계량모형의 충격반응이 VAR 모형과 크게 다른 경우 거시계량모형의 현실 설명력이 낮다고 평가하며 설명력을 높이기 위해 모형을 수정하여 추정할 필요성을 확인하게 된다.

이처럼 거시계량모형은 상당한 기간(한국은행의 BOK04 모형은 2년, BOKDSGE 모형 시스템은 3년 정도) 동안 많은 인력을 투입하여 위에서 설명한 작업절차를 반복함으로써, 즉 이론적 정합성과 현실 설명력을 최대한 높이는 작업을 거친 후 탄생하게 된다. 이러한 측면에서 한 기관의 거시계량모형은 그 기관의 경제에 대한 지식수준의 집적판이자 동 기관의 경제인식 틀을 반영한다고 할 수 있다. 즉 BOK04(2005)와 BOKDPM(2009)은 한국은행이 각각 2005년과 2009년까지 축적한 한국경제에 관한 가장 포괄적인 연구결과이며 동 모형의 대외 공표는 한국은행이 우리나라 경제를 인식하는 방식을 민간과 공유하고자 하는 커뮤니케이션의 결정체라 할 수 있다.

통화정책 수행과정에서 거시계량모형의 역할

중앙은행은 미래 경제상황에 대한 예측을 바탕으로 통화정책을 선제적으로 운용함으로써 정책효과를 극대화해야 한다. 이를 위해서 중앙은행은 정도 높은 경제전망 및 민간과의 커뮤니케이션 능력을 확보해야 하는데 거시계량모형은 경제전망 및 커뮤니케이션의 중요한 수단중 하나라고 할 수 있다.

우선 거시계량모형은 경제전망 작업의 시작단계에서 다양한 경제여건 변화를 반영하여 초기 전망치를 도출하는데 사용된다. 즉 당초 경제전망시와 비교해서 현재의 경제여건이 몇 가지 달라졌다면 관련 여건변수(또는 외생변수)의 전제치를 수정한 후 거시계량모형의 해를 구해 봄으로써 새로운 예측치를 신속하게 시산해 볼 수 있다.

또한 거시계량모형은 모형에 의한 예측치와 각 부문별 전문가의 전망치를 피드백feedback을 통해 조정할 때 정합성을 확보할 수 있게 해준다. 부문별 전문가들은 한 부문에만 초점을 두고 전망하기 때문에 가끔씩 부문간 정합성이 부족한 경우가 발생(예: 소비, 건설투자 및 수출 담당자가 이들 부문의 증가율을 모두 높게 예상하는 상황에서 설비투자 담당자는 최근 추세에 집착하여 설비투자 증가율을 마이너스로 예측[10])하는데 전체 모형의 틀 안에서 조정과정을 거치는 경우 이러한 문제를 해소할 수 있다.

더욱이 거시계량모형은 외생적 충격 발생이나 정책 집행시 시간별 파급경로를 계측할 수 있기 때문에 다양한 경제충격이 동시에 발생했을 경우를 가정하여 거시경제변수들의 변화 폭을 계량화하는 시나리오 분석에 사용할 수 있고 중앙은행의 목적함수(예: 물가안정 및 적절한 경제성장)를 극대화하는 통화정책경로를 시산할 때도 유용한 도구가 된다.

한편 거시계량경제모형은 경제구조에 대한 공통된 인식의 틀을 바탕으로

---

[10] 소비, 건설투자, 수출 등은 설비투자와 함께 최종수요를 구성하는데 최종수요가 크게 증가하는 상황에서 설비투자가 마이너스 증가율을 보이는 것은 이례적인 현상이라 할 수 있다. 이러한 상황이 발생하면 이를 설명할 민한 요인이 있는지를 살펴보아야 하는데 특이할 만한 요소가 발견되지 않는다면 거시계량모형을 이용하지 않음에 따라 나타나는 정합성 문제로 판단할 수 있다. 전망수치의 정합성 점검에 대해서는 4장에서 다루게 된다.

설계되고 추정되기 때문에 중앙은행 내부에서 전망담당자와 정책결정자간 논리적인 토론의 장 framework for discussion 을 제공하는 역할을 하게 된다. 예를 들어 한국은행 경제전망 담당자가 물가 예측치를 금융통화위원회에 설명해야 하는데 핵심모형(예:BOK04)의 물가방정식에 GDP 갭, 국제유가, 환율 등의 변수가 포함되도록 설정되어 있다면 "GDP 갭률이 플러스이고 유가가 상당폭 상승할 것으로 보이며 환율은 다소 하락할 가능성이 있기 때문에 물가는 몇 % 정도 상승할 것으로 예상된다"라는 식으로 보고할 수 있다. 즉 경제변수간 관계에 대한 컨센서스를 바탕으로 모형을 구축하거나 모형구축 과정에서 컨센서스가 형성되기 때문에 거시계량모형은 효과적인 의사소통을 가능하게 한다.

마지막으로 정책결정시 이용되는 거시계량모형은 대외공표를 통해 통화정책의 투명성 transparency 을 높이는 수단으로서 역할도 수행한다. 통화정책당국의 모형은 설계 및 추정과정에서 여러 경제변수간 관계에 대한 동 기관의 인식방식을 반영하는 것이므로 일반 경제주체들은 발표된 모형의 구조와 충격반응함수 결과 등을 통해 대내외 여건 변화시 중앙은행이 어떤 방식으로 대응할 것인지를 가늠하는 실마리를 얻을 수 있다.

이론적 정합성과 현실 설명력 제고

거시계량모형의 이론적 정합성과 현실 설명력 사이에는 상충관계가 있기 때문에 신규모형을 개발하거나 기존모형을 개선하는 경우 이론을 강화하되 예측력 저하는 방지하거나 이론체계는 유지하되 현실 설명력을 강화하기 위해 다양한 전략이 동원된다.

거시계량모형은 이론적 정합성과 현실 설명력 사이에 상충 trade-off 관계가 있다. 즉 현실 설명력이 높으면 이론적 정합성이 약하고 이론적 정합성이 높으면 현실 설명력이 낮아지는 현상을 흔히 볼 수 있다. 시계열분석기법의 하나인 VAR

모형은 경제이론에 근거하지 않고 예측대상 변수와 모형에 포함된 자체 및 여타 변수의 시차변수간 통계적 특성을 포착하여 경제전망에 이용하는 것인데 많은 연구결과들은 VAR 모형의 예측력이 다른 모형들에 비해 뛰어나다는 사실을 보여주고 있다. 이는 VAR 모형이 많은 설명변수를 사용하고 특히 자기시차변수를 포함시켜 경제변수의 관성적 특성을 포착함으로써 예측대상 변수의 단기동학short-term dynamics을 잘 설명하기 때문이다. 반면 1980년대 이후 거시경제학에서 기본적인 분석모형으로 자리잡은 DSGE 모형은 합리적 기대하에 가계나 기업의 최적화 행위를 포착한 미시적 기초micro-foundation 위에 세워졌기 때문에 이론적 정합성이 높은 모형체계이지만 단기시계의 전망에서 예측력은 VAR 모형에 비해 약한 특징을 갖는다. 이같은 현상은 DSGE 모형에서 특정 경제변수의 움직임에 영향을 주는 설명변수가 몇 개로 제한되어 있는 데 기인한 것으로 보인다.[11][12] 예를 들어 경제주체의 최적화 행위에 바탕을 둔 소비함수는 항상소득과 이자율 등 일부 변수만을 설명변수로 포함하는데 단기적으로 소비는 은행의 대출태도나 고용사정 등에 따라 영향을 받기 때문에 DSGE 모형의 현실 설명력이 제한적일 수밖에 없다. 한편 모형 설계자들이 소비함수를 추정하면서 통계적 유의성이 있는 변수들을 자의적으로 추가하여 예측력을 높이려 시도하는 과정에서 하이브리드hybrid 모형이 탄생할 수 있는데 이같은 모형은 이론적 정합성 면에서 VAR 모형에 비해 우수하나 DSGE 모형에 비해서는 열위에 있는 것으로 평가할 수 있다.

---

[11] DSGE 모형은 복잡한 경제현상을 가능한 한 간단한 모형경제로 설명하려 하기 때문에 태생적으로 모형에 포함되는 변수를 줄이려는 경향이 나타난다.
[12] 모수를 캘리브레이션 방식으로 확정하는 것도 또다른 이유라 할 수 있다. 즉 실제 경제상황은 정상상태균형에 도달하지 못했음에도 불구하고 캘리브레이션 과정에서는 경제가 균형상태에 있는 것으로 가정하여 특정연도나 몇 년간의 국민소득통계 평균치로 모수를 자의적으로 결정하기 때문에 현실 설명력이 떨어진다고 볼 수 있다.

DSGE 모형의 개요

DSGE_{Dynamic Stochastic General Equilibrium} 모형은 동태적이고 확률적인 요소를 고려한 일반균형이론에 기초하여 설계된 모형이다. 우선 이 모형은 경제주체들의 현재 경제행위가 미래와 연계되는 기간간 대체_{intertemporal substitution}를 고려하기 때문에 개별방정식에 미래 기대변수가 포함되고 동태적_{dynamic}이다. 또한 국내 및 국외에서 임의로 발생하는 각종 충격—기술, 선호 및 통화정책 충격 등—을 도입하고 이를 통해 경기변동 및 경제성장 현상을 설명하기 때문에 확률적_{stochastic} 특징을 갖는다. 아울러 이 모형은 균형상태에서 개별시장(예: 재화시장, 노동시장 등)의 수급 불균형이 모두 청산되는 일반균형_{general equilibrium}에 기초한다. 이처럼 DSGE 모형은 미래지향적 기대 및 경제주체간 상호 피드백 체계를 반영하기 때문에 시간에 따라 경제주체의 행태가 달라질 수 있다는 루카스 비판으로부터 상대적으로 자유롭다. 또한 BOK04 등 기존 거시계량모형처럼 경제변수간의 관계가 모형 설계자에 의해 임의로 설정되는 것이 아니라 모형내에서 내생적으로 결정되기 때문에 이론적 정합성도 높다고 할 수 있다.

이론 정합성과 현실 설명력간 상충관계는 모형을 운용하는 경제전망 주체의 선호에 따라 모형의 특성도 달라지는 현상을 종종 목격하게 한다. 즉 학계에서는 이론적 정합성에 무게를 두는 반면 금융시장의 이코노미스트들은 현실 설명력(예측력)을 중시하여 모형을 설계하고 구축한다. 한편 정책당국자는 경제주체들에 커다란 영향을 미치나 사전에 실험이 불가능한 경제정책을 수행해야 하기 때문에 이론적 정합성과 현실 설명력의 상충관계를 고려하여 적절한 조합을 선택하는 절충적 경향을 보인다.[13] <그림 3.5>는 이론 정합성과 현실 설명력 사

---

[13] 학계에서는 DSGE 모형이 일반화된 지금까지도 BOK04 모형과 같이 루카스 비판에 취약한 과거 케인지안 형태의 모형을 활용하는 것에 대해 비판하기도 한다. 그러나 DSGE 모형의 설계 및 개발이 쉽지 않은 데다 BOK04 형태의 모형이 민간의 모형에 대한 이해 측면에서 DSGE 모형보다 우위에 있기 때문에 정책기관에서는 여전히 주력모형으로 활용되고 있다. 각 모형의 특성들에 대해서는 이번 장의 "거시계량모형의 형태"에서 설명한다.

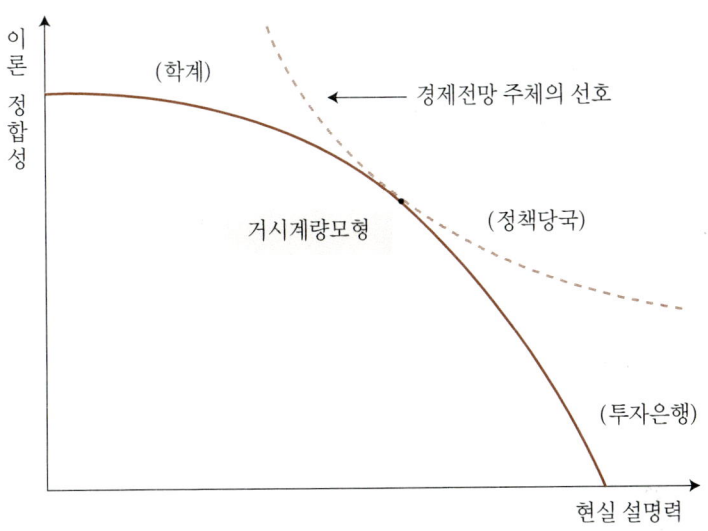

그림 3.5 이론 정합성과 현실 설명력의 상충문제

    이의 상충관계 및 모형운용 주체의 선호를 도식한 것인데 학계와 금융시장 이코노미스트 및 정책당국자들의 선호에 비추어 학계는 그림의 왼쪽 위편에, 정책당국은 중간쯤에, 투자은행 등은 오른쪽 아래편에 위치한 거시계량모형을 구축할 가능성이 높다 하겠다.

    한편 거시계량모형은 경제이론과 현실 데이터의 결합체이기 때문에 새로운 경제이론이 등장하거나 데이터들의 움직임이 과거와 달라지는 경우 모형을 수정하거나 재구축하는 과정을 거쳐야 한다. 또한 새로운 계량경제학 기법이 개발되거나 컴퓨팅 능력이 향상될 경우 그동안 반영할 수 없었던 경제이론을 반영하기 위해 모형의 재구축 작업을 수행하게 된다. 그러나 정책당국자나 금융시장 이코노미스트들의 입장에서는 매일 경제상황에 대한 평가 및 전망을 바탕으로 의사결정을 해야 하기 때문에 모형을 개선하고 재구축하더라도 기존 정도의 예측력은 유지하려 노력하게 된다.

    이처럼 이론체계를 강화하되 예측력 저하는 방지하거나 이론체계는 유지하면서 현실 설명력을 강화하기 위해 다양한 전략이 구사되고 있다. 첫 번째는 오차수정모형 error-correction model 의 활용이다. 즉 경제주체의 최적화 행위를 바탕으로 도출된 거시경제변수간 관계는 장기균형식으로 설계하고(이론적 정합성 확보) 단기동학식에는 실적치가 장기균형치에서 벗어나는 부분을 설명할 변수를 추가하거나 동 차이가 동태적으로 조정되는 과정을 포함시키는 것이다.

$$A(L)y_t = B(L)y_t^{theory} + C(L)z_t + v_t$$

단, y_t: 내생변수, y_t^{theory}: 경제이론에 기초한 장기균형관계,
z_t: 이론적인 부합성은 낮으나 단기예측력을 높여주는 변수,
$A(L)$ 등: 후방 연산자

기존의 케인지안 모형에 최적화 행위에서 도출되는 관계식을 추가하는 방식으로 설계된 한국은행의 BOK04나 미국 연준의 FRB/US 모형은 모두 이러한 아이디어를 활용한 것들에 해당된다.

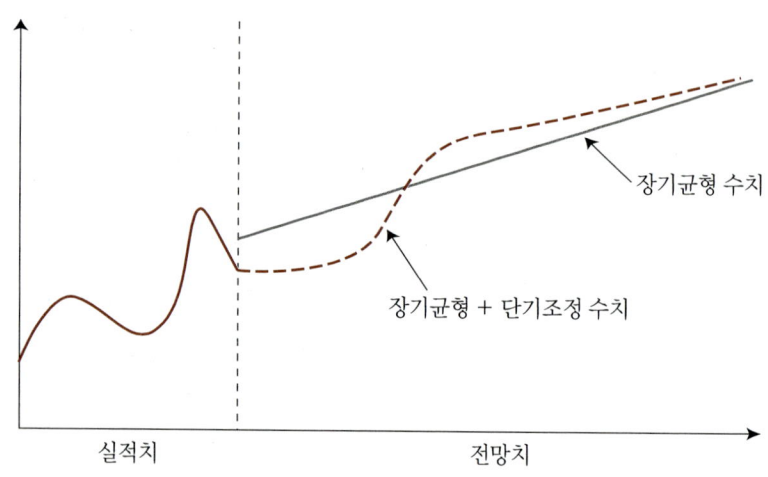

그림 3.6 장기균형식과 단기동학식을 결합한 전망

두 번째 방법은 경제이론에 충실하기 위해 DSGE 모형 형태로 변수관계를 설정하되 모수를 확정하는 단계에서 현실 설명력을 극대화하도록 수정 캘리브레이션이나 일반화적률법GMM, 최우추정법MLE, 베이지안Bayesian 추정법 등을 이용하는 것이다. 즉 데이터에 포함된 실질적인 경제관계를 잘 포착하는 VAR 모형의 충격반응함수를 가장 잘 모사하도록 모수를 결정하기도 하고[14] 실제 경제지표와 모형에서 도출된 전망치간 차이가 가장 좁혀지도록 GMM,[15] MLE,[16] 베이지안[17] 등의 방식으로 모수를 추정한다. 이러한 방식을 사용해서 개발한 모형의 예가 한국은행 BOKDSGE 모형시스템 내의 BOKDSM(2007)과 BOKDPM(2009) 등이다.[18]

---

[14] $Diff(\Omega_2) = [\text{VAR 모형 충격반응함수}]_{t=1}^T - [\text{신규개발모형 충격반응함수}(\Omega_2)]_{t=1}^T$이라면 다음의 목적함수 $min_{\Omega_2}[Diff(\Omega_2) \cdot I \cdot Diff(\Omega_2)']$를 최적화하는 모수를 선택하는 것이다.

[15] GMM은 신규개발하는 모형에서 외생적 충격에 대한 모의실험을 통해 산출된 임의의 시계열 자료와 실제 경제시계열간 차이를 조건함수로 설정한 후 도구변수를 이용하여 목적함수를 최소화하는 방법이다. 즉 모형내에서 GDP 순환변동치가 γ라는 모수 값에 영향을 받을 경우 실제 관측되는 GDP 순환변동치 계열과 외생적 충격에 대한 모의실험에서 도출되는 순환변동치 계열간의 차(Diff), 즉 조건함수가 최소값을 갖도록 하는 γ값을 찾는 것이다.

조건함수 : $Diff = ([Y_{순환변동치}]_{t=1}^T)_{Data} - ([Y_{순환변동치}(\gamma)]_{t=1}^T)_{Model}$

목적함수 : $min_\gamma[Diff(\gamma) \cdot M \cdot Diff(\gamma)']$

M : 도구변수가 주대각원소인 정방행렬

[16] MLE는 신규개발 모형을 이용하여 확률적 시뮬레이션을 수행하고 여기에서 임의 생성된 시계열들의 결합밀도함수를 구하여 실제 관측자료와 가장 유사한 결과를 얻을 확률이 최대가 되도록 하는 모수 값을 찾는 것이다.

[17] 모형내의 각 모수 값을 확률변수로 취급하여 사전분포를 가정한 후 길민필디를 통해 우도함수를 극대화하는 과정을 거쳐 모수 값의 사후적 평균치를 도출하여 사용하는 방식이다.

[18] 자세한 내용은 강희돈·박양수(2007), 강희돈·편도훈(2009)을 참조하기 바란다.

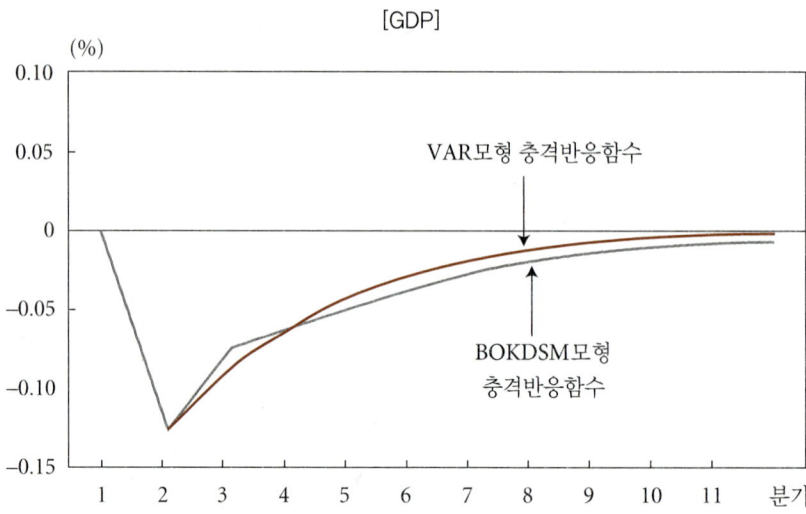

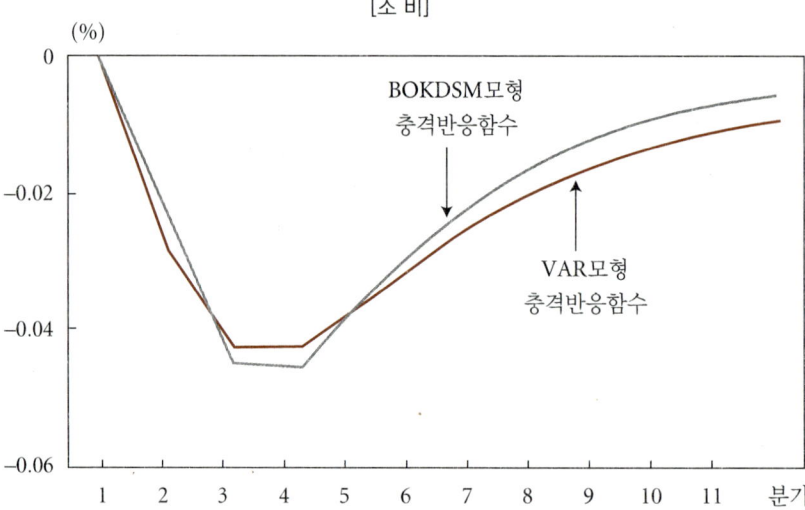

주 : 강희돈 · 박양수(2007)에서 재인용

그림 3.7 BOKDSM과 VAR 모형의 통화충격반응함수

세 번째는 다모형시스템multi-model approach을 활용하는 것이다. 즉 경제이론을 중시하는 거시계량모형과 실제 데이터 부합성을 중시하는 시계열분석모형을 따로 구축하되 경제전망 및 정책시뮬레이션 분석과정에서 보완적으로 활용하는 것이다. 거시계량모형은 이론적 정합성이 높아 경제변수간의 일관된 논리를 제공토록 하는 가운데 일정한 수준 이상의 예측력을 유지시켜 핵심모형으로 사용하고, 예측 능력이 좋은 다양한 시계열모형을 추가로 개발하여 이들을 보조모형으로 활용하는 것이다. 다만 이러한 방식은 각 모형별로 도출되는 예측치나 정책시뮬레이션 효과가 일관성을 보장할 수 없다는 약점이 있다. 영란은행 등 선진국 중앙은행이나 한국은행은 현재 이와 같은 다모형시스템을 채택하고 있다. <그림 3.8>은 한국은행의 단기 거시경제예측모형시스템의 구성모형을 보여주고 있다.

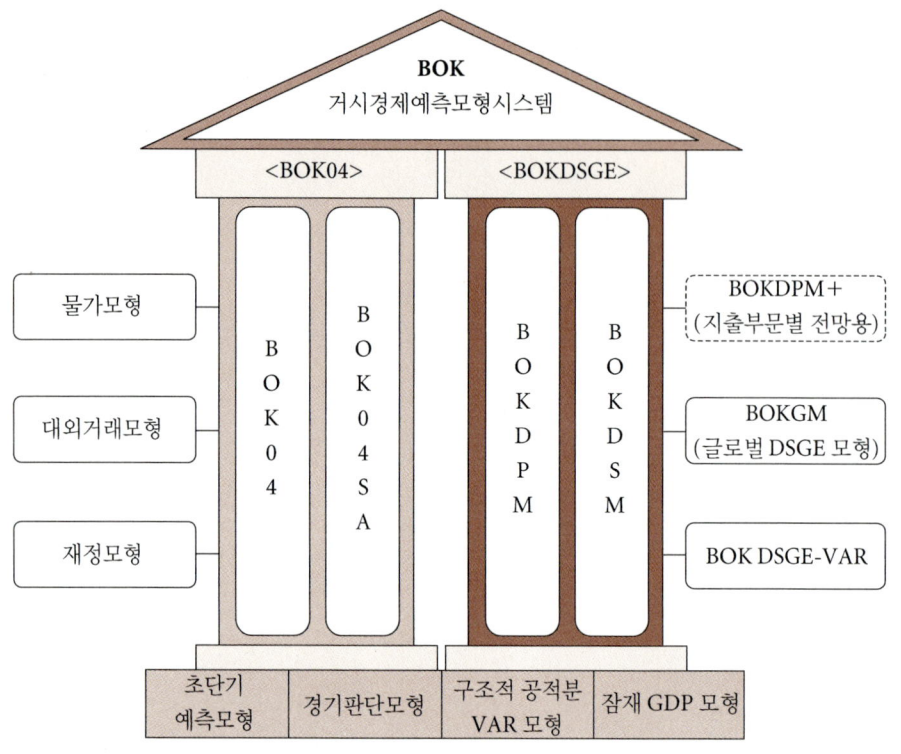

주 : 1) 점선은 현재 개발진행중인 모형
    2) BOKDPM: BOK Dynamic Projection Model
       BOKDSM : BOK Dynamic Simulation Model(BOKDSGE를 개칭)
       경기판단모형 : 마코프전환모형, 연속신호추출법 등
       잠재 GDP모형 : 준구조모형, 생산함수모형, 은닉인자모형 등
자료 : 강희돈·편도훈(2009)에서 재인용

그림 3.8 한국은행의 단기 거시경제예측모형시스템[19]

---

[19] 거시계량투입산출모형도 광의의 거시경제예측모형시스템을 구성하고 있으나 동 모형은 연간모형으로 중장기 전망에 주로 활용되고 있어 단기경제예측모형시스템의 도식에서는 제외하였다.

DSGE와 VAR 모형의 수렴 현상

이론적 정합성과 현실 설명력을 향상시키려는 노력이 계속 되면서 최근에는 DSGE와 VAR 모형간 수렴 현상이 나타나고 있다. 앞에서 설명한 것처럼 DSGE 모형에서는 실제 데이터를 잘 설명할 수 있도록 한다는 차원에서 VAR 모형에서 나온 충격반응함수와 시뮬레이션이 최대한 유사하도록 GMM, MLE 방식 등을 통해 모수를 확정하는 노력이 강화되고 있다.

VAR 모형에서도 경제이론 면에서의 취약성을 보완하기 위해 경제주체의 최적화행위에서 유도되는 관계식을 장기균형식으로 처리하고 단기동학은 기존 VAR 모형처럼 내생변수들의 시차변수로 포착하는 공적분 cointegrating VAR 모형이 개발되었다.[20]

$$\Delta y_t = \beta y_{t-1} + \sum_{i=1}^{P-1} \Gamma_i \Delta y_{t-i} + a_0 + u_t$$

즉 위와 같은 모형에서 βy_{t-1}항에 DSGE 모형 등에서 유도되는 관계식으로 오차수정항을 설정하고 추정함으로써 이론적 정합성을 높이는 것이다. 영란은행, 한국은행 등에서는 이같은 구조적 공적분 VAR 모형도 개발하여 전망에 활용하고 있다.

한편 베이지안 VAR 모형의 형태에서 출발하되 추정할 VAR 모형 모수의 사전분포는 DSGE로부터 가져오는 DSGE-VAR 모형도 개발되고 있다. 경제충격을 잘 식별할 수 있는 DSGE 모형의 장점과 경제변수의 동학을 잘 설명하는 VAR 모형의 장점을 결합한 하이브리드 모형인데 그 예측력이 매우 높은 것으로 알려져 있다.[21]

---

20) 이론에 대한 자세한 설명은 Garratt *et al*(2006)을 참조하기 바란다.
21) 이론적 배경은 Del Negro and Schorfheide(2004)를 참조하기 바란다.

거시계량모형의 형태

거시계량모형은 크게 대규모 연립방정식 모형과 DSGE 모형으로 나눌 수 있다. 대규모 연립방정식 모형은 민간과의 커뮤니케이션 측면에서, DSGE 모형은 이론적 정합성 면에서 비교우위가 있다고 할 수 있다.

대규모 연립방정식 모형 : Large-Scale Simultaneous Equation Model

1960년대부터 1980년대까지 주요국 중앙은행에서는 가격변동이 수반되지 않고 총수요에 의해 생산이 결정되는 IS-LM 분석에 기반하여 대규모 연립방정식 모형을 구축하고 이를 경제전망 및 정책효과분석에 활용하였다. 동 모형은 경제주체의 적응적 기대 adaptive expectation 를 가정한 가운데 변수의 동학 dynamics 은 시차변수를 추가하는 방식으로 구현하였다. 1980년대 이후 오차수정모형이 개발되면서 기존 모형이 다소 변형되었는데, 즉 경제주체의 정태적 최적화 static optimization 행위에 의해 유도되는 변수간의 관계를 장기식에 일부 반영하고 단기동학은 시차차분변수를 통해 설명하는 방식으로 연립방정식 모형이 재구축되었다. 이같은 대규모 연립방정식 모형은 다양한 경제현상의 설명 및 예측력 제고를 위해 자의적으로 새로운 방정식을 도입하고 설명변수를 추가한다는 특징이 있다.

그러나 동 모형은 개별방정식의 모수 추정을 대부분 회귀분석에 의존하므로 추정된 계수의 크기가 과거의 평균적인 행태를 반영하기 때문에 경제구조 변화나 제반 경제충격이 있는 경우 모형의 유효성이 크게 저하되어 루카스 비판 Lucas critique[22] 에 취약하다는 문제를 가지고 있다. 또한 미시적 기초 micro-foundation 가 부

---

[22] 각 경제주체의 기대가 정책의 변화 등에 따라 바뀌게 된다면 추정된 경제변수간의 관계는 더 이상 유효하지 않게 된다는 것이다. 예를 들면 개별방정식에 포함된 설명변수의 계수들은 모수 값들의 결합체인데 정책당국의 정책변화는 이들 모수 값들의 결합형태를 바꿀 수도 있기 때문에 단순하게 회귀분석을 통해 추정된 계수는 유효성을 상실하게 될 수 있다는 주장이다.

족한 케인지안 모형에 적응적 기대형성을 가정하는 등 이론적 기반도 취약하다는 비판도 받고 있다. 그럼에도 불구하고 동 모형은 어느 정도의 경제학 지식만 있다면 민간인들도 모형에 반영된 설명변수간의 관계(또는 정책당국자의 경제인식 방식)를 이해할 수 있기 때문에 민간과의 커뮤니케이션 수단이라는 측면에서 여전히 활용도가 높은 상황이다.

우리나라에서는 한국은행과 KDI 등 주요 정책연구소에서 이러한 형태의 거시계량모형을 개발, 경제전망에 활용하고 있다. 특히 한국은행은 1970년대부터 대규모 연립방정식 모형을 개발·운용하기 시작했으며 경제구조 변화, 경제이론의 발전 및 컴퓨팅 능력의 향상 등을 반영하여 매 5년 정도마다 모형 개선작업을 계속해 오고 있다. BOK04(2005)와 거시계량투입산출모형(2006)은 외환위기 이후의 경제구조변화를 반영하여 가장 최근에 개발된 한국은행의 대규모 연립방정식 모형들이다.[23]

① BOK04 모형[24]

BOK04 모형은 소득지출이론을 중시하는 케인지안 체계에 바탕을 둔 일반균형개념의 연립방정식 모형으로서 오차수정모형의 형태로 설계되고 개별 방정식의 계수는 최소자승법으로 추정되었다. 장단기 방정식의 설정 방식을 예를 들어 설명하면 민간소비는 장기적으로 국민총소득(GNI)이나 회사채수익률에 의해 결정되도록 하되 단기적으로는 오차수정과정—실제 소비지출과 장기식에 의해 도출된 예측치간 차이—과 주택매매가격 변동 등 여타요인에 의해 결정되도록 다음과 같이 설정되었다.

---

[23] 한국은행은 외환위기 이후 경제구조 변화 등으로 예측의 정확성이 크게 낮아짐에 따라 대대적으로 거시계량모형의 재구축 작업을 벌였다. 이를 위해 2003년 말부터 거시모형반이라는 테스크포스가 설치되었으며 필자는 2004년 8월부터 2007년 8월까지 3년간 거시모형반장을 맡았었다.
[24] 자세한 내용은 황상필·문소상 등(2005)을 참조하기 바란다.

장기식:

$log(민간소비) = 0.74914\ log(GNI) - 0.06177\ log(회사채수익률) + \ldots$

단기식:

$dlog(민간소비) = -0.65085\ 민간소비오차수정항_{-1} + 0.18308\ dlog(주택매매가격) + 0.20583\ dlog(취업자수) + \ldots$

오차수정항:

민간소비오차수정항 $= log(민간소비실적치) - log(장기식에 의한 민간소비예측치)$

BOK04 모형은 최종수요, 대외거래, 금융시장, 부동산시장, 재정 등 5개의 수요블록과 임금·물가, 노동, 잠재 GDP, 자본스톡 등 4개의 공급블록(총 9개 블록)으로 구성되어 있다. <그림 3.9>의 경제변수간 흐름도는 BOK04 모형에서 설정하고 있는 각 경제변수간 관계를 일목요연하게 도식화한 것인데 이를 통해 경제적인 충격이 발생하는 경우 어떤 경로를 통해 경제전체에 파급되는지 손쉽게 파악할 수 있다.

BOK04 모형은 행태방정식 48개, 항등식 33개 등 내생변수가 총 81개, 외생변수는 26개로 구성되어 연립방정식 모형중에서는 중규모로 분류될 수 있다. 한국은행에서는 중기시계의 경제전망과 각종 정책효과 및 시나리오 분석에 동 모형을 핵심모형중 하나로 사용하고 있다.

② 거시계량투입산출모형[25]

거시계량투입산출모형은 연간 거시계량모형으로 BOK04 모형(분기모형)의 연간 버전에 생산측면을 강조하는 시간변동 투입산출모형 time-varying input-output

---

[25] 자세한 내용은 황상필·박양수·최강욱(2006)을 참조하기 바란다.

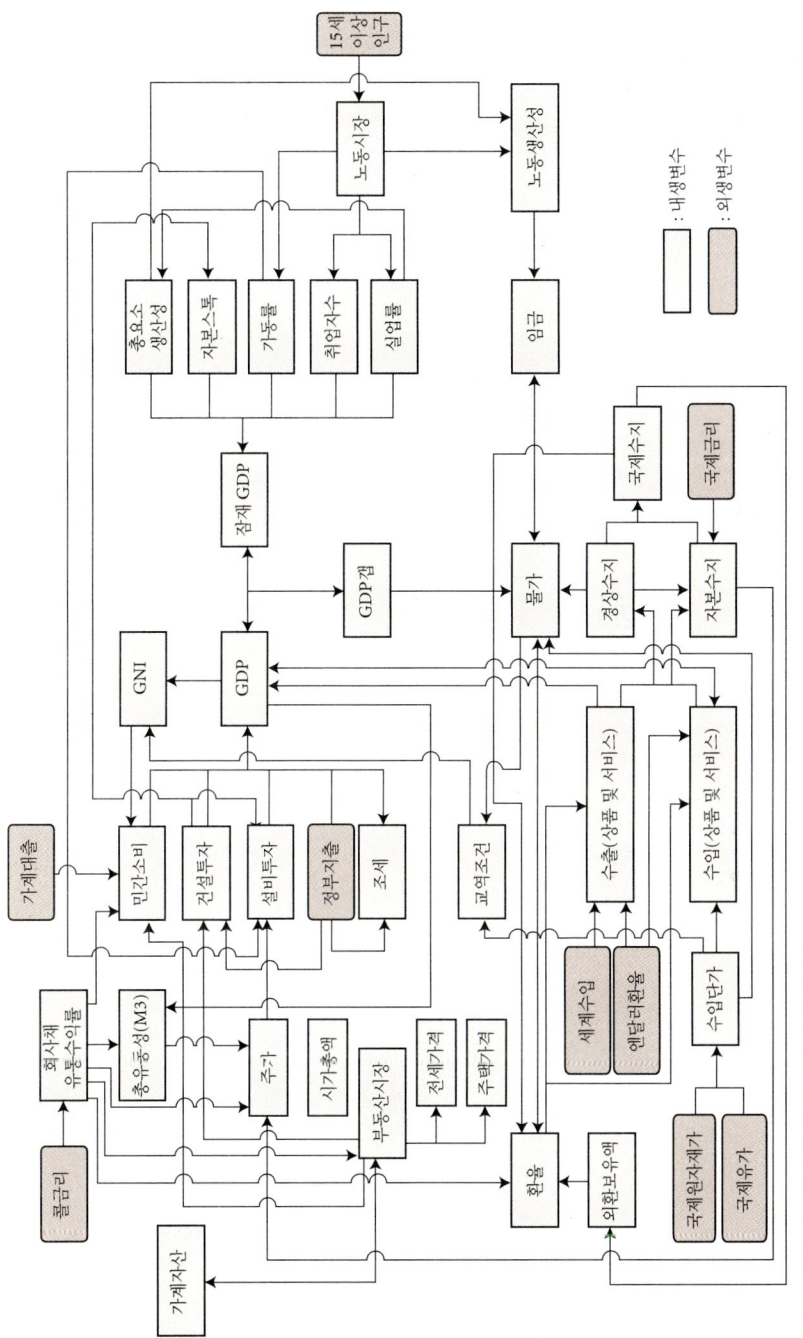

자료: 황상필·문소상 등(2005)에서 재인용

그림 3.9 BOK04 모형의 경제변수간 흐름도

3. 거시계량모형의 구축 107

model을 결합한 것이다.

투입산출모형은 다음과 같이 최종수요(Y), 투입계수(A) 및 총산출(X)의 관계로부터 최종수요의 변화나 특정산업의 생산변화가 전체 산업부문에 미치는 영향을 계측할 수 있는 모형이다.

$$AX + Y - M = X, \quad X = (I - A)^{-1}(Y - M)$$

	중간수요	최종수요	수입(-)	총산출
중간투입	A (산업간 순환)	Y-M (지출국민소득)		X
부가가치	V (생산 또는 분배국민소득)			
총투입	X			

그림 3.10 **투입산출표의 기본 구조**

그런데 이러한 투입산출모형은 투입계수(A_t)를 특정연도에 고정하기 때문에 여타 연도에는 추정생산량($Z_{t\pm j}$)과 실제생산량($X_{t\pm j}$)이 일치하지 않게 된다.

$$Z_{t\pm j} = A_t X_{t\pm j} + Y_{t\pm j} - M_{t\pm j} \quad 단, j = 1, 2, 3\ldots$$

시간변동 투입산출모형은 기준연도의 투입계수를 사용함에 따라 예측오차가 확대되는 현상을 방지하기 위해 기준연도의 투입계수를 활용하되 추정산출량(Z)과 실제산출량(X)의 차이에서 나타나는 추세적 특징을 포착하여 간접적으로 투입계수를 조정하는 방식을 채택하는 모형이다.

$$\log(\frac{x_{i,t}}{z_{i,t}}) = a_0 + \sum_{j=1}^{J} a_z \log(\frac{x_{i,t-j}}{z_{i,t-j}}) + a_g\, g_{i,t}$$

단, $x_{i,t}$: 산업 i의 실제생산량, $z_{i,t}$: 산업 i의 추정생산량, $g_{i,t}$: 여타 설명변수

$$x_{i,t+j} = z_{i,t+j} \cdot \exp[f_i(\cdot) + \delta_i]$$

단, $f_i(\cdot)$: 추정방정식, δ_i : 오차항

한국은행의 거시계량투입산출모형은 시간변동 투입산출모형 부문인 추정생산량블록과 생산블록, 고용블록 및 소득블록에 수요측 거시계량모형에 해당하는 최종수요블록을 추가한 총 5개 블록으로 구성되어 있다. 특히 각 블록은 28개 산업으로 세분되어 있기 때문에 동 모형의 총 방정식 개수는 143개에 이른다. 한편 외생변수는 중장기 전망을 목적으로 하는 연간모형의 특성을 반영하여 10개 내외로 최소화하고 있다.

연간 거시계량투입산출모형은 중장기 최종수요에 대한 전망뿐만 아니라 중장기 수요에 부합하는 산업별 생산 및 고용수준을 예측할 때 사용된다. 또한 인구구조 및 수출입구조 변화에 따라 미래의 생산 및 고용구조가 어떻게 변화될 것인지를 분석할 때도 이용된다.

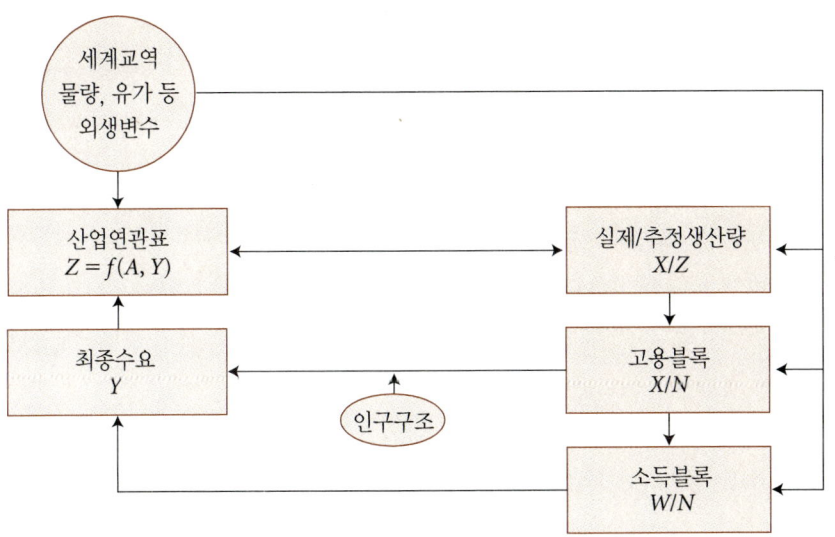

자료 : 황상필·박양수·최강욱(2006)에서 재인용

그림 3.11 거시계량투입산출모형의 주요 흐름도

동태적확률일반균형모형 : DSGE Model

앞에서 설명한 것처럼 대규모 연립방정식 모형은 변수선정의 자의성 등 이론적 기반이 취약하고 루카스 비판에서 자유롭지 못했기 때문에 이러한 약점을 보완하는 거시계량모형을 개발할 필요성이 높아졌다. 이러한 상황에서 DSGE 모형이 등장하게 된다. DSGE 모형은 합리적 기대와 동태적 최적화dynamic optimization를 성공적으로 구현한 신고전파의 실물경기변동이론이 정착되면서부터 본격적으로 개발되기 시작하였다. 특히 1990년대 들어서는 신고전파 DSGE 모형에 재화가격 및 임금의 경직성 등 시장의 불완전성을 추가함으로써 통화정책이 경기변동에 미치는 영향을 포착하는 뉴케인지안 모형이 개발되면서 DSGE 모형은 거시경제학의 기본적인 분석모형으로 자리 잡았다. DSGE 모형이 거시계량모형의 주류 모형으로 등장할 수 있었던 데는 컴퓨팅 기술의 향상도 크게 작용하였다. 예를 들어 미래 기대변수를 포함하는 대규모 연립방정식 체계에서도 모형의 해를 쉽게 구할 수 있는 stack-time 알고리듬의 개발은 합리적 기대가 거시계량모형 체계내에 적극적으로 반영될 수 있는 토대가 되었다.

한편 2000년대 이전까지 DSGE 모형은 모수의 추정을 주로 캘리브레이션 방식에 의존했기 때문에 모형의 예측력이 상대적으로 낮았으며 이러한 한계 때문에 동 모형은 주로 정책효과분석에 활용되었다. 그러나 2000년대 들어 모수를 캘리브레이션에만 의존하지 않고 GMM, MLE, 베이지안 방식 등의 통계학적 기법을 통해 추정하면서 모형의 현실 설명력이 크게 높아졌다. 최근에는 이러한 통계학적 추정방식을 이용한 DSGE 모형이 IMF나 선진국 중앙은행들에서 주류 모형으로 자리 잡아가고 있다.

우리나라에서는 한국은행이 DSGE 모형 개발에 선도적인 역할을 하고 있다. 한국은행은 BOK04 등 대규모 연립방정식 모형의 한계를 극복하기 위해 2000년대 중반부터 DSGE 형태의 거시계량모형 개발에 착수하여 2007년 BOKDSGE(이후 BOKDSM으로 개칭)를 구축하는 데 성공했다. BOKDSM은 주로 정책효과분석에 초점을 맞춘 것이며 이후 2009년에 개발된 BOKDPM은 경제전망에 중점을 둔 모형이다.

① BOKDSM[26]

BOKDSM은 소규모 개방경제 뉴케인지안 DSGE의 이론적 틀을 바탕으로 설계하고 캘리브레이션, MLE 등을 혼합하여 모수를 추정한 모형이다. 동 모형은 우리나라 경제를 재화시장, 노동시장, 자본시장, 유가증권시장 및 화폐시장 등 5개 부문시장과 가계, 기업, 정책당국, 국외경제주체 등 4개 경제주체로 구성되어 있다. 모형시스템은 모두 36개의 비선형차분방정식non-linear difference equation으로 구성되었는데 가계 등 경제주체의 최적화 과정에서 도출되는 필요충분조건 26개, 외생적 충격 7개, 정의식 3개로 이루어져 있다.

BOKDSM은 우리 경제에 대한 현실 설명력을 높여 경제예측 및 정책시나리오 분석이 가능하도록 모수 추정시 캘리브레이션, 회귀분석, GMM 및 MLE 등을 적절하게 혼합하여 사용한 것이 특징이다. 이 모형을 이용하면 우리나라의 경기변동요인을 7개의 충격요인으로 분해해 볼 수 있고 통화정책이나 생산성 충격의 파급효과 등 시나리오 분석과 최적정책금리경로의 도출, 중기시계의 경제전망 등을 수행할 수 있다.

한편 이 모형에서 도출된 경제전망 수치는 통화나 기술충격 등 다양한 충격요소들을 바탕으로 설명하게 된다. 그러나 정책결정자나 민간에서는 아직까지 이같은 설명방식에 친숙하지 않아 커뮤니케이션이 어렵기 때문에 경제전망 작업에서 BOKDSM 모형을 적극적으로 활용하는 데 제약이 따른다. 또한 동 모형에 포함된 각 데이터들은 원계열에서 추세를 제거한 것(순환변동 + 불규칙요인)이기

---

[26] 자세한 내용은 강희돈 · 박양수(2007)를 참조하기 바란다.

가계의 최적화 행위

효용함수 : $U = E_0 \left\{ \sum_{t=0}^{\infty} \beta^t \left[\ln(\widetilde{C}_t) - \chi_1 \frac{N_t^{1+v}}{1+v} + \chi_2 \ln\left(\frac{M_{t+1}}{\widetilde{P}_t}\right) \right] \right\}$

예산제약 : $\widetilde{C}_t + \widetilde{I}_t + \frac{b_{t+1}}{R_t} + \frac{s_t b_{t+1}^*}{R_t^* \phi_B} + m_{t+1}$

$= w_t \left\{ 1 - \frac{\phi_w}{2} \left[\frac{w_t/w_{t-1}}{w_{t-1}/w_{t-2}} \left(\frac{\widetilde{\pi}_t}{\widetilde{\pi}_{t-1}}\right) - 1 \right]^2 \right\} N_t$

$+ R_t^k K_t + \frac{b_t}{(1+g_y)\widetilde{\pi}_t} + \frac{s_t b_t^*}{(1+g_y)\widetilde{\pi}_t} + \frac{m_t}{(1+g_y)\widetilde{\pi}_t} - T_t + \Pi_t$

필요충분조건 λ_t : $\lambda_t = \frac{1}{\widetilde{C}_t - b_t \cdot \widetilde{C_{t-1}}} - \beta \cdot b_t \cdot E_t\left(\frac{1}{\widetilde{C_{t+1}} - b_t \cdot \widetilde{C}_t}\right)$

표 3-1 BOKDSM의 주요 변수 정의

변수명	정의	변수명	정의
$\widetilde{C}_t$	소비	Y_t	생산량
$\widetilde{I}_t$	투자	EX_t	수출
K_t	자본	IM_t	수입
M_t	화폐수요	$(EX-IM)_t$	순수출
b_{t+1}	국내유가증권	P_t	국내재화 가격
$\widetilde{P}_t$	국내외 재화묶음 가격	ϕ_j	국외유가증권 및 임금 조정비용
N_t	노동공급	s_t	환율
T_t	세금	Π_t	배당소득
m_t	현금보유액	g_y	경제성장률
w_t	임금	λ_t	예산제약식 라그랑지안 계수
R_t^K	이자비용	$\widetilde{\pi}_t$	물가상승률
R_t	명목금리	χ_1	여가에 대한 선호율
$\widetilde{G}_t$	정부지출	χ_2	유동성에 대한 선호율
E_0	$t=0$에서의 조건부기대	β	효용할인인자 $0 \leq \beta \leq 1$

주: 위첨자 형태로 *가 표시되면 국외변수를 의미
자료: 강희돈·박양수(2007)에서 재인용

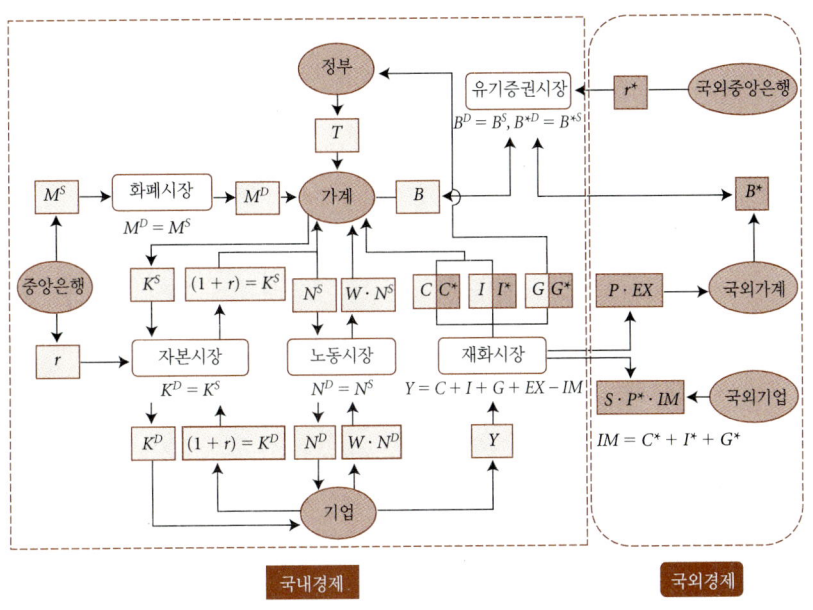

	가계		생산자		정부		중앙은행	판매업자		종합
	국내재	국외재	내수재	수출재	국내재	국외재		국내채권	국외채권	(시장청산)
소비	C	C^*								$\tilde{C} = C + C^*$
정부소비					G	G^*				$\tilde{G} = G + G^*$
투자(자본)	I	I^*	K^D							$\tilde{I} = I + I^*$
순수출			EX							EX
생산			Y							$\Rightarrow Y = \tilde{C} + \tilde{I} + \tilde{G} + (EX - IM)$
노동공급	N^S									$N^D = N^S$
고용			N^D							
국내채권							B			$\int_0^1 B(h)_t dh = 0$
국외채권								B^*		B^*공급가능
통화수요	M^D									$M^D = M^S$
통화공급							M^S			

주 : 수입 : $IM = C^* + I^* + G^*$
자료 : 강희돈·박양수(2007)에서 재인용

그림 3.12 BOKDSM의 경제주체 및 변수간 관계도

때문에 경제전망시 추세를 복원[27]해야 하는 불편함이 있고 추세 자체가 시간에 따라 변동하는 경우 예측력도 낮아지는 문제가 있다.

② BOKDPM[28]

BOKDPM은 소규모 뉴케인지안 모형구조에 오쿤의 법칙, 이자율평형조건 등을 추가함으로써 GDP, 소비자물가, 실업률, 경상수지 및 정책금리 등을 전망할 수 있도록 한 경제전망용 DSGE 모형이다. 동 모형은 거시경제변수들의 동태적 관계를 DSGE 모형에서 도출하되 일부 데이터의 움직임을 잘 파악하지 못하는 DSGE의 단점을 보완하기 위해 각종 시계열 분석을 통해 설정한 행태식을 추가, 하나의 시스템으로 묶는 하이브리드형 DSGE 모형이라 할 수 있다. 또한 글로벌 금융위기의 확산 등을 교훈 삼아 우리나라와 외국의 실물 및 금융간 상호연관관계를 파악할 수 있도록 완전한 2국가 개방경제형태로 설계되었다.

특히 이 모형은 BOKDSM과는 달리 각 변수의 추세치가 내생적으로 변화되도록 모형화함으로써 별도의 추세 복원작업 없이 모형에 의한 예측치를 경제전망에 직접 활용할 수 있다. 예를 들어 GDP는 잠재 GDP(PGDP)와 GDP갭률로 나눠지고 잠재 GDP는 임의보행과정을 따르되 경제위기 및 생산성 향상 등에 따라 수준 및 기울기 충격이 발생할 수 있는 것으로 설계되었다. 또 GDP갭률은 가계의 효용극대화를 통해 도출되는 미래지향형 IS곡선과 추가적인 금융부문 변수에 의해 결정되도록 하였다.

---

[27] 예를 들어 모형에서 잠재성장률 또는 추세성장률을 4.5%로 전제한 경우 경제전망 시작시점 이후 추세성장 수준은 전망 시작시점의 GDP 수준부터 매 분기 1.1% 정도 늘어나는 것으로 계산하고 여기에 BOKDSM 모형에서 도출되는 예측치(순환변동 + 불규칙요인)를 더하여 GDP 예측치를 계산하는 것이다.

[28] 자세한 내용은 강희돈·편도훈(2009)을 참조하기 바란다.

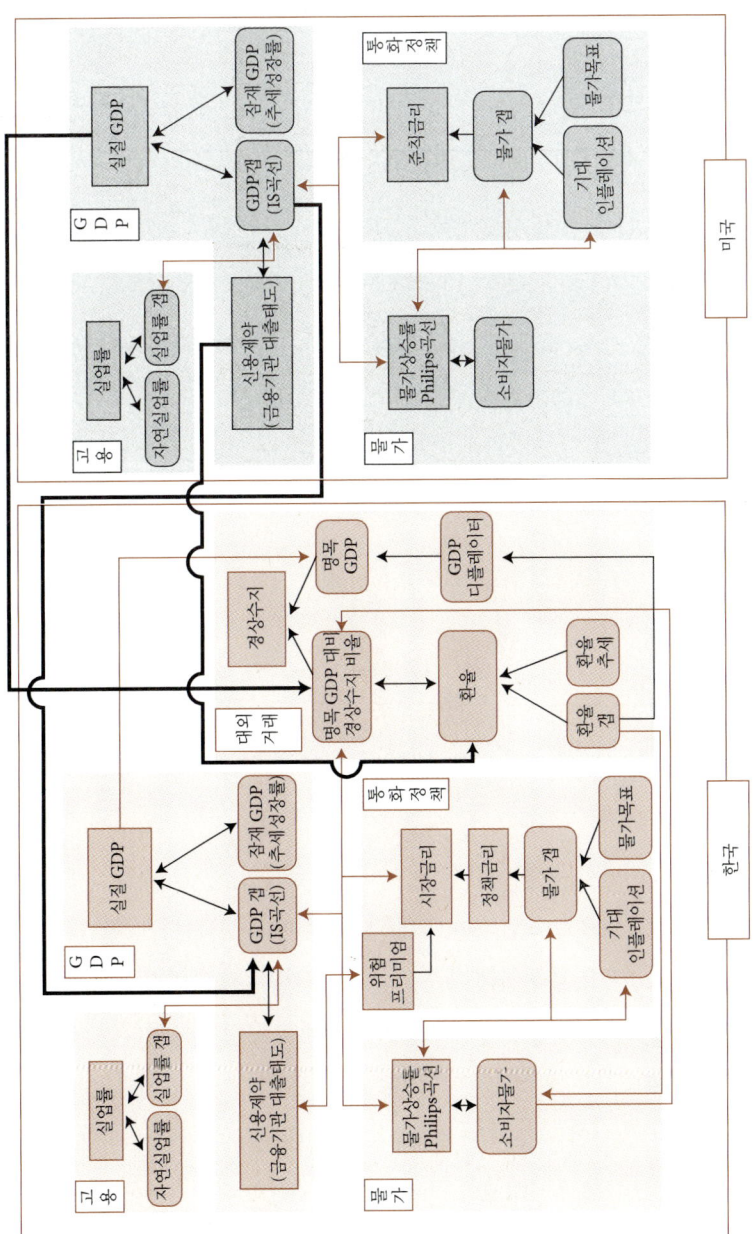

주: ─는 변수별 블록을 의미하며, →은 블록내 관계, ⇢은 블록간 관계, →은 국가간 관계를 의미
자료: 강희돈·편도훈(2009)에서 재인용

그림 3.13 BOK-DPM의 거시경제변수간 관계도

정의식, 추세변동 및 순환변동 방정식의 예

정의식 : $\log(GDP_t) = \log(PGDP_t) + GDP\text{갭}_t$

$\log(\overline{GDP_t^{kr}}) = \log(\overline{GDP_t^{kr}}) + \widehat{GDP_t^{kr}}$

추세변동 : $\log(PGDP_t) = \log(PGDP_{t-1}) + PGDP \text{ 성장률}_t + PGDP \text{ 수준 충격}_t$

$\log(\overline{GDP_t^{kr}}) = \log(\overline{GDP_{t-1}^{kr}}) + \overline{g_t^{GDP^{kr}}} + \overline{u_t^{GDP^{kr}}}$

추세변동 : $PGDP \text{ 성장률}_t = f(PGDP \text{ 성장률 장기평균}, PGDP \text{ 성장률}_{t-1},$
$PGDP \text{ 성장률 충격}_t)$

$\overline{g_t^{GDP^{kr}}} = \tau^{kr} g^{kr*} + (1-\tau^{kr}) \overline{g_{t-1}^{GDP^{kr}}} + \epsilon_t^{\overline{GDP^{kr}}}$

순환변동 : $GDP\text{갭}_t = f(GDP\text{갭}_{t-1}, GDP\text{갭}_{t+1}, \text{실질 시장금리(CD유통수익률) 갭}_{t-1}, \text{미국 GDP갭}_t, \text{국내 신용충격의 가중평균}, \text{총수요충격}_t)$

$\widehat{GDP_t^{kr}} = \beta_1^{kr}\widehat{GDP_{t-1}^{kr}} + \beta_2^{kr}\widehat{GDP_{t+1}^{kr}} - \beta_3^{kr}(r_{t-1}^{CD.kr} - \overline{r_{t-1}^{CD.kr}})$
$+ \beta_4^{kr}\widehat{GDP_t^{us}} + \theta^{kr}\sum_{t-9}^{t-1} b_s^{kr}\widehat{BLT_s^{kr}} + \eta_t^{\widehat{GDP^{kr}}}$

BOKDPM에서 우리나라 경제는 GDP, 물가, 고용, 금리 및 대외거래 등 5개 거시변수 블록, 32개 방정식으로 표현되며 18개 외생충격이 발생하는 구조로 되어 있다. 상대국가(미국) 경제도 대외거래 부문은 존재하지 않지만 나머지 부문은 우리 경제와 같은 4개 블록, 19개 방정식, 11개 외생충격으로 구성되어 있다.

BOKDPM은 관측자료보다 더 많은 외생충격을 설정함으로써 예측력을 높이고[29] 잠재 GDP, 자연실업률 등 비관측변수를 모형내에서 추정할 수 있도록 베이지안 방식으로 모수를 추정하고 있다. 이 모형은 BOK04와 더불어 한국

---

[29] BOKDPM은 이론적 정합성을 강조한 DSGE 모형임에도 불구하고 예측력에 대한 실험에서 VAR 모형과 대등한 것으로 보고되고 있다(강희돈·편도훈, 2009).

은행의 핵심모형중 하나로서 경제전망뿐만 아니라 경기변동의 요인분석, 최적 정책금리경로 도출, 시나리오 분석, 경제전망의 불확실성 평가 등에 적극 활용되고 있다.

글로벌 모형의 개발

2007년 미국 서브프라임사태로 촉발된 글로벌 금융위기는 위기의 진원지뿐만 아니라 범세계적으로 빠르게 파급되는 양상을 보였다. 이에 따라 자국은 물론 실물 및 금융거래가 긴밀하게 연계된 국가들도 동시에 포함하는 다국가 모형(또는 글로벌 모형)의 중요성이 크게 부각되고 있다.

과거에는 금융간 연계성이 상대적으로 낮고 DSGE 모형도 개발되지 않은 상황이었기 때문에 글로벌 모형은 각 국가별로 대규모 연립방정식 형태의 모형을 작성하고 국가간 무역관계만 반영하여 상호 연결하는 방식으로 구축되었다. 그러나 최근에는 금융간 연계성이 높아지고 DSGE 모형도 활발하게 활용되기 시작함에 따라 글로벌 DSGE 모형이 적극적으로 개발되는 추세이다.

글로벌 DSGE 모형은 보통 2개국 개방경제 DSGE 모형을 다국가모형으로 확장하는 방식으로 이루어진다. 다만 모수 추정에 있어서는 컴퓨팅 능력의 한계 등으로 각 국가별로 경제주체가 세분화될 경우 캘리브레이션 방식이 주로 활용되고, 모형 규모가 크지 않은 경우는 베이지안 추정방식이 주로 적용되고 있다. 글로벌 DSGE 모형의 개발은 아직까지 IMF가 주도하고 있는데 2007년 5개국 GIMF Global Integrated Monetary and Fiscal Model 모형을 개발하여 정책분석에 활용하는 데 이어 2008년에는 경세전망모형인 GPM Global Projection Model 을 구축하였다. 이탈리아 등 일부 선진국 중앙은행들도 다국가모형을 개발했거나 개발 중에 있다.

한편 글로벌 모형을 VAR 모형의 형태로 개발하여 활용하기도 한다. 글로벌 VAR 모형은 개별국가의 주요 관심변수만으로 VAR 모형을 구성하되 변수가 많아짐에 따라 나타나는 문제점을 피해 나가기 위해 교역상대국에서 발생한 충격이 외생변수인 글로벌 변수를 통해 파급되게 만든 구조이다. 즉 외국의 생산충격이 교역비중으로 가중평균한 글로벌 생산의 변화를 통해 국내변수에 영향을 미치도록 하는 것이다. 이렇게 하는 경우 글로벌 모형에서 각 국가의 경제변수에 대한 설명변수는 자국 내생변수들의 시차변수와 외생변수인 글로벌 변수들만 포함되므로 추정계수가 기하급수적으로 늘어나는 것을 방지할 수 있다. ECB와 영란은행 등은 여러 유럽국가를 포함한 글로벌 VAR 모형을 개발하여 활용하고 있다.

$$y_{i,t} = a_{i0} + \Phi_i y_{i,t-1} + \Lambda_{i0} y^\star_{i,t} + \Lambda_{i1} y^\star_{i,t-1} + u_{i,t}$$

$$y^\star_{i,t} = \sum_{j=0}^{N} w_{ij} y_{j,t}$$

단, $y_{i,t}$: t시점의 i국 국내 경제변수, $y^\star_{i,t}$: i국과 j국간 교역 또는 금융거래 가중치 w_{ij}로 가중평균한 t시점의 글로벌 변수, N : 모형내에 포함된 교역상대국의 수

CHAPTER 4
거시계량모형에 의한 전망 및 주관적 판단과의 결합

경제전망 과정에서 거시계량모형의 가장 큰 역할은 초기 전망치의 도출과 다양한 시나리오 분석이라 할 수 있다. 그러나 훌륭한 거시계량모형을 구축했다고 해서 타당성 있는 경제전망치가 자동으로 도출되는 것은 아니다. 우선 세계경제성장, 국제유가, 재정지출 등 외생변수에 대한 전제치를 정확하게 부여해야 한다. 또한 외생변수를 전제하여 모형으로부터 예측치를 도출하더라도 때로는 특정변수가 최근의 추세를 따르지 못하는 경우가 발생하는데 이 경우 상수항 조정을 거쳐 모형이 해를 다시 구해야 한다. 아울러 향후 경제여건이 변화할 경우 경제전망치가 어떻게 바뀔 것인지를 알아보기 위해 시나리오 분석을 하게 되는데 이때 시나리오를 어떤 방식으로 설정할 것인지도 중요한 이슈가 된다. 한편 모형에 의한 경제예측치가 도출되었다 하더라도 다모형체계를 유지하는 경우 다양한 모형예측치가 존재하고 또 모형에서 반영하지 못하는 다양한 정보들도 있으므로 전망담당자는 이를 종합적으로 고려, 직관(또는 주관적 판단)을 통해 최종적인 전망치를 확정하게 된다.

4장에서는 모형에 의한 전망 절차와 외생변수 전제, 상수항 조정 및 시나리오 설정시 유의사항에 대해 살펴보고자 한다. 또한 한반도 정세 변화 등 특정사건의 경제적 효과와 같이 모형내에 파급경로가 설정되지 않은 충격에 대한 시나리오 분석시 어떤 추가적인 작업이 필요한지에 대해서도 살펴볼 것이다. 아울러 모형에 의한 예측치와 부문별 담당자의 전망치들을 결합하여 최종 전망치를 확정하는 과정에 대해서도 소개한다. 마지막에는 잠재 GDP, 자연실업률 등 적정수준 지표를 거시계량모형 밖에서 정교하게 추정하는 방법에 대해 설명한다.

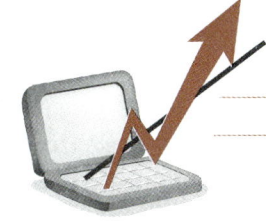

Economic Forecasting

거시계량모형에 의한 전망 절차

거시계량모형을 통해 의미 있는 예측치를 도출해 내기 위해서는 우선 최근까지의 데이터를 입력하고 각 방정식의 계수를 재추정해야 하며 외생변수의 예상경로를 전제해 주어야 한다. 또한 모형에서 도출된 예측치가 최근 추세에서 벗어나 있거나 모형에서 반영하지 못하는 특별한 정보가 있는 경우 상수항 조정을 실시한 후 예측치를 다시 구해야 한다.

데이터 입력 및 계수 재추정

거시계량모형을 활용하여 경제전망을 수행할 때 첫 번째 작업은 최근까지 입수 가능한 데이터를 입력하는 것이다. 모형에서 사용되는 변수가 많고 과거에 입력해 두었던 데이터들도 수정되는 경우가 자주 발생하기 때문에 데이터 업데이트update에 상당한 노력이 요구된다. 변수에 따라서는 최근 자료의 수집이 불가능한 경우도 있다. 예를 들면 세계경제성장이나 세계교역물량은 상당한 시간이 지난 후에 집계되기 때문에 전망시작 시점에서 몇 분기 이전의 데이터만 이용 가능하다. 국민소득은 통상 분기가 지나 한 달 정도 후에 발표되기 때문에 3/4분기부터 전망하는 상황에서도 2/4분기 수치가 발표되지 않은 경우도 종종 있다. 이처럼 최근 데이터의 수집이 불가능한 경우에는 다른 기관의 추정치를 대신 사용하거나 시계열분석을 통해 추정치를 만들어 입력하게 된다.[1]

최근까지의 데이터가 입력되면 과거 1년 정도 기간에 대해 모형의 내생변수에 대한 추정치를 도출해보고 이를 실적치와 비교하는 작업을 수행한다. 만약 모형에서 도출된 추정치와 실적치간의 차이가 크지 않고 특정한 패턴을 보이지 않아 백색잡음과 같은 움직임을 보인다면 추가적인 작업 없이 외생변수에 대한 전제치를 부여하는 작업으로 넘어갈 수 있다. 그런데 모형에 의한 추정치와 실적치간 격차가 크거나 자기상관과 같은 일정한 패턴을 보일 경우 추가적인 작업이 요구된다. 즉 이러한 현상이 기존 방정식의 추정계수가 현실을 반영하지 못한 데서 나타나는 것인지 아니면 모형에 포함되지 않은 새로운 충격요인이 발생한 데 기인한 것인지 등에 대해 분석 작업을 수행해야 한다.

분석결과 예측오차가 경제주체들의 행태변화 등으로 경제변수들의 반응정도, 즉 방정식의 계수가 많이 달라진 데 기인한 것으로 판단되는 경우 개별방정식의 계수를 재추정하는 과정을 거쳐야 한다. 그러나 개별방정식을 매 전망시마다 다시 추정할지는 비용편익 측면도 고려해야 한다. 사실 방정식의 계수를 재추정했을 때 모형 전체의 특성, 즉 시뮬레이션 결과가 당초와 크게 달라지는 경우가 발생하는데 이 경우 계수 재추정 작업은 새로운 거시계량모형을 구축하는 것처럼 복잡한 문제를 야기할 수도 있다. 앞에서도 언급했지만 거시계량모형 구축작업은 상당한 시간과 비용을 필요로 한다. 이러한 이유 때문에 계수의 재추정은 매년 또는 2년에 한번 정도 하는 것이 일반적이다.[2]

한편 모형에 반영되지 못한 변수 등에서 충격이 발생하여 일정한 패턴의 오

---

[1] 국민소득 통계의 경우 2장에서 설명한 초단기예측모형을 활용하여 추정한 수치를 쓰기도 한다.
[2] 데이터가 수정되면서 추정계수가 원래대로 돌아가는 경우도 발생하는데 이것도 계수 재추정이 빈번하게 이루어지지 않는 이유다.

차를 유발하는 것으로 분석된 경우 일단 별다른 조치를 취하지 않고 외생변수 전제 단계로 넘어가게 된다. 오차에 대한 정보는 외생변수 전제 이후 전망대상 기간에 대해 모형의 예측치를 도출한 다음 이를 미세조정fine-tuning하는 단계에서 상수항 조정에 활용한다.

외생변수의 전제

데이터 입력 및 계수 재추정 과정이 끝나면 전망대상 기간에 대해 외생변수의 예상경로를 전제해 주어야 한다. 외생변수에는 세계경제성장률, 국제원자재 가격, 국제금융시장의 금리 및 환율 등 국외 경제변수와 정부지출, 정책금리 등 국내 경제변수가 포함된다. 이들 변수의 예상경로는 다양한 방법으로 추정하게 되는데 사실 거시계량모형만 이용하지 않을 뿐이지 또 다른 예측과정을 통해 도출된다고 보아도 과언이 아니다.[3)]

외생변수에 대한 전제치 설정 과정에서 가장 많이 활용되는 것이 외국 유수 전망기관의 예측치를 가중평균하는 방식이다. 세계 각국 또는 전체의 경제성장률이나 물가상승률은 IMF, OECD, 글로벌인사이트Global Insight 등의 전망치를 주로 활용하여 결정한다. 국제유가의 경우 캠브리지에너지연구소CERA, 세계에너지연구소CGES, 옥스퍼드경제연구소OEF 등의 전망치를 주로 참조하고 국제금융시장에서 결정되는 금리나 환율은 주요 투자은행들의 예측치를 많이 활용한다. 다만 국제기구의 전망치는 상대적으로 신뢰성이 높은 것은 사실이나 속보성이 없는 것이 활용에 큰 단점이다. IMF의 경우 1년에 2차례(4월, 10월) 정도 세계경제에 대한 전망치를 발표하는데 경제상황이 급변하는 상황에서는 기존 전망치가 현실을 반영하지 못하는 문제가 있다. 2008년 말부터 2009년

---

3) 외생변수가 많아질수록 전망의 오차발생 가능성이 높아지며 신속한 전망치의 노출이란 시계량모형의 장점도 약화시키기 때문에 거시계량모형 구축과정에서 외생변수의 개수를 몇 개로 할지가 이슈가 되는 것이다.

초처럼 금융위기로 세계경제가 급격하게 위축되는 상황에서 2009년 1월중 경제전망 작업을 수행하는 경우 IMF의 세계경제 전망치는 2008년 10월에 발표된 것이기 때문에 IMF의 세계경제성장률 전망치를 그대로 이용하기가 어려운 것이 그러한 예이다.

이처럼 외생변수, 특히 국외변수의 전제치 작성과정에서 가용정보의 속보성 문제를 극복하기 위해 자체적으로 분석모형을 만들어 예측치를 도출하기도 한다. 유가의 예를 들어보자. 국제유가는 보통 구조적 요인에 영향을 받는 장기추세가격과 순환적 요인을 반영하는 스프레드가 결합되는 형태로 파악할 수 있다. 이때 장기추세가격은 기본적으로 한계생산비용에 의해 결정되며 단기적인 가격스프레드는 재고수준과 지정학적 불안정, 자연재해, 단기투기자금이동 등에 영향을 받는다. 따라서 국제유가는 최근 수년 간의 유전개발 및 정유시설관련 투자현황, 석유장비가격추세 등을 감안하여 한계생산비용을 시산해보고 여기에 현재의 재고수준과 산유국 주변의 정치군사적 상황 등을 감안하여 일정한 스프레드를 더하거나 빼는 방식으로 전망할 수 있다. 한국은행에서는 OECD 국가, 신흥공업국 및 기타국가로 구분하여 원유수요를 전망하고 OPEC와 비OPEC 국가로 나누어 원유공급을 예측한 후, 여기에서 도출된 수급격차(재고변동)와 지정학적 요인 및 투기자금 유출입 등이 국제유가를 결정하도록 연립방정식 형태의 국제유가 모형을 개발하여 활용하고 있다.

한편 국내 경제정책 변수에 대한 전제치는 다양한 방식으로 결정된다. 우선 가장 쉽게 사용하는 방식이 경제정책기조에 변화가 없다고 가정하는 것이다. 즉 정부의 재정지출은 전년도 말에 국회를 통과하여 결정된 연간 재정지출 증가율을 그대로 사용하고[4] 중앙은행의 정책금리는 현재 수준이 계속되는 것을 가정

---

[4] 정부의 수입은 세율이 고정되어 있는 것으로 전제하더라도 GDP 등의 변동에 의해 결정되기 때문에 내생변수가 된다.

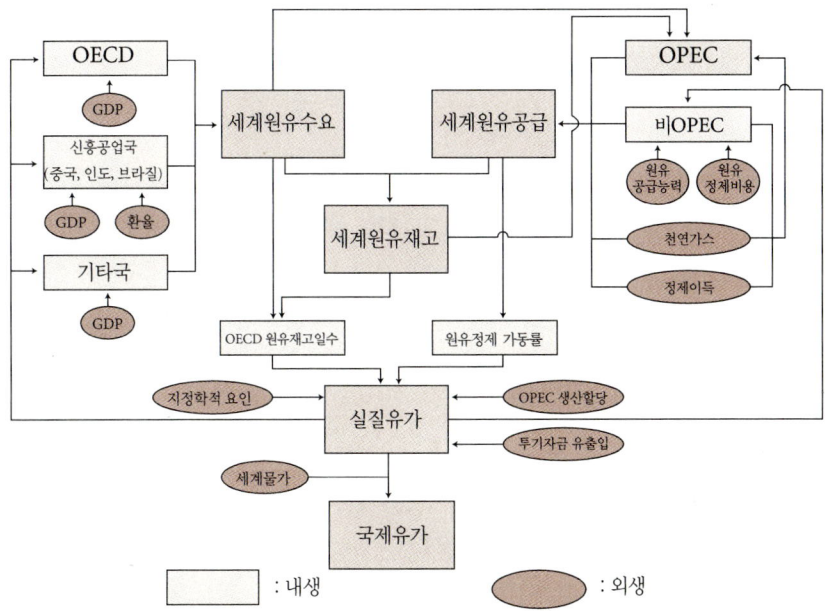

그림 4.1 한국은행 국제유가모형의 플로우차트

하는 것이다. 이러한 방법은 정부 및 중앙은행의 정책기조가 변화하지 않을 때 우리 경제가 어떤 모습을 보일 것인지를 살펴보고 이에 대한 정책대응방안을 모색할 경우 적합한 방식이다. 다른 하나는 가장 가능성이 높은 정책시나리오를 전제하는 것이다. 즉 경기가 하강과정에 있는 경우 통상 추가경정예산이 편성되었던 과거 사례를 참조하여 국회에서 확정된 재정지출 증가율을 일부 조정해 사용한다. 중앙은행의 정책금리도 과거의 조정사례를 참조하거나 시장참가자들에 대해 서베이한 기대금리 경로를 사용하게 된다.[5]

---

5) 한편 전망의 정합성을 높이기 위해 정책변수를 외생변수로 전제하지 않고 정책반응함수를 모형내에 추가하여 내생화하기도 한다. 예를 들어 경제성장과 물가상승률 변화에 따른 중앙은행의 정책반응함수를 모형에 추가하여 중앙은행의 정책금리가 내생적으로 결정되도록 하고 이를 바탕으로 경제전망치를 도출하는 것이다. DSGE 모형에서 중앙은행의 정책목표금리는 통상 테일러 준칙의 형태로 내생화되어 있다.

4. 거시계량모형에 의한 전망 및 주관적 판단과의 결합 **125**

정책금리를 불변으로 전제할 때의 장단점

정책금리를 불변이라고 전제하는 경우 우선 전제치가 단순하고 알기 쉬우며 합의제를 선택하고 있는 경우 통화정책위원간(예 : 한국은행 금통위) 합의도출이 쉽다는 장점이 있다. 또한 시장에서 정책금리의 불변전제를 정책공약^{commitment}으로 해석할 가능성이 낮기 때문에 정책운용의 유연성도 확보하기 용이하다. 마지막으로 정책금리의 불변을 전제로 도출된 경제전망치는 추후 정책변경 필요성을 판단하는 벤치마크^{benchmark}가 될 수 있다는 것도 장점으로 볼 수 있다.

반면 불변으로 전제된 금리수준은 경기와 물가를 안정시키기 위해 필요한 금리경로와 다를 가능성이 높기 때문에 경제전망치의 신뢰성을 저하시킬 우려가 있다. 또한 정책금리를 조정할 때마다 기존 경제전망치의 유효성이 상실되면서 새로운 경제전망 경로를 다시 제시해야 하는 어려움을 초래한다. 한편 실물경제에 영향을 미치는 시장의 장기금리는 통화정책에 관한 민간의 기대를 반영하여 형성되고 경제활동에 영향을 미치고 있는데 정책금리는 불변으로 전제하고 경제를 전망하는 경우 경제전망 과정에서 내적 정합성이 결여되는 문제도 발생한다.

최근 중앙은행들은 경제전망의 내적 정합성을 높이기 위한 노력의 일환으로 시장의 기대금리를 사용하거나 통화정책반응함수를 내생화하는 방식을 도입하고 있다. 그러나 시장의 기대금리는 변동성이 높은 데다 금융시장의 예상도 항상 합리적이지는 않기 때문에 시장 기대금리의 사용이 꼭 경제전망의 신뢰성을 제고한다고 보기는 어려운 면도 있다. 또한 테일러준칙을 활용한 통화정책함수의 내생화는 모형이 현실경제를 완벽하게 포착하지 못하는 상황에서 유효성이 저하될 수밖에 없으며 국민들이 공표된 준칙금리를 정책공약으로 받아들인다면 신축적 정책운용을 제약할 수 있다는 단점도 있다.

표 4-1 주요 선진국 중앙은행의 정책금리 전제

중앙은행	경제전망시 이용하는 금리 종류
미국 연준	• FOMC 위원 각자의 정책금리 경로에 관한 견해를 바탕으로 경제를 전망
영란은행	• 금리불변을 전제로 한 전망과 시장의 기대금리를 전제로 한 전망치를 함께 공표
캐나다 중앙은행	• 경제전망시 어떤 금리경로를 전제하였는지 대외적으로 밝히지 않고 있음
스웨덴 중앙은행	• 최적금리경로를 전제하고 전망과 함께 공표
뉴질랜드 연준	• 최적금리경로를 전제
일본은행	• 시장의 기대를 감안한 정책금리경로를 전제

모형 예측치의 미세조정

데이터 입력, 계수 재추정, 그리고 외생변수에 대한 전제치 확정 작업이 끝나고 거시계량모형을 컴퓨터로 풀면 경제전망치가 도출된다. 통상 최초에 풀려 나온 수치는 예상 밖의 모습을 보일 때가 많은데 모형운용자는 이러한 문제가 프로그램이나 데이터를 잘못 입력한 것에 기인하는 것인지, 아니면 특정 변수에 대한 예측이 잘못된 데 기인한 것인지 점검해야 한다. 프로그램이나 데이터 입력상 문제를 모두 수정한 이후에도 특정변수의 전망치가 현실과 크게 괴리되는 경우가 나타난다면 상수항 조정(add factor adjustment, intercept correction)을 실시한 후 모형을 다시 풀어야 한다. 상수항 조정은 이밖에도 모형에 포함되지 않은 경제정보를 반영해 주는 경우에도 사용된다.

상수항 조정은 모형의 해를 구하는 과정에서 설명변수에 의해 도출된 전망치에 일정한 수치만큼을 더하거나 빼서 연립방정식의 해를 다시 구하도록 하는 것이다. 즉 어떤 충격의 발생으로 실적치와 모형에 의한 추정치간 상당한 차이가 발생할 수밖에 없는 상황이라면 설명변수에 의해 계산된 전망치에 동 차이만큼을 일방적으로 더한 후 연립방정식의 해를 구하는 것이다.[6] 이는 상수항에 대해 특정 수치를 더하는 것과 마찬가지 결과를 가져오기 때문에 상수항 조정이라 이름붙인 것이다.

이제 상수항 조정이 모형을 이용한 전망과 미세조정 과정에서 왜 유익하게 활용되는지 살펴보자. 사실 거시계량모형의 개별 방정식에는 자기시차변수가 포함된 경우가 많다. 따라서 전망시작 시점에서 충격이 발생하여 모형에 의한 예측치와 실적치간에 상당한 괴리가 발생한다면 그 이후 기간에 대한 모형 예측치는 실적치와 거리가 더욱 멀어질 가능성이 높아진다. <그림 4.2>를 통해 설명하면 모형에 의해 추정된 전년도 4/4분기 수치가 A라면 동태적시뮬레이션에 의해 도출되는 금년 1년간의 전망치는 아래쪽 선이 될 가능성이 높다. 반면 4/4분기 실적치가 B에 가깝다면 향후 경제활동은 위쪽 선과 같이 될 가능성이 크다. 한편 여러 가지 변수가 상호 영향을 미치는 연립방정식 체계에서는 특정변수의 전망치가 아래쪽 선과 위쪽 선으로 달라지는 경우 여타 변수들의 전망치도 모두 크게 달라질 수밖에 없어 예측오차는 확대될 수밖에 없다. 이러한 이유 때문에 3/4분기의 실적치가 모형에 의한 것보다 높게 나타났고 초단기모형이나 모니터링 결과로 볼 때 4/4분기 수치도 B로 나타날 가능성이 큰 것으로 판단되는 경우

---

[6] 소비지출을 예로 들면 당초 소비지출 예측치는 $f(\cdot)$에서 계산되는데 소비지출에 상수항 조정을 가하는 경우 당초 예측치에 모형운용자가 부여한 수치를 인위적으로 더하게 되고 새로 계산된 소비지출 수치(소비지출^{add})가 모형내 여타 내생변수의 설명변수로서 영향을 미치기 때문에 모든 내생변수의 해가 바뀌게 된다.

소비지출^{add} = f(가처분소득, 자산가격, 이자율) + $add\ factor$

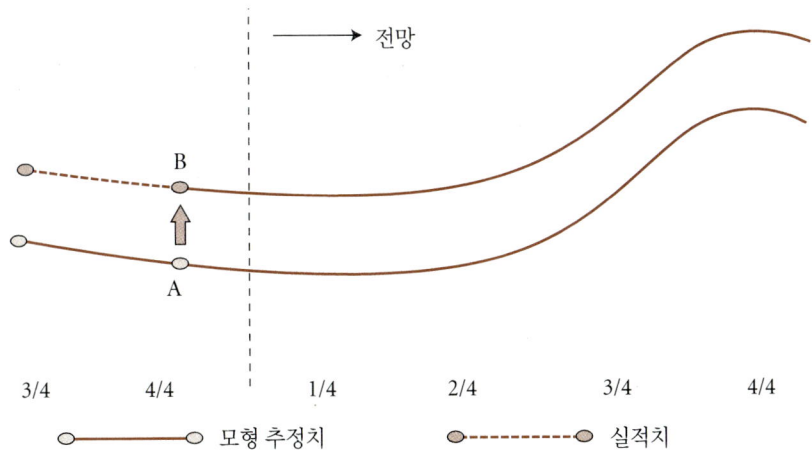

그림 4.2 상수항 조정 전후의 모형 전망치

4/4분기 모형 전망치를 B-A만큼을 조정해 줌으로써 모형 전체의 예측치가 최근의 추세에 가까이 가도록 만드는 것이다.

상수항 조정의 유용성과 관련하여 다른 예를 들어 보자. 건설투자는 거시계량모형에서 설정하는 설명변수인 GDP나 이자율보다는 주택건설업체에 대한 인센티브 부여나 사회간접자본투자 사업시행 등 정부의 정책에 의해 더 많은 영향을 받는다. 만약 정부의 정책적 요소에 의해 건설투자가 활발하게 이루어지고 있는데 모형에서는 정부의 정책요소를 제대로 반영하지 못하고 건설투자를 예측한다면 GDP나 민간소비 등의 수치는 과소 추정될 가능성이 높다.[7] 따라서 정부의 정책기조 변화에 대한 정보가 있다면 이를 고려하여 모형 밖에서 건설투자를 전망하고 이를 모형에서 상수항 조정을 통해 반영해 줌으로써 거시계량모형 전체의 예측치를 보다 현실적으로 만들 수가 있다.

---

[7] GDP 항등식에 건설투자가 들어 있고 소비는 GDP의 함수이기 때문에 건설투자가 모형에서 풀린 것보다 높게 나타난다면 GDP와 민간소비는 함께 늘어나게 된다.

아울러 상수항 조정은 모형에 의한 경제전망치가 일반적인 거시경제변수의 특성stylized facts과 다를 때, 부문별 경제전망 담당자들의 주관적 판단에 의한 전망치와 모형에서 도출된 전망치간 피드백 작업을 수행할 때 등에도 많이 활용된다.[8] 결국 거시계량모형은 데이터 입력 및 계수추정, 외생변수 전제, 상수항 조정 등 지속적인 피드백 과정을 통해 최종적인 경제전망치를 제시한다고 할 수 있다.

한편 상수항 조정이 거시계량모형의 운용에 있어 중요한 역할을 하나 그 사용은 최대한 신중을 기해야 한다. 만약 모형을 운용하는 사람이 충분한 논리적 뒷받침 없이 자의적으로 상수항 조정을 실시한다면 모형에 의해 도출된 전망치는 어떤 유용한 정보도 주지 못한 채 전망의 신뢰만 약화시킬 위험이 있기 때문이다. 즉 모형에 의한 전망치가 상수항 조정에 의해 좌우될 경우에는 모형의 존재가치 자체가 상실될 수 있다는 점이다. 따라서 상수항 조정은 충분한 근거를 가지고 일관성을 유지하는 방식으로 사용하는 것이 매우 중요하다.

모형을 이용한 시나리오 분석

거시계량모형은 경제여건 변화에 따른 경제전망의 변화, 최적 정책변수의 경로파악 등 시나리오 분석에 적극적으로 활용된다. 시나리오 설정시 외생변수간 정합성 확보 등을 위해서는 몇 가지 주의할 점이 있다.

---

[8] 거시계량모형에서 도출된 예측치와 부문별 담당자의 전망치를 종합적으로 고려하여 최종 전망치를 결정할 때는 모형에 강하게 의존하는 방식과 약하게 의존하는 방식으로 구분할 수 있는데 강한 의존방식일수록 상수항 조정이 더 많이 사용된다고 할 수 있다. 최종 전망치의 확정과정에서 모형에 대한 의존 정도와 관련해서는 뒤에 나올 "최종 전망수치의 확정"에서 설명한다.

여건변화에 따른 전망치 수정 및 최적 정책경로 파악

거시계량모형은 시나리오 분석에도 적극 활용된다.[9] 우선 거시계량모형을 이용할 경우 외생변수나 정책변수의 변화에 따라 전망수치가 어떻게 바뀔 것인지를 쉽게 파악할 수 있다. 예를 들어 국제유가 상승이 경제성장, 물가 등 경제전반에 미치는 영향을 측정하거나, 국제유가 상승으로 인플레이션 위험이 높아졌을 때 금리를 인상하는 경우 물가를 어느 정도 안정시키고 경제성장을 얼마나 희생해야 할 것인지도 계산할 수 있다. 133쪽에 각 외생변수의 변화에 따른 경제적 파급효과를 BOK04 모형을 통해 시뮬레이션한 결과를 정리했다.

두 번째로 거시계량모형을 이용하여 경제성장률이나 물가상승률 등을 목표수준으로 접근시키기 위해 정책변수의 경로를 어떻게 가져가야 할지도 추적할 수 있다. 만약 현재의 물가상승률이 한국은행의 중기목표에서 벗어나 있을 경우 경제에 커다란 충격을 주지 않으면서 1~2년 이내에 목표수준으로 복귀시키기 위해 정책목표금리를 어느 시기에 어느 정도씩 조정해야 하는지, 즉 정책금리의 적절한 경로를 파악하는 데에도 모형을 요긴하게 활용할 수 있다.[10]

---

9) VAR 모형처럼 시계열분석 방법을 통해서도 시나리오 분석이 가능하지만 시계열모형은 외생변수나 정책변수 변화가 경제변수에 미치는 파급 메커니즘을 명시적으로 설정하지 않기 때문에 정책결정자나 민간, 언론 등에 동 내용을 설명하는 과정에서 어려움이 따른다.
10) DSGE 모형에서는 테일러준칙의 형태로 통화정책반응함수를 내생화하기 때문에 경제전망과정에서 이미 직질힌 정책금리 경로를 전제하고 있다고 볼 수 있다. 물론 DSGE 모형을 활용하면 특정 기간 안에 성장이나 물가를 특정 목표수준으로 도달시키기 위한 최적 정책금리 경로를 산출할 수 있다.

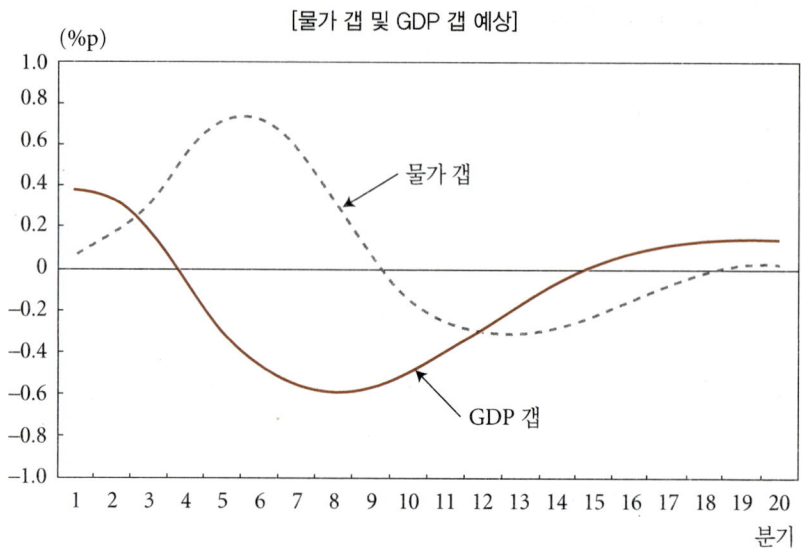

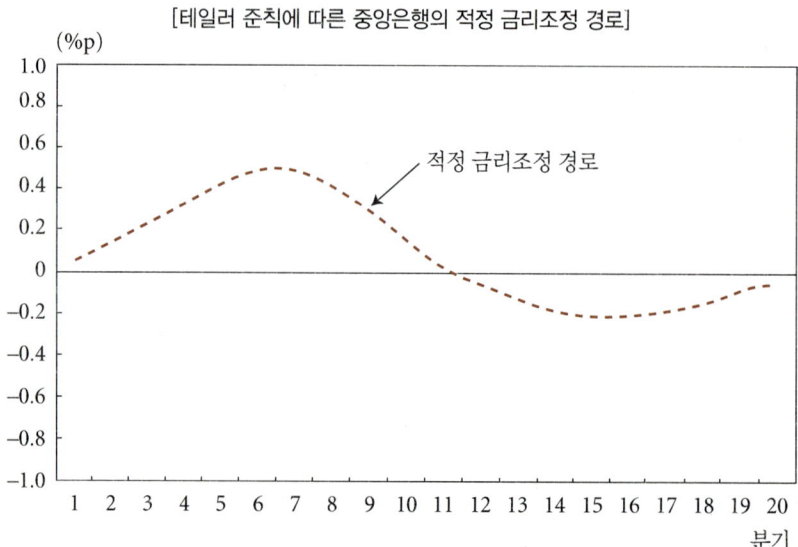

그림 4.3 유가 급등에 의한 인플레와 이에 따른 적정 정책금리경로(예시)

BOK04 모형에 의한 시뮬레이션 결과[11]

<세계교역물량 1% 감소>

세계경제의 성장둔화로 교역물량이 1% 감소하는 경우 GDP는 수출물량 감소를 통해 연평균 0.57% 정도 줄어들고 소비자물가는 성장둔화로 총수요압력이 낮아져 연평균 0.31% 정도 하락한다. 경상수지는 수출감소가 소득감소에 의한 수입수요 감소를 상회하여 연평균 11억달러 내외 악화된다.

	1차연도(2001)	2차연도(2002)	3차연도(2003)	평균
GDP(%)	−0.48	−0.60	−0.62	−0.57
소비자물가상승률(%)	−0.16	−0.34	−0.44	−0.31
경상수지(억달러)	−11.9	−8.4	−11.8	−10.7

<국제유가 1% 상승>

국제유가가 1% 상승하는 경우 GDP는 국내물가 상승에 따른 내수둔화 및 수출감소 등으로 0.02% 내외 감소한다. 소비자물가는 에너지 관련 수입단가 상승 등의 영향으로 충격발생 1분기 후부터 상승하기 시작하여 첫해 0.02%, 3년간 연평균 0.04% 상승한다. 경상수지는 총수요 둔화에 따른 수입 감소에도 불구하고 원유수요의 가격비탄력성으로 원유수입금액이 늘어나고 운송비 지출도 증가하여 연평균 2억달러 정도 악화된다.

---

11) 황상필·문소상 등(2005)에서 재인용하였으며 파급효과는

$$\text{GDP와 물가는} \frac{\text{충격부여후 } Y_t - \text{충격부여전 } Y_t}{\text{충격부여전 } Y_t} \times 100,$$

경상수지는 충격부여후 Y_t − 충격부여전 Y_t 로 계산된 것이다.

	1차연도(2001)	2차연도(2002)	3차연도(2003)	평균
GDP(%)	−0.02	−0.02	−0.02	−0.02
소비자물가상승률(%)	+0.02	+0.04	+0.05	+0.04
경상수지(억달러)	−1.8	−2.0	−2.0	−1.9

<원/달러 환율 1% 상승>

원화환율이 1% 상승하면 GDP는 수출증가와 뒤이은 내수진작 효과로 첫해 0.07% 증가하나 이후 물가상승 등으로 내수가 다소 위축되면서 GDP 증가폭이 다소 축소된다. 소비자물가는 원화표시 수입단가의 상승이 비용요인으로 작용하고 총수요가 확대됨에 따라 물가상승압력이 점차 높아져서 연평균 0.1% 정도 오른다. 경상수지는 수출물량 증가에 의한 수출증대 효과로 연평균 5.2억달러 정도 개선된다.

	1차연도(2001)	2차연도(2002)	3차연도(2003)	평균
GDP(%)	+0.07	+0.06	+0.06	+0.06
소비자물가상승률(%)	+0.08	+0.10	+0.11	+0.10
경상수지(억달러)	+5.3	+4.5	+5.8	+5.2

<정책금리 25bp 인하>

정책금리가 25bp 인하되면 GDP는 장기금리 하락과 가용자금 및 금융자산의 증가로 소비와 투자가 늘어나 6분기까지 증가(1차연도 0.09%)한 후 수요압력 증가에 따른 물가상승으로 마이너스 실질잔고효과가 나타나면서 증가폭이 점차 축소된다. 소비자물가는 2차연도 이후 수요압력이 현재화하고 임금상승압력도 높아지면서 상승한다(2차연도 0.13%). 경상수지는 소득증가에 따른 수입수요 증가로 적자 폭이 시간이 지날수록 확대된다.

	1차연도(2001)	2차연도(2002)	3차연도(2003)	평균
GDP(%)	+0.09	+0.14	+0.14	+0.12
소비자물가상승률(%)	+0.06	+0.13	+0.13	+0.11
경상수지(억달러)	-2.8	-4.0	-4.3	-3.7

시나리오의 설정

거시계량모형을 이용하여 시나리오를 설정하고 시뮬레이션하는 과정에서는 다음과 같은 점들을 유의할 필요가 있다. 우선 실현 가능성이 있는 시나리오를 설정해야 한다는 것이다. 즉 세계경제 20%포인트 추가 성장, 국제유가 100% 추가 상승 등 가능성이 거의 없는 상황을 상정하고 시뮬레이션을 실시하여 경제전망이 어떻게 바뀔 것인지를 예상해 본다면 모형에서 기계적인 수치를 뽑아 낼 수는 있겠지만 그 결과물은 정책결정자에게 정보로서의 가치가 크지 않기 때문이다. 물론 금융기관에 대한 스트레스테스트를 실시할 경우에는 극단적인 상황을 전제한 후 거시경제변수의 변화를 살펴볼 필요가 있지만 평상시 경제전망 과정에서는 이런 극단의 경우는 배제된다고 볼 수 있다. 필자의 경험으로는 통상 10~30% 정도의 확률로 나타날 가능성이 있는 상황을 시나리오로 설정하는 경우가 많았다.

두 번째는 시나리오 설정시 한 가지 여건만이 아니고 여러 가지 여건을 동시에 변화시킬 때에는 여건변수간 논리적 일관성을 확보해야 한다는 점이다. 예를 들어 경제성장의 하방리스크로 작용할 요소들이 동시에 악화되는 상황을 가정하여 시뮬레이션하는 경우를 보자. 즉 세계성장률이 크게 둔화되면 국내성장이 마이너스 영향을 받고 국제유가기 급등해도 성장에 악영향을 미치기 때문에 세계경제 성장둔화, 국제유가 급등을 전제하여 시뮬레이션하면 어떨까 생각할 수 있다. 이같은 상황은 세계경제가 하강 과정에 접어들었으나 중동지역의 지정학적 불안감은 높아져 있는 경우에, 즉 비용요인에 의한 국제유가 충격이 발생할 가능성이 있는 경우에 설정할 수 있을 것이다. 그러나 국제유가의 상승이 수요증가에 의해 견인되고 있고 지정학적 불안감이 크지 않는 상황이라면 위와 같은 시나리오 설정은 논리적 정합성 면에서 문제가 된다고 볼 수 있다. 따라서 시나리오는 현실경제 여건을 정확히 반영하여 발생할 가능성이 있고 외생변수간 논리적 일관성도 확보할 수 있도록 설정할 필요가 있다.

세 번째로 재정정책과 관련한 시뮬레이션에서는 재원조달 방안도 동시에 고려해야 한다는 점이다. 일반적으로 정부가 재정지출을 늘리거나 세금을 줄여주는 경우 경제성장이 확대된다고 할 수 있다. 그러나 정부가 재정지출을 늘리거나 세금을 줄이기 위해서는 재원이 필요하며 재원을 국채를 발행하여 조달할 경우 금리가 상승하여 경제성장 확대 효과를 일부 상쇄시키는 구축효과가 나타난다. 따라서 재정을 통한 경기부양 효과를 시뮬레이션하고자 하는 경우에는 동 재원이 국채 발행을 통해 조달되는지, 여타 부문에 대한 세금 증가로 충당되는지, 아니면 중앙은행 차입을 통한 것인지 등을 따져본 후 재정지출 확대와 재원조달 효과를 동시에 고려하는 방식으로 시나리오를 설정해야 한다.

이밖에 외생변수에 충격을 주는 방식에 대한 명확한 이해를 바탕으로 의도하는 충격을 부여해야 한다는 것이다. 외생변수에 대한 충격의 형태는 수준과 증가율, 영구적 또는 일시적 등으로 구분할 수 있는데[12] 충격의 구분은 1년 정도의 시계에 대한 분석시에는 크게 문제되지 않으나 2~5년 정도의 중기시계에 대한 시뮬레이션에서는 상당히 중요한 문제를 야기한다. 예를 들어 환율이 1차

---

12) 세계경제성장률이 1%포인트 하락하는 것은 증가율 충격이며 국제유가가 배럴당 10달러 하락하면 수준 충격이라 할 수 있다. 또 1차연도에 충격이 발생한 후 2차연도에는 당초 전제수준으로 복귀하면 일시 충격, 당초 수준으로 복귀하지 못하고 계속 이어지는 경우 영구 충격이라고 말할 수 있다.

연도에 기준 전제치 대비 10% 하락하는 상황을 상정하고 싶어 1차연도 환율 전제치만 낮춘 후 시뮬레이션하고 성장과 물가 등에 미치는 결과치를 얻었다고 하자. 이 경우 사실 2차연도 이후의 경제적 효과는 2차연도에 환율이 다시 10% 상승한 것을 전제하고 계산된 것이다. 그러나 환율의 임의보행random walk 특성을 감안하면 2차연도에는 1차연도말 수준에서 조금씩 상승하는 것으로 전제하는 것이 더 현실적인 가정이라 할 수 있다. 따라서 시뮬레이션 과정에서 2차연도에 환율이 다시 급하게 10% 정도 상승하는 것을 전제하고 싶었는지(일시충격) 아니면 점진적으로 상승하는 상황을 원했는지를 명확히 구분할 필요가 있는 것이다.

기준전망의 하방리스크 점검(예시)
(2006년 6월경 작성한 2006~2007년 경제전망)

우리 경제는 수출의 견실한 증가와 내수 회복에 힘입어 2005년 2/4분기 이후의 경기 상승세가 지속되고 있는 것으로 판단된다. 금년 상반기중 GDP는 분기평균 전기대비 1.1% 정도 증가하여 잠재성장률 수준의 성장속도를 유지하고 있다. 그러나 하반기에는 경기상승 모멘텀이 상반기에 비해 약화될 전망이다. 수출증가율이 낮아지는 데다 고유가, 원화환율 하락 등이 소비위축, 기업 채산성 악화 등을 통해 내수회복을 제약할 우려가 높기 때문이다(2006년 연간 5% 성장).

그러나 2007년에는 전기대비 1% 이상의 성장세를 유지할 것으로 전망된다. 소비와 설비투자가 교역조건의 개선 등으로 꾸준한 증가세를 보이고 건설투자도 대형국책사업이 본격 시행되면서 공공부문을 중심으로 회복될 것으로 예상되는 데다, 수출도 세계경제 성장세의 급격한 둔화 가능성이 크지 않은 가운데 정보통신산업(IT)의 경기도 점차 회복되면서 견실한 증가세를 지속할 것으로 보이기 때문이다(2007년 연간 4.7% 성장).

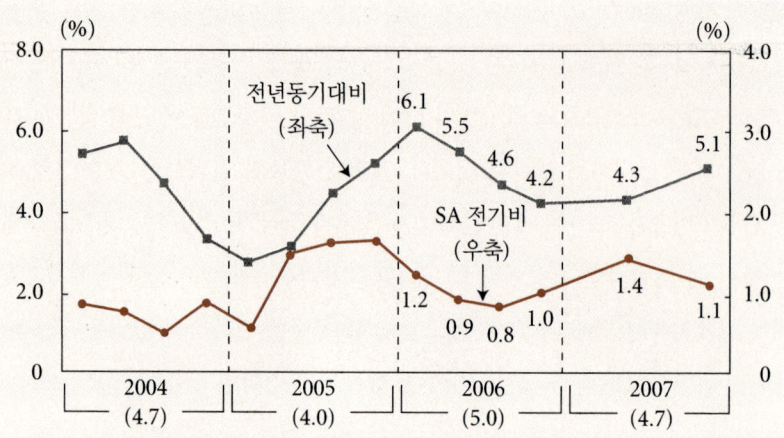

그림 4.4 GDP 성장률 추이

한편 글로벌 금리인상 등으로 세계경제가 급격히 위축되거나 지정학적 불확실성이 확대되어 유가가 크게 상승하는 경우에는 금년 하반기 이후 국내경기가 상승세를 회복하지 못하고 하강국면으로 전환될 가능성도 배제하기 어려울 것으로 보인다.

BOK04 모형을 이용하여 세계경제성장률이 금년 하반기중 전제치보다 0.3%포인트(연간 4.6% → 4.4%), 2007년중 0.5%포인트(4.3% → 3.8%) 하락하고 원유도입단가도 금년 하반기 이후 배럴당 70달러 수준(기준전망 63달러)을 지속하는 것으로 가정하여 시뮬레이션을 실시한 결과 GDP 성장률은 금년중 4.8%, 2007년중 4.1%까지 낮아질 수 있는 것으로 시산되었다.

간접적인 방식을 이용한 시나리오 분석

시나리오 분석에 필요한 외생변수나 파급경로가 거시계량모형내에 명시적으로 설계되어 있지 않을 경우가 가끔 있다. 이럴 때는 상수항 조정을 이용할 수 있도록 관련 정보를 계량화하거나 모형에 새로운 경로를 추가하여 시뮬레이션을 실시한다.

경제전망 업무를 하다 보면 거시계량모형에서 외생변수의 형태로 포함되지 않은 변수에 충격이 발생했을 경우를 가정하여 경제에 미치는 영향을 분석해야 하는 경우가 종종 있다. 북한의 미사일 발사와 같은 상황이 일어났을 때 지정학적 리스크가 높아져 우리 경제에 미칠 부정적 영향을 파악하고자 할 경우가 이에 해당된다. 미사일 발사라는 사건이나 지정학적 리스크의 대용변수는 한국은행의 BOK04 모형 등에 포함되어 있지 않기 때문에 필자는 지정학적 리스크가 높아짐에 따라 영향을 크게 받게 되는 내생변수를 상수항 조정을 통해 변화시켜 줌으로써 그 경제적 효과를 측정하는 방식을 주로 사용했다. 즉 지정학적 리스크의 상승은 소비자들의 심리를 위축시켜 소비지출을 줄이는 효과가 있기 때문에 먼저 소비자심리지수와 소비지출을 회귀분석하여 소비자심리지수 변화의 영향력을 파악한다. 이를 바탕으로 과거 비슷한 사례 발생시 소비자심리지수의 하락 정도를 이용하여 소비지출의 변화 효과를 계산한다. 이후 동 소비지출의 변화만큼을 거시계량모형에서 상수항 조정을 통해 충격으로 부과하면 지정학적 리스크 증가가 주요 거시경제변수에 미치는 영향을 간접적으로 시뮬레이션할 수 있다.

한편 구축되어 있는 거시계량모형에 분석대상이 되는 충격의 파급채널이 설정되어 있지 않은 경우도 있다. 예를 들어 거시계량모형에서는 금리경로만 설정되어 있고 금융시장의 유동성과 관련한 행태방정식이 전혀 포함되어 있지 않은데 금융시장에서 신용경색이 발생할 가능성이 높아져 이에 대한 분석을 해야 한다고 하자. 이런 경우, 우선 유동성 수요와 공급 관련 행태방정식을 새로 추정하고 소비나 투자 등의 방정식에 유동성 변수를 추가하는 방식으로 모형을 수정한 후 신용경색 확대에 따른 경제의 영향을 시뮬레이션하는 방식을 취하게 된다. 다만 동 방식은 모형에서 도출된 시뮬레이션 결과가 새로운 채널을 추가하기 전과 후에 내적 일관성을 상실할 위험이 있다. 즉 정책금리 변화가 경제성장에 미치는 영향이 새로 추정한 블록을 추가하는지 여부에 따라 달라진다면 이후 최적 정책경로를 도출하는 데 있어서 어떤 모형이 적절한지에 대한 논란이 발생할 수 있다.

예 1 : 한반도 정세 불안이 경제에 미치는 영향

　　북한의 미사일 실험발사와 핵실험이 있었던 2006년 사례와 같이 한반도에 긴장이 높아지면 우선 국내 주식시장이 영향을 받아 주가가 크게 하락하고 소비심리와 투자심리가 크게 위축된다. 또한 한국의 대외신인도가 낮아짐에 따라 외국투자자금이 유출되고 기업들이 외국에서 자금을 조달하는 비용도 상승하게 된다. 그러나 BOK04 모형에는 주가, 금리, 소비 및 투자 등의 변수만 포함되어 있기 때문에 모형에 상수항 조정의 형태로 충격을 부여하여 경제 전체에 미치는 영향을 파악하기 위해서는 다음과 같은 작업이 추가적으로 실시된다.

　　먼저 과거 비슷한 상황이 발생했을 때 외국인투자자금의 유출 정도 등을 참조하여 국내 주가가 어느 정도 하락했는지를 보기 위해 주가와 외국인 주식투자자금을 이용, 회귀분석을 실시한다. 또한 소비심리의 대용지표인 CSI와 투자심리의 대용지표인 BSI 등이 어느 정도 하락했는지 파악하고 심리위축에 따른 소비와 투자의 위축정도를 계산하기 위해 심리지표들과 소비 및 투자간 회귀분석도 실시한다.

$$\text{주가변동률}_t = 4.31 + 0.09 \text{ 외국인주식투자자금변동}_t - 0.42 \text{ 금리}_t + \epsilon_t$$

$$\text{소비증가율}_t = -5.41 + 1.11 \text{ } GNI \text{ 증가율}_t + 0.06 \text{ 경기전망 } CSI_t + \epsilon_t$$

$$\text{설비투자증가율}_t = -36.31 + 2.11 \text{ 산업생산지수증가율}_t + 0.26 \text{ 업황전망} BSI_t + \epsilon_t$$

또한 신용도 하락에 따른 자금조달 비용의 상승 정도를 알아보기 위해 <표 4-2>처럼 과거 국가신용등급 변동시 외평채 가산금리의 변화 정도를 분석해 보기도 한다.

　　이러한 분석을 기초로 과거 위기가 고조되었던 상황과 현재 일어나고 있는 상황간에 강도를 비교, 적절한 시나리오를 구성한 후 외국인 투자자금 유출에 따른 주가하락 효과, 심리변화에 따른 소비 및 투자 감소 효과, 신용등급 하락에 따른 외자조달비용 상승 등을 계산하고 이를 BOK04 모형의 주가, 소비, 투자 및 금리 등의 방정식에 상수항 조정을 통해 충격을 줌으로써 지정학적 리스크 확대에 따른 실물경제 파급효과를 종합적으로 시산할 수 있다.

표 4-2 국가신용등급 조정시 외평채 가산금리[1] 변화(S&P사 기준)

(단위 : bp)

신용등급 상승일(D일)	D-30	D-1	D	D+10	D+20	D+30
1999.1.25(BB+ → BBB-, 1단계)	432 (+89)	343 (0)	300 (△43)	295 (△48)	274 (△69)	273 (△70)
1999.11.11(BBB- → BBB, 1단계)	235 (+30)	205 (0)	190 (△15)	171 (△34)	165 (△40)	157 (△48)
2001.11.13(BBB → BBB+, 1단계)	150 (+35)	115 (0)	106 (△9)	86 (△29)	84 (△31)	81 (△34)
2002.3.28(BBB+ → A-, 1단계)	126 (+10)	116 (0)	105 (△11)	113 (△3)	115 (△1)	108 (△8)
2005.7.27(A- → A, 1단계)	66 (+6)	60 (0)	60 (0)	57 (△3)	61 (+1)	65 (+5)

주 : 1) 2005.7.27일은 외평채(2013), 그 외는 외평채(2008)의 가산금리 기준
    2) ( ) 안은 D-1일 대비 해당일의 가산금리 차

표 4-3 한반도 위기고조가 GDP에 미치는 효과(예시)

	GDP(%p)
■ 자본조달금리 80bp 상승	△0.4
■ CSI 20p, BSI 20p 하락	△0.8
■ 주가 20% 하락	△0.4
합 계	△1.6

예 2 : 환율하락이 채산성 악화를 통해 설비투자에 미치는 영향

BOK04 모형에서는 환율이 설비투자의 설명변수로만 설계되어 있기 때문에 설비투자 방정식의 환율 계수는 수입자본재가격 변화, 기업의 채산성 변화, 수출물량 변화 등의 효과가 복합적으로 반영되어 있다고 볼 수 있다. 이러한 상황에서는 우선 기업경영분석 등의 자료를 이용하여 환율하락이 기업채산성에 미치는 효과를 분석하고 설비투자의 설명변수에 기업채산성 지표를 포함시켜 회귀분석함으로써 간접적으로 환율변동이 채산성 악화를 통해 설비투자에 미치는 영향을 파악하게 된다.

즉 <표 4-4>처럼 환율하락에 따른 매출액 영업이익률의 하락효과를 계산하고 이를 설비투자에 대한 매출액영업이익률의 탄성치를 곱하여 환율변동의 채산성 경로를 통한 설비투자에의 파급효과를 계산하는 것이다.

표 4-4 원/달러환율 10% 하락시 제조업 채산성 악화효과

내 역	금액(조원)	이익률변동폭(%p)
ㅇ 수출대금 변동효과 [A = -(a × b × 10%)] • 매출액(a): 772.1조원 • 수출비중(b): 45.3%	-34.9	-4.6
ㅇ 수출부문 재료비 감소효과 [B = c × d × b × 10%] • 재료비(c): 404.5조원 • 중간투입재 수입의존도비중(d): 30.2%	5.5	0.7
ㅇ 내수부문 재료비 감소효과 [C = c × d × (1 - b) × 10%]	6.7	0.9
◆ 영업이익 증감효과 [A + B + C]	-22.7	-3.0

주 : 1) 수출입이 전액 미 달러화로 결제되고 내수부문 매출액, 수출입 물량 및 단가에 변동이 없는 것으로 가정
　　2) 2004년 기업경영분석, 2000년 산업연관표 기준

모형이 경제구조 변화를 반영하지 못하는 상황에서의 시뮬레이션

거시계량모형에 분석하고자 하는 시나리오의 파급경로가 설정되어 있지 않은 경우도 있으나 때로는 거시계량모형에서 포착하고 있어도 경제변수 충격의 파급승수 multiplier가 최근의 경제상황을 반영하지 못하는 경우가 있다. 즉 회귀분석을 통해 추정한 계수들은 과거의 평균치를 반영하고 있기 때문에 최근 경제구조 변화를 반영하지 못하는 경우다. 이러한 상황에서는 모형을 재추정하여 경제구조 변화를 반영하는 것도 방법이나 데이터의 시계열을 충분히 확보할 수 없다면 이는 불가능한 일이다. 이럴 경우 일부 모형운용자들은 구조가 심하게 바뀐 것으로 예상되는 방정식의 추정계수를 자의적으로 변경한 후 시뮬레이션하기도 한다. 그러나 이럴 경우 모형 전체의 일관성에 문제를 유발할 수 있기 때문에 모형을 통한 시뮬레이션 결과는 그대로 유지한 채 해석시 유의할 것을 보고서에 명시하는 것이 한 방법이 될 수 있다.

예를 들어 2007년 중반처럼 환율이 크게 하락하는 상황에서 환율하락이 경제에 미치는 영향을 분석하고자 한다고 하자. 그런데 그 당시에 많은 연구결과들은 2000년대 들어 환율하락이 수출에 미치는 영향력이 축소되고 있다고 주장하였다. <그림 4.5>는 환율과 세계교역신장률을 설명변수로 한 수출함수를 추정기간을 바꾸어가면서 반복적으로 회귀분석 recursive regression한 것인데 1990년대에 비해 2000년대 들어 교역신장률의 탄력성은 커지고 있는 반면 환율의 탄력성은 낮아지는 현상이 발생한 것을 알 수 있다.

이러한 상황에서 환율하락이 수출 및 경제성장에 미치는 영향을 분석하는 경우 1990년대부터 2000년대까지의 데이터를 이용하여 추정한 BOK04 모형의 시뮬레이션 결과를 그대로 이용하되 보고서에 다음과 같은 문구를 추가한다. 즉 "BOK04 모형은 1990년부터의 데이터를 가지고 계수를 추정한 것이기 때문에 최근의 구조변화를 포착하지 못하고 있어 환율하락이 수출 및 GDP에 미치는 영향의 정도는 BOK04 모형의 시뮬레이션 결과보다 다소 작을 수 있다"라고 명시하고 <그림 4.5>도 첨부하는 것이다.

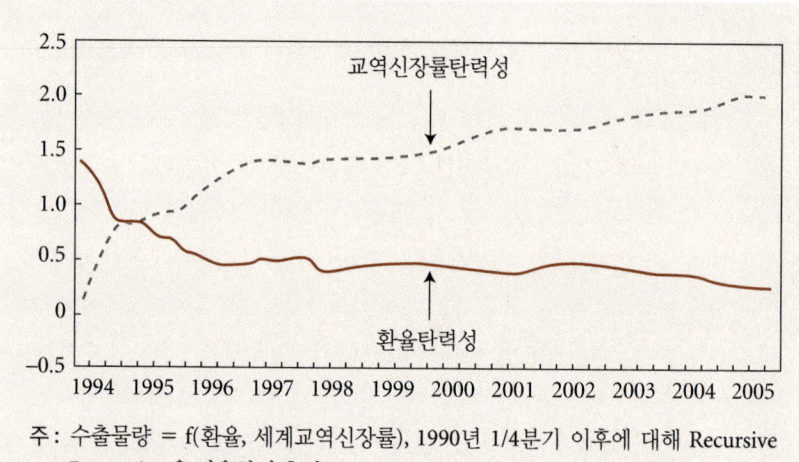

주 : 수출물량 = f(환율, 세계교역신장률), 1990년 1/4분기 이후에 대해 Recursive Regression을 이용하여 추정

그림 4.5 수출물량의 환율 및 교역신장률 탄력성 추이

최종 전망수치의 확정

한 기관의 공식적인 전망치는 거시계량모형에 의한 예측치가 도출된 후에도 상당한 조정과정을 거쳐 확정된다. 동 조정과정에서는 부문별 전망수치의 설명 가능성과 논리적 정합성 확보에 초점이 맞추어진다.

거시계량모형에 의한 예측치가 도출되었다 하더라도 한 기관의 공식적인 전망치는 추가적인 작업을 거쳐 확정된다. 이는 거시계량모형이 포괄하는 변수가 제한됨에 따라 이용 가능한 모든 정보를 활용하지 못하는 데다 전망기관에 따라서는 다모형시스템을 구축하고 있어 여러 가지 모형에 의한 예측치가 도출되기 때문이다. 결국 한 기관의 공식적인 전망치는 (다양한) 모형에 의한 전망치와 부문별 담당자가 수집한 정보 및 주관적 판단에 의한 전망치들을 종합적으로 고려하고 부문별 전망치간 정합성 등도 점검한 후에 최종적으로 결정된다고 할 수 있다.

최종 전망치를 결정하는 과정은 모형에 대한 의존도에 따라 강한 모형의존 방식과 약한 모형의존 방식으로 구분할 수 있다. 강한 모형의존 방식은 모형에 의한 전망치와 부문별 전망담당자의 전망치간 피드백 과정이 모형을 중심으로 이루어지는 것이다. 즉 모형과 부문별 담당자간의 피드백 과정부터 최종적인 전망치 확정단계에 이르기까지 지속적인 상수항 조정을 통해 거시계량모형(다모형 시스템의 경우 핵심모형)에서 최종적인 전망치를 결정하는 것이다. 반면 약한 모형의존 방식은 경기흐름분석 등을 이용하여 전망 대상기간중 초기 몇 분기에 대해서만 상수항 조정을 실시한 후 거시계량모형에서 도출되는 전망치, 각 부문별 담당자들이 작성한 전망치, 기타 정보 등을 종합적으로 고려하여 엑셀 등 스프레드시트를 이용, 경제전망 총괄담당이 최종적으로 전망수치를 확정하는 형태를 말한다.

한국은행 조사국의 경제전망 작업 흐름(2007년 기준)

경제전망 작업을 시작하는 단계에서 먼저 외생변수에 대한 전제치 및 주요 이슈와 관련한 실무자 회의를 전망총괄 코디네이터가 주관하고 이후 조사국장과 팀장간 회의를 거쳐 전제치를 확정한다.

확정된 전제치와 초단기 전망치 등을 이용하여 거시계량모형에 의한 초기 예측치를 시산한 후 코디네이터가 부문별 담당자에게 이를 통보한다. 부문별 담당자는 각자 거시계량모형에서 반영할 수 없는 정보들까지 최대한 활용하여 부문별로 전망치를 만들고 거시계량모형 운용사도 추가적인 정보를 활용하여 모형전망치를 다시 계산한다.

이렇게 도출된 모든 정보들은 코디네이터에게 집중되며 코디네이터는 모아진 정보를 전망을 담당하는 전체 인원과 공유하면서 피드백을 반복한다. 피드백 과정을 거친 전망치는 최종적으로 조사국장이 주재하는 회의에서 확정되며 이를 바탕으로 전망보고서가 작성된다.

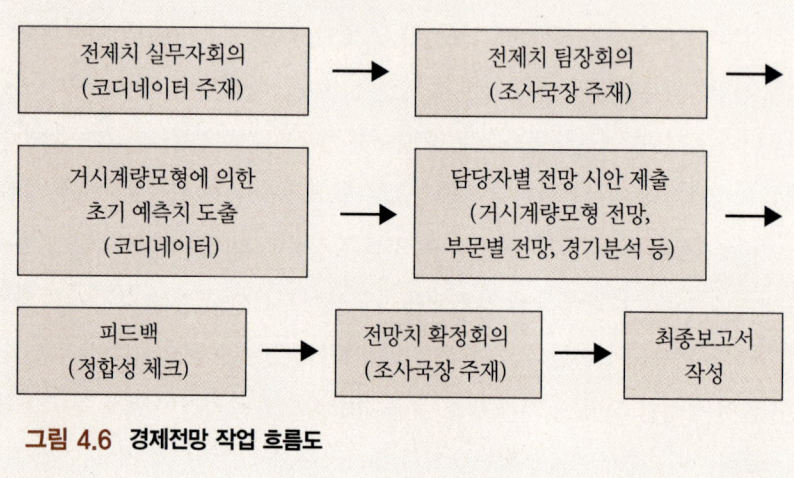

그림 4.6 경제전망 작업 흐름도

경제전망치를 최종적으로 조정·확정하는 단계에서는 전망치가 각 부문별로, 그리고 시점별로 정합성 있고 설명이 가능하도록 하기 위해 전망총괄담당(코디네이터)을 중심으로 피드백 작업이 지속적으로 실시된다. 사실 모형에 의한 예측치와 부문별 전망담당자들의 전망치들은 처음에 모아 놓았을 때는 상호간에 정합성이 부족한 경우가 대부분이다. 예를 들어 소비, 투자 등 부문별 담당자들의 전망치를 모두 합하여 GDP 전망치를 계산해 보면 최근의 경기흐름과 전혀 다른 수치가 도출될 수도 있다. 또한 부문별 담당자의 소비전망과 모형에 의한 소비전망을 상호 조정하는 과정에서 주로 증감률에만 초점을 맞추기 때문에 국민소득 대비 소비의 비율, 즉 소비율(= 1 − 저축률)이 장기추세와 괴리되기도 한다. 이러한 측면에서 경제전망을 총괄하는 코디네이터는 모형전망과 부문별 담당자간 전망치를 조정할 뿐만 아니라 다양한 방식으로 정합성을 점검해야 한다.

정합성 점검과 관련해서 우선 전제치 부분을 살펴보자. 세계경제성장과 국제유가 등 외생변수의 전제치 흐름간 상충이 발생하지 않는지를 체크해야 한다. 앞에서도 잠깐 언급했지만 공급충격이 발생하지 않는 상황에서는 세계경제가 높은 성장을 지속한다면 유가도 높은 수준이 유지될 가능성이 높기 때문에 이런 관점에서 상호 논리적 모순이 없는지 점검할 필요가 있다. 또한 직전 전망시 적용했던 전제치와 금번 전망시의 전제치간 차이를 비교하고 여기에 모형에서 도출된 충격반응의 탄성치를 적용하여 지난번 전망과 금번 전망간의 예측치 변화를 설명 가능한지도 점검한다.[13]

두 번째는 과거 경험에 비추어 부문별 예측치가 GDP 예측치 또는 경기흐름과 잘 부합하는지를 점검할 필요가 있다. 앞에서도 언급했지만 소비는 평활화 특성이 있기 때문에 GDP 성장률에 비해 더 완만한 움직임을 보이고 설비투자의 변동성은 GDP 변동성보다 크다는 특성이 전망치에서도 유지되는지, 만약 이를 벗어나 있다면 타당한 이유를 제시할 수 있는지를 생각해 보아야 한다. 또한 재고증감의 GDP 비중이 과거의 흐름에서 크게 벗어나 있지는 않은지, 경기변동에 부합하는지 등도 점검대상이다.[14] 추가적으로 경제활동인구나 취업자 수 등이 경제활동참가율이나 고용률의 추세에 부합하는지도 따져 보아야 한다. 우리나라의 경제활동참가율은 여성들의 사회참여 증가 등으로 추세적으로 상승하면서 단기적으로는 경기와 동행성을 보이는데 전망수치가 이러한 특성과 부합하는지도 고려해야 한다.

세 번째는 국민계정 측면에서 정합성이 있는지를 살펴보아야 한다. 투자율과 저축률이 최근의 추세에 부합하며 우리 경제의 발전단계에 비추어 보아서도

---

[13] 151쪽에 나올 "경제전망 수정 및 근거 제시"를 참고하기 바란다.
[14] 재고증감 전망치는 GDP 성장에 대한 부문별 전망 과정에서 잔차의 성격을 나타내기 때문에 특별한 이유가 없는 한 재고증감 전망치의 대GDP 비중이 과거보다 크지 않게 유지될 필요가 있다. 왜냐하면 재고증감의 기여도가 GDP 성장률을 모두 설명하는 경우 전망의 신뢰성에 의문이 제기되는 상황을 맞이할 수 있기 때문이다.

타당한지 점검할 필요가 있다. 통상 투자율과 저축률은 디플레이터에 대한 예측이 추가되어야 하는 어려움은 있으나 최소한 최근의 평균 디플레이터 상승률을 적용해서 설명이 가능한지 정도는 체크해 볼 필요가 있다. 또한 경상수지의 대 GDP 비중은 국민계정상 통계상불일치 항목이 미미하면 저축률과 투자율의 차와 같기 때문에 이 점도 점검해야 한다. 물론 모형에서 직접적으로 잠재 GDP를 추정하여 GDP 갭률이 물가에 영향을 미치도록 설계되어 있지만 더 정교하게 잠재 GDP를 추정한[15] 후 실제 GDP의 전망치와 비교하여 물가상승률 전망치가 논리적으로 모순이 발생하지 않는지도 살펴봐야 한다. 또한 통관기준 및 국제수지기준 수출입과 국민계정의 수출입 흐름이 수출입물가 변동추이 및 과거 환가율 평균 등에 비추어 설명이 가능한지도 점검 대상이다.

결국 모형 예측치와 부문담당자의 전망치를 조정하고 또 다양한 방법으로 정합성을 점검하여 최종적으로 확정되는 전망수치는 하나하나가 시간적으로나 부문별로 모두 설명이 가능해야 한다. 즉 전망수치는 경기순환 정보, 경제이론에 바탕한 변수간의 관계와 각 변수의 최근 움직임, 그리고 모니터링 정보 등이 모두 합쳐진 결과물이기 때문에 정책결정자 등 경제전망의 수요자가 개별 수치가 왜 그렇게 결정되었냐고 질문하는 경우에 이러한 정보들을 이용하여 설명을 할 수 있어야 한다.

---

[15] 잠재 GDP를 포함하여 적정수준에 대한 정교한 추정방법에 대해서는 뒤에 나올 "적정수준 지표의 정교한 추정"에서 설명한다.

전망시계에 따른 모형 선택과 시계별 중점 점검요소

경제전망은 시계가 1년 이내인 초단기전망, 1~2년인 단기전망, 2~4년인 중기전망, 5년 이상인 장기전망으로 구분할 수 있는데 전망의 시계에 따라 활용하는 모형이 다르고 중점적으로 점검하는 요소도 많이 다르다.

최종 전망수치를 확정하는 단계에서는 통상적으로 전망의 시계가 짧을수록 월별지표 동향분석, 모니터링 결과, 시계열분석, 초단기모형에 의한 전망치 등의 정보에 더 많은 가중치를 두며 전망의 시계가 길어질수록 거시계량모형에 많이 의존하는 경향이 있다. 다만 거시계량모형은 이미 발생하거나 예견된 충격만을 반영하고 그 밖의 충격은 없는 것으로 간주하여 예측하고 있고 때로는 정책반응함수도 내생화하고 있기 때문에 중장기 시계에 대한 전망치는 평균에 수렴 mean-reverting 하는 성질이 있다는 것을 알아둘 필요가 있다. 중기 재정계획을 세우기 위해 중장기 전망을 하는 경우 성장률 전망치가 잠재성장률로 수렴하는 모습을 볼 수 있는 것도 이러한 현상을 반영하는 것이라 하겠다. <그림 4.7>은 BOKDSM을 이용하여 각각 2004년, 2005년, 2006년까지의 정보를 가지고 4년 정도의 시계로 경제전망 시뮬레이션을 한 것인데 4년 정도 후에는 잠재성장률로 복귀하는 성질이 있음을 확인시켜 준다.

전망수치의 정합성 점검과정에서도 전망의 시계가 영향을 미친다. 우선 1년 이내의 초단기전망에서는 전망대상 개별변수의 최근 흐름과의 부합도, 모니터링 결과와의 상충성, 시계열분석 결과와의 부합도 등을 중심으로 점검하며 상대적으로 이론적인 측면의 점검 비중이 낮다. 그러나 전망의 시계가 길어지면 이론적인 측면에서 많은 점검이 이루어져야 한다. 우선 1~2년의 단기전망에서는 소비, 투자 등의 개별변수가 과거 경기순환국면별 특징적 현상과 부합하는지, 전제치 변화와 전망치간에 일관성은 있는지, GDP 갭과 물가 및 경상수지 관계는 이론과 상충되지 않는지를 점검한다.

2~4년의 중기전망에서는 단기전망에서 점검하는 것 이외에 장기평균성장률은 잠재성장률과 비슷하다는 특성에 부합하는지, 저축률과 투자율은 추세적

인 변화에서 벗어나지 않는지 그리고 경상수지와 모순은 없는지, 유동성 수준과 물가간 관계를 충분히 고려했는지 등을 점검한다. 마지막으로 5년 이상의 장기 전망에서는 인구구조 및 산업구조 변화추세, 선진국의 경제발전 경험, 대외경쟁력 변화 추세 등과의 부합성을 중점적으로 점검하게 된다.

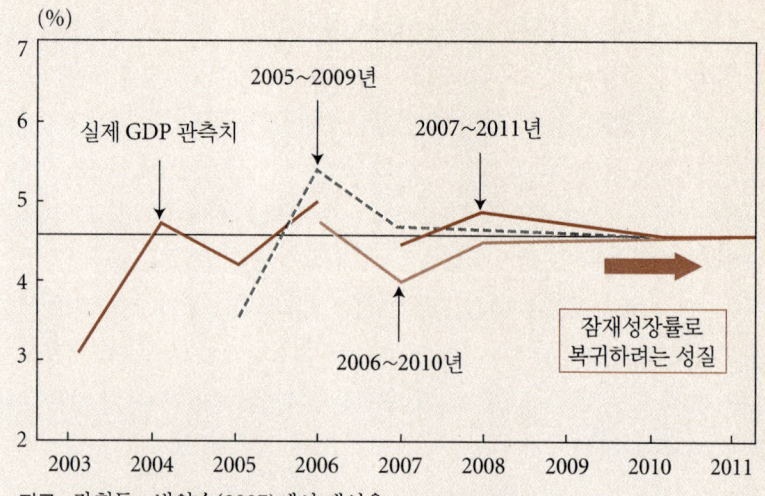

자료 : 강희돈·박양수(2007)에서 재인용

그림 4.7 GDP 성장률 전망 비교

경제전망 수정 및 근거 제시

거시계량모형에서 설명했듯이 경제변수는 자체의 자기회귀적인 특성과 외부 여건의 영향이 복합적으로 작용하면서 결정된다. 이같은 사고체계는 경제전망의 수정과정에서도 그대로 적용된다. 예를 들어 최근 국내생산이 당초 예상했던 것보다 크게 증가했다고 하자. 이 경우 산업생산 자체가 지속성persistency을 가지기 때문에 일단 생산이 많아지면 이후 생산수준이 얼마간 예상보다 높아질 가능성이 커진다. 따라서 최근의 생산증가 충격은 미래의 국내생산 전망수치를 높이는 측면으로 작용한다. 반면 수요와 관계가 있는 가계의 소득여건이 당초 전망시보다 악화되었다면 이는 국내생산 전망을 낮추는 방향으로 고려해야 할 것이다.

<그림 4.8>을 통해 설명하면 2/4분기 전년동기대비 GDP 성장률이 당초 예상보다 0.2%포인트 높아졌다면 3/4분기와 4/4분기 성장률도 0.2%포인트 정도씩 높아질 여지가 생기게 된다. 그러나 유가상승 등으로 교역조건이 악화되어 수요가 3/4분기 및 4/4분기에 각각 0.1%포인트, 0.2%포인트 낮아질 것으로 예상되는 경우 최종적인 전망 수정치는 3/4분기에 당초 전망대비 0.1%포인트 조

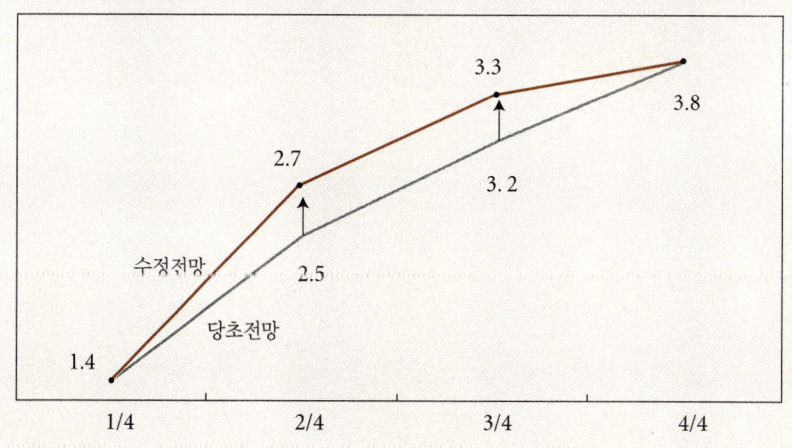

그림 4.8 Base shift와 여건변화를 반영한 전망수정

정하고 4/4분기는 당초 예상치를 그대로 유지하게 된다. 즉 당초 예상과 달라진 부분(base shift)과 여건변화에 따른 영향을 동시에 고려하여 경제전망을 수정하는 것이다.

이러한 특성 때문에 경제전망 수정시 외생변수 변화와 수정 전망치간 정합성을 점검할 때 다음과 같은 체크리스트 방식이 많이 이용된다. 즉 ① 가장 최근 분기의 실적치와 예측치의 차이(base shift 효과), ② 모형에서 도출된 외생변수 변화에 대한 탄성치에 외생변수 전제치의 변화를 곱하여 파악한 조정여지(또는 전망오차) 등을 모두 계산하여 최종 전망수치가 당초 전망과 일관성 있게 조정되었는지를 점검하는 것이다.

한편 체크리스트 방식은 전망오차의 발생원인을 찾아보는 계기를 제공하기도 한다. 즉, 최근의 정보 흐름으로 볼 때 체크리스트 방식에 의해 도출된 수치보다 전망치를 더 많이 조정해야 할 것으로 판단된다면 지난번 전망치에 문제가 있었다는 것을 의미한다. 이 경우는 지난번 전망치에 오차가 발생한 이유를 점검해야 한다.

표 4-5 전망수정 체크리스트 양식(예시)

외생변수	전제치		전제 변화	GDP 탄성치 (BOK04)	수정요인
	당초	수정			
세계교역물량					
국제 유가					
환　율					
정책금리					
base shift (또는 기타충격)					

왜 경제전망을 직관과 모형의 종합예술이라 하나?

이 책의 2장에서부터 4장까지 모든 내용을 읽고 있는 독자라면 거시계량모형의 구축에서부터 경제전망 수치의 확정에 이르기까지 모든 단계에서 전망전문가의 주관적 판단, 즉 직관이 개입되어 있다는 것을 알게 되었을 것이다. 그런 이유에서 필자는 경제전망이 모형과 전문가의 직관이 상호작용하는 종합예술적인 성격을 가진다고 주장하는 것이다. 이를 다시 정리해 보자.

외생변수에 대한 전제과정에서 직관이 크게 작용한다. 외생변수들에 대한 전제치는 시계열분석기법을 통해 예측하기도 하지만 국외 예측기관들의 전망치나 자체의 대외경제에 대한 동향분석 결과를 바탕으로 최종 결정하기 때문이다. 즉 IMF 등 국제기구와 주요 투자은행 등 많은 예측기관들이 조금씩 다른 정보를 가지고 서로 다른 전망치를 제시하고 있는 상황에서 최근의 세계경제 흐름에 가장 부합하는 전제치를 확정하는 것은 많은 경험을 가진 전망전문가의 주관적 판단이다.

경제전망 수치를 확정해가는 단계, 즉 미세조정 과정에서도 모형과 주관적인 판단은 긴밀하게 작용한다. 외생변수의 값이 주어진 후 거시계량모형의 버튼을 눌러 초기 전망치가 도출되었을 때 최근의 경기흐름에서 어느 정도 벗어나 있으며 어느 정도 상수항 조정을 해야 하는지를 결정하는 것도 경제전망 전문가의 직관이 필요한 부분이다. 거시계량모형에서 전망시작 시점의 수치를 조정하여 어느 정도 타당한 전망치가 도출된 이후 각 부문별 담당자의 예측치와 상호 비교하고 차이의 원인을 규명하며 이를 다시 모형에 반영하는 것 또한 직관의 역할이다. 아울러 최종적으로 전망치를 확정하는 단계에서 저축률, 투자율, 부문별 경기순환 부합성, 초과수요·물가·경상수지간 정합성 등을 점검하는 것도 전망전문가의 주관적 판단에 의존하게 된다.

시나리오 분석과정에서는 기준 경제전망을 작성할 때보다 모형에 대한 의존도가 더 높지만 주관적 판단은 여전히 중요한 역할을 한다. 우선 시나리오를 설정하고 충격을 부과하는 방식에서 직관이 역할을 한다. 모형은 기계적인 수치만을 제시하므로 현실상황에 맞는 시나리오를 설정하고 적절하게 충격을 부여해야만 정책적으로 유의미한 정보를 도출할 수 있기 때문이다. 앞에서도 언급했지만 환율이 임의보행의 성질을 가짐에도 불구하고 이러한 특성을 고려하지 않고 충격을 부여한다든지, 상호 모순되는 충격을 동시에 부과하여 경제전망의 상·하방리스크를 분석하는 등의 오류를 방지하는 것은 경제에 대한 식견을 가진 사람의 몫이지 모형 스스로 할 수 있는 것은 아니다. 한편 모형에 의한 시뮬레이션 결과는 과거 수년 동안의 평균적인 반응을 나타내기 때문에 최근에 경제주체의 행태변화나 여건변화에 따라 반응의 크기가 달라진 것을 포착하거나 최신 연구결과 등을 반영하여 모형에 의한 시뮬레이션 결과를 조정하는 것도 주관적인 판단의 영역에 속한다.

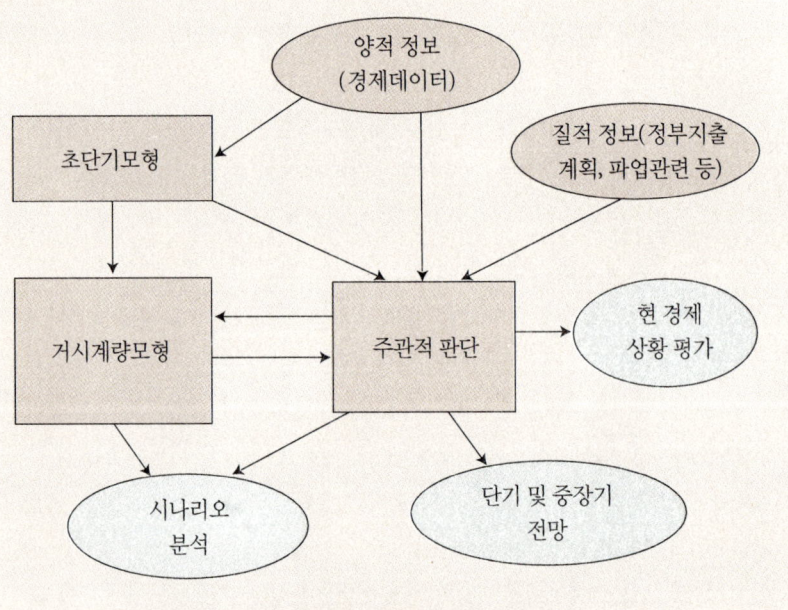

그림 4.9 전망과정에서 거시계량모형과 직관의 상호작용

적정수준 지표의 정교한 추정

거시계량모형에서는 내생 및 외생 변수의 증가 문제 등으로 GDP, 실업률 등의 적정수준을 가능하면 단순한 방식으로 추정하기 때문에 정책당국자들은 경제상황 및 정책방향 판단을 위해 보다 정교한 방식으로 잠재 GDP, 자연실업률 등을 추정하여 활용하고 있다.

경제전망의 궁극적 목적은 현재와 미래의 경제활동 수준이 적정(또는 균형)수준에서 어느 정도 벗어나 있는지를 판단하는 것이고 경제정책은 이를 적정수준으로 복귀시키는 것이라고 반복해서 말해왔다. 1장과 2장에서 적정수준을 추정하는 방법들에 대해 가끔씩 언급하였지만 실제 전망작업을 수행하고 이를 바탕으로 경제상황에 대해 정확히 진단하기 위해서는 잠재 GDP, 자연실업률, 자연가동률, 균형금리, 균형통화량 등을 정교하게 추정할 필요가 있다. 왜냐하면 아무리 정확한 예측치(예: GDP)를 얻었다 하더라도 향후 긴축적인 정책대응이 필요한지 아니면 확장적인 정책이 필요한지는 예측치(GDP)와 전망대상 기간중 동 변수의 적정수준(잠재 GDP)을 비교해야만 판단할 수 있기 때문이다. 물론 주요 거시경제변수에 대한 적정수준 추정이 거시계량모형 자체내에서 내생적으로 이루어지기도 하지만 내생변수 및 외생변수의 개수 증가 문제[16] 등으로 대부분의 모형은 이동평균이나 장기추세추출 등 단순한 방식을 사용하고 있는 것이 현실이다. 이에 따라 한국은행 등 정책당국자들은 개별적인 연구결과를 바탕으로 보다 정교한 방식으로 잠재 GDP 등을 추정하여 정책

---

[16] 잠재 GDP를 정교하게 추정하는 방법으로 생산함수접근법이 있다. 만약 동 방식을 거시계량모형내에 구현하고자 힌디면 자본스톡, 자연가동률, 15세 이상 인구, 경제활동참가율, 자연실업률, 총요소생산성 등을 결정하는 방정식이 추가되어야 하는데 이 경우 모형에 포함될 내생 및 외생 변수가 크게 늘어나는 문제가 발생한다.

판단에 이용하고 있다. 이하에서는 적정수준 지표들의 추정방식을 몇 가지 소개하고자 한다.

잠재 GDP

잠재 GDP를 추정하는 방법에는 크게 생산함수접근법과 시계열분석법으로 구분할 수 있다. 두 방법 모두 장단점이 있어 어느 것이 우월하다고 판단하기는 어려우며 상호 보완적으로 활용하고 있다. 우선 생산함수접근법은 노동, 자본 등 생산요소와 GDP간의 관계를 나타내는 생산함수를 설정하고 동 함수식의 모수 값을 추정한 후 추가적인 인플레이션을 유발하지 않고 투입 가능한 최대 자본스톡과 노동력 수준을 대입하여 잠재 GDP를 추정하는 것이다. 가장 간단한 예를 들기 위해 다음과 같은 콥-더글라스형 생산함수를 가정하여 설명해본다.

$$Y_t = A_t K_t^\alpha L_t^{1-\alpha}$$

단, Y_t : GDP, A_t : 총요소생산성, K_t : 자본스톡, L_t : 노동력

우선 위 식을 로그변환한 후 GDP와 자본스톡, 취업자수 등의 데이터를 이용하여 자본소득분배율(α)을 추정한 후 자본스톡과 노동력 변수에 각각 [자연가동률 × 자본스톡]과 [(1 − 자연실업률) × 경제활동인구]를 대입하면[17] 잠재 GDP를 구할 수 있다. 즉 이렇게 구한 GDP 수치를 추가적인 인플레이션을 유발하지 않고 생산 가능한 최대생산수준(= 잠재 GDP)이라 해석하는 것이다. 물론 노동투입을 기술수준까지 고려해 구분하기도 하고 연구개발투자스톡을 따로 추가하는 등 생산함수접근법을 활용하더라도 다양한 형태로 잠재 GDP가 추정될 수 있다.

---

[17] 자연실업률 및 자연가동률 추정방법은 잠재 GDP 추정 다음에 곧바로 이어진다.

이같은 생산함수접근법은 잠재성장률의 변동을 요인별로 분해하여 설명할 수 있는 데다 각 요인별 예측치를 전제로 미래의 잠재성장률 흐름을 전망해 보는 데에도 유용하다. 즉 최근의 잠재성장률 하락이 노동력이 줄어드는 데 기인하는지 아니면 투자부진에 기인하는지를 파악할 수 있을 뿐만 아니라 통계청에서 발표하는 장기 인구구조 전망치를 바탕으로 미래의 잠재성장률도 시산해 볼 수 있다. 한편 노동이나 자본스톡은 급격하게 변동하지 않기 때문에 이 추정법을 이용하는 경우 잠재 GDP 추정치가 실제 GDP의 최근 추세에 덜 민감하게 반응하는 특성이 있다. 다만 동 방식은 자본스톡을 따로 추계해야 하는 등 추정에 많은 시간과 비용이 소요되고 자본스톡, 노동, 총요소생산성 등과 관련된 대용변수 선정시 오류가 발생할 가능성이 있다는 점 등이 단점으로 지적될 수 있다.

생산함수접근법보다 비용면에서 저렴하고 통계학 기법을 통해 쉽게 잠재 GDP를 추정하는 방법이 시계열분석법이다. 시계열분석법은 GDP를 장기추세, 순환 및 불규칙 변동으로 분해한 후 장기추세 변동을 잠재 GDP로 간주하는 방법인데 HP(Hodrick-Prescott) 필터법, 은닉인자모형(unobserved component model) 등이 있다. 우선 HP 필터법[18]은 실제 GDP $\{y_t\}_{t=1}^{T}$가 주어졌을 때 손실함수 $S(\tau_t)$를 최소화하는 추세치 $\{\tau_t\}_{t=1}^{T}$를 구하는 방법이다. λ는 추세항이 변동하도록 허용하는 데 따른 비용을 나타내는 것으로 λ를 크게 할수록 추세가 완만하게 변하게 된다.

$$S(\tau_t) = (1/T)\sum_{t=1}^{T}(y_t - \tau_t)^2 + (\lambda/T)\sum_{t=2}^{T-1}[(\tau_{t+1} - \tau_t) - (\tau_t - \tau_{t-1})]^2$$

은닉인자모형[19]은 실제 GDP를 직접 관측할 수 없는 장기추세 부분과 순환변동 부분으로 나누고 칼만필터링 방식을 통해 장기추세를 추출하는 방법이다.

---

18) 2장의 "경제시계열에서 순환변동의 추출"에서 동 기법을 잠깐 언급한 바 있다.
19) 2장의 "경제지표들의 공통요인 추출"에서 은닉인자모형에 대해 잠깐 소개한 바 있다.

$$y_t = \tau_t + c_t \quad \text{(관측방정식)}$$
$$\tau_t = \mu_y + \tau_{t-1} + \omega_t \quad \text{(확률적 추세)}$$
$$c_t = \psi(L)c_{t-1} + \xi_t \quad \text{(순환변동)}$$

단, y_t : 실제 GDP, τ_t : 장기추세부분, c_t : 순환부분, μ_y : 표류항,
$\psi(L)$: 후방 연산자, ω_t, ξ_t : 백색잡음 오차항

즉, 상기와 같은 방식으로 상태공간모형을 구축하고 τ_t를 구해내어 이를 잠재 GDP로 간주하는 것이다.

이처럼 시계열분석법은 GDP의 실적치를 기초로 추세치를 추출하기 때문에 현 시점까지의 잠재 GDP 추정에 주로 이용되고 있으며 중장기 전망치 시산이나 잠재성장률 변동의 요인 설명에는 한계가 있는 방법이다. 또한 추정된 잠재 GDP가 실제 GDP의 최근 추세에 다소 민감하게 반응한다는 특징이 있다.[20]

---

[20] 시계열분석법을 이용하게 되면 최근의 경제상황에 상당히 민감하기 때문에 잠재성장률 수준을 평가할 때는 경기순환의 한 주기 정도인 4~5년 정도 평균 성장률을 계산하여 활용할 필요가 있다. 즉 새로운 데이터가 추가되면서 추세성장률도 상당히 바뀌어 추정될 수 있기 때문에 시계열분석법에 의해 추정한 추세성장률이 최근 1년 정도 낮아지는 모습을 보였다고 해서 우리나라의 잠재성장률이 하락했다고 강하게 주장하는 것은 다소 무리가 따른다 하겠다.

추정방법별 GDP 갭률의 비교 및 시사점

<그림 4.10>은 생산함수접근법, HP 필터법 및 은닉인자모형법 등 3가지 방법으로 추정한 1990년 이후 우리나라의 잠재 GDP와 실제 GDP간 격차(GDP 갭률)를 보여주고 있다. 3가지 방법으로 추정한 GDP 갭률이 모두 경기순환과 매우 유사한 패턴을 보이고 있으나 GDP 갭률의 크기는 추정방법에 따라 조금씩 차이가 있음을 알 수 있다. 예를 들어 생산함수접근법과 HP 필터법에 의하면 2006년중 GDP 갭률은 계속 플러스를 기록하나 은닉인자모형에 의하면 마이너스로 나타남을 알 수 있다.

이처럼 잠재 GDP 추정과정에서 어떤 방식을 사용하는가에 따라 정책판단이 크게 달라질 수 있기 때문에 GDP 갭률의 활용시에 유의할 필요가 있다. 사실 방법상의 차이뿐만 아니라 추정과정에서의 오차measurement error까지

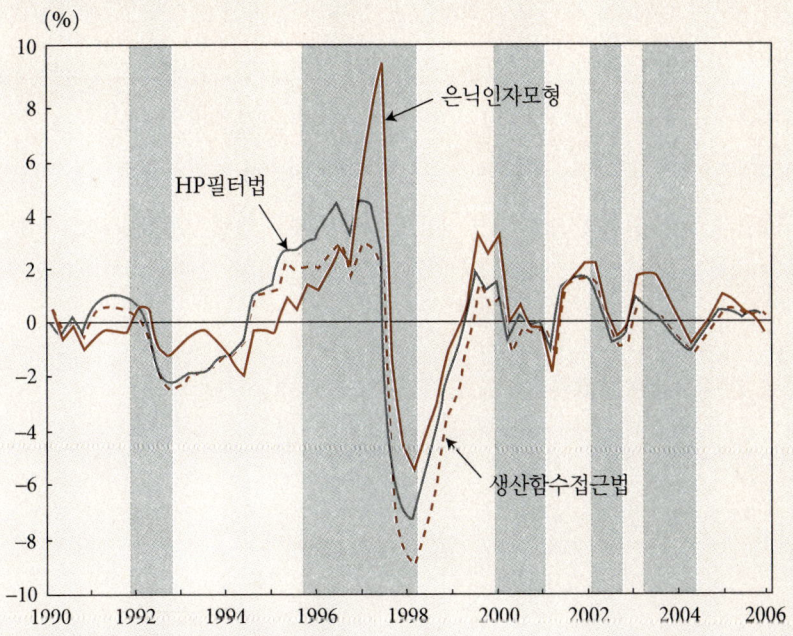

그림 4.10 추정방법별 GDP 갭률

고려한다면 GDP 갭률이 소폭(예 : 0.2~0.3% 이내) 변동하는 것에 대해 민감하게 반응할 경우 정책실패를 초래할 가능성도 배제하기 어렵다. 이러한 측면에서 GDP 갭률은 여러 가지 방법으로 추정·비교해 본 후 방어적으로 평가함으로써 정책오류 가능성을 최소화할 필요가 있다. 필자는 여러 가지 방법으로 GDP 갭률을 추정해 본 후 갭률이 대부분 플러스(+)로 나타나면 긴축정책을, 마이너스(-)로 나타나면 확장정책을 제안하고 있으며 어떤 방식으로 하더라도 갭률이 크게 마이너스라면 상당기간 확장기조를 유지하자고 제안해 왔다.

자연실업률

자연실업률non-accelerating inflation rate of unemployment, NAIRU은 공급측 교란요인이 없을 때 장기적으로 인플레이션 압력을 유발하지 않는 실업률로 정의할 수 있다. 즉 경기순환적 요인을 제외한 구조적 또는 마찰적 요인에 의해 결정되는 실업률을 자연실업률이라 말한다. 이에 따라 실제 실업률이 자연실업률보다 높아지면 임금이나 물가상승압력이 하락하고 실제 실업률이 자연실업률보다 낮아지면 임금 및 물가상승압력이 상승하게 된다. 이러한 정의에 부합하는 자연실업률을 추정하기 위해 가장 많이 사용되는 방법에는 필립스곡선을 이용한 회귀분석법과 시계열분석법이 있다.

회귀분석에 의한 추정법은 다음과 같은 필립스곡선을 추정하고 인플레이션의 변화가 없는 상태의 실업률을 계산하는 방식이다. 즉

$$\Delta p_t = a + \Delta p_{t-1} + \beta u_t + v_t \text{ 또는}$$
$$\Delta \pi_t = a + \beta u_t + v_t$$

단, p_t : 물가의 로그변환, u_t : 실업률, π_t : 인플레이션, v_t : 오차항

와 같은 필립스곡선을 실업률과 인플레이션 데이터를 이용하여 추정하고 $\Delta \pi_t = 0$

이 되는 실업률($u^* = -\frac{a}{\beta}$)을 계산하는 것이다. 이같은 회귀분석에 의한 자연실업률 추정은 필립스곡선에 실업률과 인플레이션간 시차, 에너지가격, 교역조건 등 공급측 요인도 추가적으로 고려하는 식으로 다양하게 확장될 수 있다. 그러나 동 방식은 추정기간 전체에 대해 자연실업률이 한 수치로 고정되어 있다고 가정함으로써 구조변동에 따른 자연실업률 변화를 조기에 포착하지 못하는 제약이 있다.

시계열분석에 의한 추정법은 잠재 GDP 추정방식과 마찬가지로 HP 필터법이나 은닉인자추정법이 많이 활용된다. HP 필터법은 앞에서 설명했던 잠재 GDP 추정방정식에서 GDP를 실업률로만 바꾸면 되기 때문에 이에 대한 기술은 생략하고 여기서는 은닉인자추정법만을 소개한다. 우선 실제 실업률은 구조적, 마찰적 요인에 의해 결정되는 추세요인(자연실업률)과 순환요인으로 구분될 수 있고 추세요인은 임의보행의 특성을 가지며 실제 실업률이 자연실업률보다 높으면 물가상승압력이 낮아지도록 관계식을 설정하여 상태공간모형을 구성한다.

$$u_t = u_t^* + u_t^c$$
$$u_t^* = u_{t-1}^* + v_t$$
$$\pi_t = a(L)\pi_{t-1} + b(L)(u_t - u_t^*) + c(L)s_t + \xi_t$$

단, u_t: 실업률, u_t^*: 추세요인, u_t^c: 순환요인, π_t: 인플레이션, s_t: 기타요인, $\psi(L)$: 시차연산자, v_t, ξ_t: 백색잡음 오차항

이러한 상태공간모형이 구성되면 관련 데이터를 가지고 칼만필터링 기법을 적용하여 자연실업률을 추정해 낼 수 있다. 시계열분석법은 시간에 따라 가변적인 time-varing 자연실업률을 구할 수 있다는 장점이 있으나 자연실업률이 최근의 실업률 움직임에 다소 민감하다는 단점도 있다.

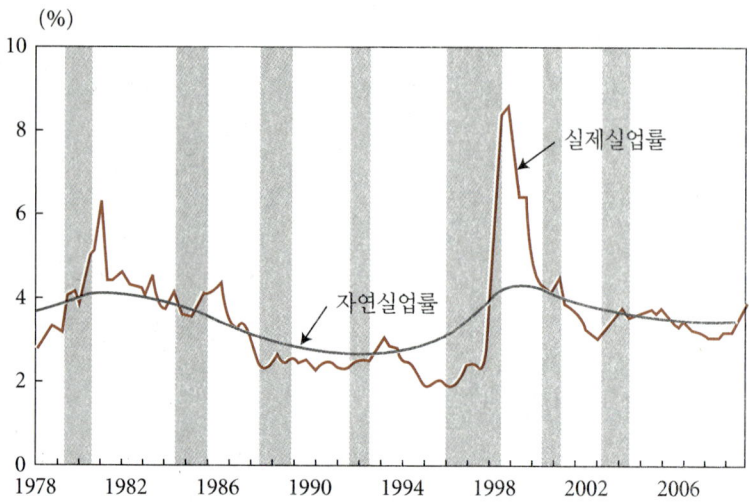

그림 4.11 은닉인자추정법에 의해 도출한 자연실업률

자연가동률

자연실업률과 유사한 개념으로 생산설비 면에서는 자연가동률non-accelerating-inflation rate of capacity utilization, NAIRCU이라는 개념이 사용된다. 즉 인플레이션을 가속화시키지 않으면서 유지 가능한 가동률 수준을 자연가동률이라 하는데 추정방법에는 필립스곡선 모형을 이용한 회귀분석과 Putty-Clay 가설 모형 등이 있다.

필립스곡선 모형을 이용한 회귀분석 방법은 다음과 같은 인플레이션 함수식의 계수를 추정한 후 공급충격과 교란요인이 없다는 전제 ($kZ_t = 0$, $e_t = 0$)하에 $\Delta\pi_t = 0$을 만족시키는 자연가동률(op^*)을 계산하는 것이다.

$$\Delta\pi_t = \alpha + \sum_{j=1}^{n} b_j op_{t-j+1} + kZ_t + e_t$$

단, π_t : 인플레이션, op_{t-j+1} : 가동률, Z_t : 공급충격변수벡터, e_t : 백색잡음 오차항

Putty-Clay 가설은 실제 투자가 집행되기 전에는 자본과 노동의 대체가 가능하지만 일단 장비가 설치된 후에는 양자간에 대체가 불가능하기 때문에 실제 자본장비율과 자연자본장비율은 일치한다는 가설이다. 즉 실제 생산에 투입된 자본과 노동 및 자본장비율은 자연실업률, 자연자본가동률 및 실제 자본장비율 등으로 표현 가능하다.

$$L_t = (1 - u_t)E_t, \quad C_t = K_t/op_t$$

$$\frac{K_t^*}{L_t^*} = \frac{op_t^* C_t}{(1 - u_t^*)E_t} = \left(\frac{op_t^*}{op_t}\right)\left(\frac{1 - u_t^*}{1 - u_t}\right)\left(\frac{K_t}{L_t}\right)$$

단, L_t : 실제 투입노동량, u_t : 실제 실업률, E_t : 경제활동인구, C_t : 최대자본 스톡, K_t : 실제 투입자본량, op_t : 실제 가동률, K_t^* : 자연자본투입량, L_t^* : 자연노동투입량, op_t^* : 자연자본가동률, u_t^* : 자연실업률, K_t^*/L_t^* : 자연자본장비율, K_t/L_t : 실제 자본장비율

여기서 실제 자본장비율이 정상상태$^{\text{steady-state}}$에 있다는 전제하에 Putty-Clay 가설, 즉 실제 자본장비율과 자연자본장비율이 일치하다는 가설을 적용하면 다음과 같은 자연자본가동률 관계식이 도출된다.

$$op_t^* = \frac{1 - u_t}{1 - u_t^*} op_t$$

따라서 동 식에 자연실업률 추정치와 실제 실업률, 실제 가동률 등을 대입하면 자연자본가동률을 계산할 수 있다.

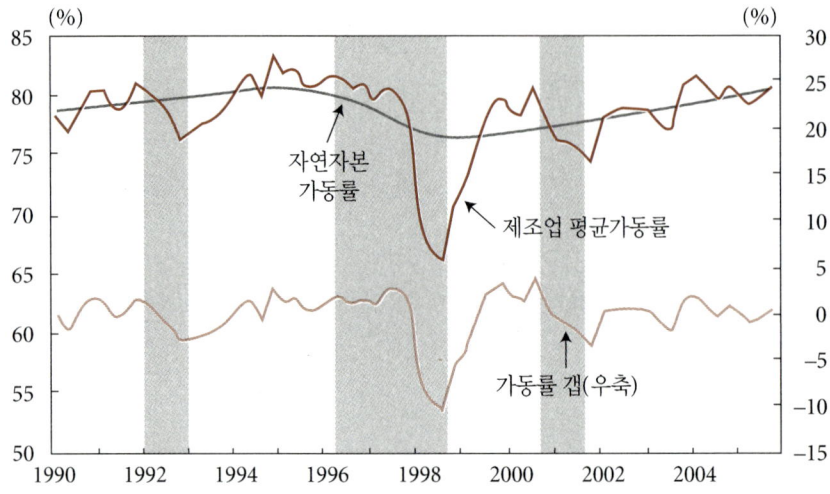

그림 4.12 Putty-Clay 가설을 적용해 추정한 자연자본가동률

균형금리 및 균형통화량

잠재 GDP는 실제 GDP와 비교하여 경제상황 판단 및 정책방향의 설정에 직접 활용되기도 하지만 균형금리equilibrium rate of interest 또는 중립적 금리neutral rate of interest, 균형통화량 등을 추정하는 데 필요한 정보변수로 활용되기도 한다.

중립적 금리는 경기를 부추기거나 위축시키지 않고 물가를 상승 또는 하락시키지 않는 금리수준으로 정의할 수 있다. 따라서 실제 정책금리가 중립적 금리 수준에 비해 낮으면(높으면) 점진적으로 금리를 인상(인하)시킬 필요가 있는 것으로 해석하는 등 통화정책 수행과정에서 정보변수로 활용한다. 중립적 금리수준을 추정하는 대표적인 방식으로는 테일러준칙이 있다. 즉 정책목표금리가 인플레이션 갭과 GDP 갭의 변동에 따라 결정되도록 금리준칙을 설정하여 계수를 추정한 후 인플레이션 갭과 GDP 갭이 영("0")인 상태에서의 금리를 산출하는 방식이다.

$$r_t = c_0 + c_1 r_{t-1} + \alpha(\pi_t - \pi_t^*) + \beta(y_t - y_t^*)/y_t^*$$

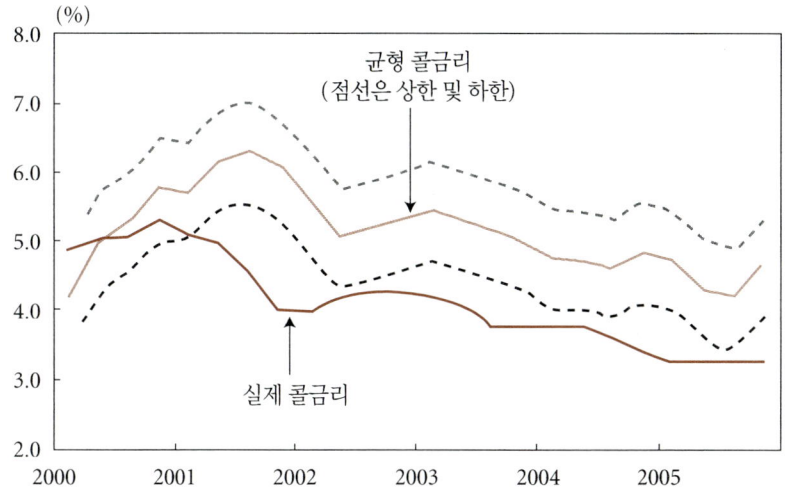

그림 4.13 **테일러준칙에 의한 균형 콜금리**

단, π_t, π_t^* : 인플레이션율 및 물가안정목표

y_t, y_t^* : 실제 GDP 및 잠재 GDP

한편 균형통화량은 실물부문이 균형을 이룬 상태에서 요구되는 적정 통화량으로 정의되며 실제 통화량과의 차이인 실질통화갭(real money gap)이 플러스(+)이면 과잉 유동성 상황으로, 마이너스(-)이면 유동성 부족 상황으로 판단한다. 균형통화량은 다음과 같은 교환방정식에 잠재 GDP와 장기유통속도를 대입하여 산출하게 된다.

$$\widetilde{m}_t = p_t + y_t^* - v_t^*$$

단, $\widetilde{m}_t$: 균형통화량 로그변환, p_t : 디플레이터 로그변환, y_t^* : 잠재 GDP 로그변환, v_t^* : 통화유통속도 장기추세 로그변환

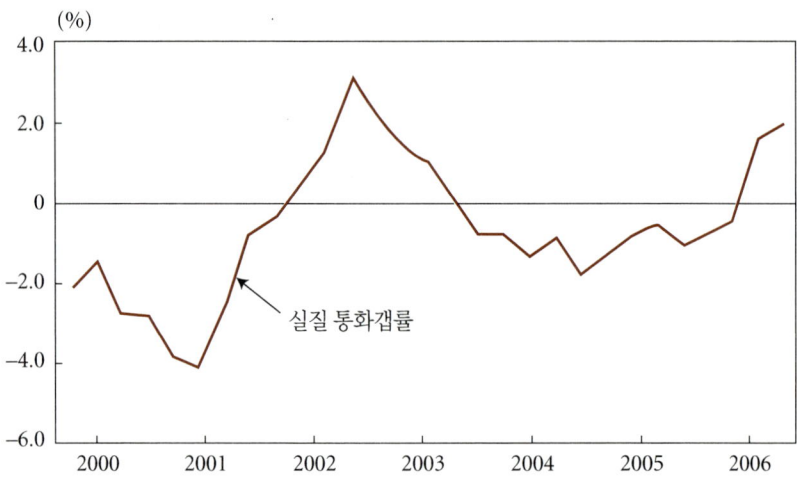

그림 4.14 실질 통화갭률

준구조모형을 통한 잠재 GDP, 자연실업률, 중립금리의 동시 추정

준구조모형에서는 우선 ① IS 곡선, ② 필립스 곡선, ③ 피셔 가설Fisher hypothesis, ④ 생산요소 등의 블록을 구성하여 GDP 갭, 금리갭, 기대인플레이션 등이 상호 작용하는 방정식 체계를 만든다. 이후 동 방정식 체계를 상태공간모형의 형태로 변환하고 최우추정법 및 칼만필터를 적용함으로써 잠재 GDP, 자연실업률, 중립금리 등 은닉인자를 일괄적으로 추정한다. 이하는 오금화(2008)에서 우리나라 경제에 대해 설정한 준구조모형의 방정식체계와 중립금리 추정결과를 인용한 것이다.

① IS 곡선: 잠재 GDP(y_t^*)의 움직임 및 GDP 갭(c_t)의 움직임을 규정

$$y_t = y_t^* + c_t$$
$$y_t^* = y_{t-1}^* + g_t + \epsilon_t^y, \qquad g_t = g_{t-1} + \epsilon_t^g$$
$$c_t = \phi_1 c_{t-1} + \phi_2 c_{t-2} - \frac{\kappa}{2}\{(r_{t-1} - r_{t-1}^*) + (r_{t-2} - r_{t-2}^*)\} + \epsilon_t^c$$

y_t : GDP(로그), y_t^* : 잠재 GDP(로그), c_t : GDP 갭, g_t : 잠재 GDP 성장률,
r_t : 실질금리, r_t^* : 중립금리, $\epsilon_t^y, \epsilon_t^g, \epsilon_t^c$: 백색잡음 오차항

② 필립스 곡선 : 인플레이션(π_t)은 기본적으로 GDP 갭 및 과거 값에 의해 영향을 받는 가운데, 수입물가(π_t^i)의 상대적 변동도 포함

$$\pi_t = \mu + b_y c_{t-1} + \theta_1 \pi_{t-1} + \theta_2 \pi_{t-2} + b_i(\pi_{t-1}^i - \pi_{t-1}) + \epsilon_t^\pi$$

π_t : 인플레이션(CPI 로그차분), π_t^i : 수입물가지수 로그차분,
ϵ_t^π : 백색잡음 오차항

③ 피셔 가설 :

$$r_t = call_t - \pi_{t|t-1}, \quad r_t^* = r_{t-1}^* + \epsilon_t^r$$

$call_t$: 콜금리(명목), $\pi_{t|t-1}$: 기대인플레이션, ϵ_t^r : 백색잡음 오차항

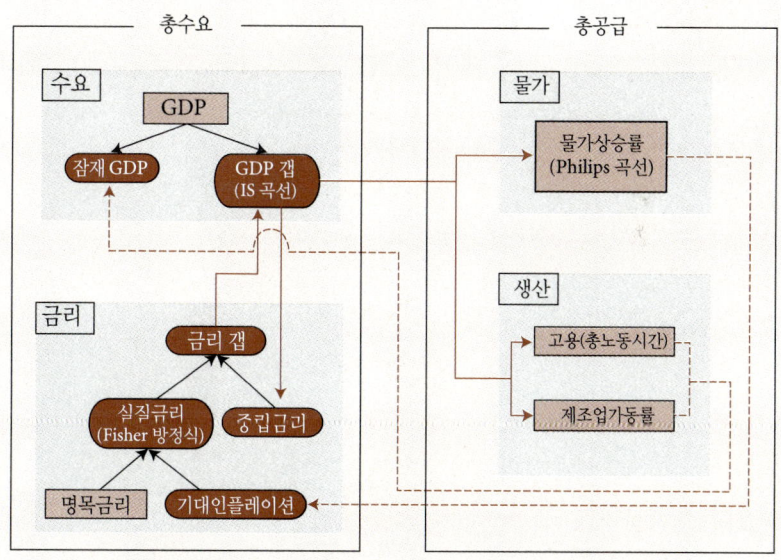

주: 1) ▨는 관측 가능한 변수, ⬤는 비관측변수를 의미

그림 4.15 준구조모형의 구성 및 흐름도

④ 생산요소: 노동투입시간($\widetilde{h}_t$) 및 제조업가동률($\widetilde{op}_t$)의 갭을 추가 정보로 활용

$$\widetilde{h}_t = f_1 c_t + f_2 c_{t-1} + f_3 \widetilde{h}_{t-1} + \epsilon_t^h$$
$$\widetilde{op}_t = p_1 c_t + p_2 c_{t-1} + p_3 \widetilde{op}_{t-1} + \epsilon_t^{op}$$

$\widetilde{h}_t$: 총노동투입시간(로그) − 추세치, $\widetilde{op}_t$: 제조업가동률지수(로그) − 추세치, $\epsilon_t^h, \epsilon_t^{op}$: 백색잡음 오차항

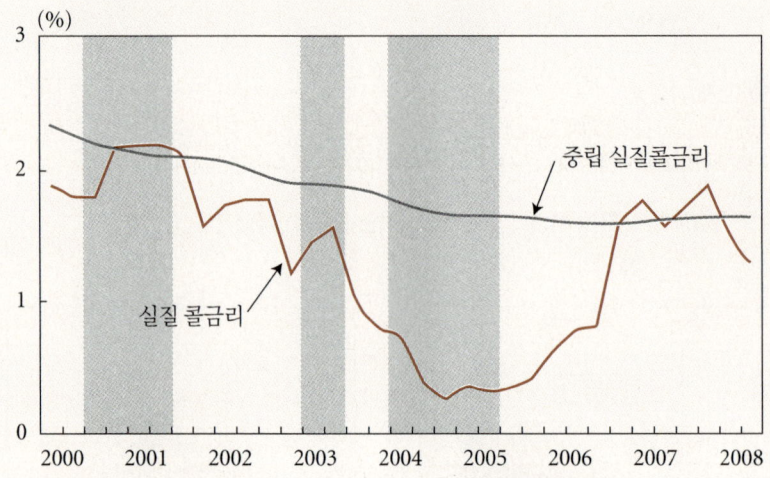

그림 4.16 준구조모형에 의한 실질 및 중립 실질콜금리 추정치

CHAPTER 5

경제전망의 불확실성과 커뮤니케이션

거시계량모형을 구축하고 경제상황을 분석하는 인력을 아무리 많이 투입하여 경제전망을 수행하더라도 예측오차의 발생은 불가피하다. 사실 예측오차는 외생변수에 대한 전제치가 틀리거나 구축된 모형이 현실경제를 정확히 반영하지 못하는 경우뿐만 아니라 전혀 예측 불가능한 충격이 발생할 때에도 나타난다. 이처럼 경제전망 오차는 추가적인 노력을 통해 축소가 가능한 부분과 불가항력적인 부분으로 구성되어 있기 때문에 경제전망 담당자는 예측오차의 발생원인을 면밀하게 분석하여 경제전망체계를 지속적으로 개선해야 한다. 또한 전망치 자체에 어느 정도 불확실성이 있는지를 정책결정자와 민간 경제주체들에게 제시하고 이의 의미에 대해 이들과 적극적으로 커뮤니케이션하는 노력이 필요하다.

5장에서는 경제전망의 정확성 평가기준을 제시하고 예측오차의 발생원인과 축소대책에 대해 기술한 후 경제전망의 불확실성을 제시하는 방법 등에 관해 살펴본다. 마지막에는 전망수요자와의 커뮤니케이션 전략에 대해 설명한다.

ECONOMIC FORECASTING

Economic Forecasting

경제전망의 정확성 평가기준

경제전망의 정확성 평가기준에는 절대예측오차나 자승평방근예측오차 등 편의(bias) 정도를 중시하는 방식과 예측치와 실적치간 방향의 부합성을 중시하는 방식, 전망의 유효시계를 중시하는 방식 등이 있다.

경제전망의 정확성을 평가하는 과정에서 예측치와 실적치간 격차의 정도에 초점을 맞추는 방식에는 절대예측오차와 자승평방근예측오차 등이 있다. 절대예측오차_{absolute forecasting error} 평균법은 예측치($P(X_t)$)와 실적치(X_t)의 절대차이를 평균하는 방식인데 예측오차의 크기에 상관 없이 가중치가 같다는 특성이 있다.

$$\text{AFE} = \sum_{t=1}^{T} \frac{|P(X_t) - X_t|}{T}$$

국회 등에서 과거 몇 년간 한국은행의 전망치와 실적치를 비교하여 예측오차가 크다고 비판하는 경우는 이런 절대오차방식에 기초하고 있다고 볼 수 있다. 그러나 경제정책을 수행하는 입장에서 보면 평균적인 예측오차는 같더라도 오차폭이 큰 경우가 자주 발생하면 정책대응 실패에 따른 비용이 커질 가능성이 높기 때문에 오차 폭이 클수록 가중치를 무겁게 할 필요가 있다. 이러한 필요성을 반영할 수 있는 것이 자승평방근예측오차(root mean square forecasting error) 방식이다.

$$\text{RMSFE} = \frac{\sqrt{\sum_{t=1}^{T}(P(X_t) - X_t)^2}}{T}$$

또는

$$\text{RMSE\%} = \sqrt{\frac{1}{T}\sum_{t=1}^{T}\left[\frac{P(X_t) - X_t}{X_t}\right]^2} \times 100$$

일반적으로 어떤 경제변수에 대한 자승평방근퍼센트오차(RMSE%)가 5% 이내면 통계학적인 측면에서 비교적 양호한 예측력을 확보하고 있다고 평가한다. 그런데 주요 경제예측기관들은 전망작업시 모형에 포함된 변수 이상의 많은 정보를 활용하기 때문에 이보다는 오차가 작게 나타난다고 볼 수 있다.

한편 경제성장률이나 물가상승률 자체만의 예측력이 아닌 두 변수간에 예측력을 비교할 때도 있는데 이 경우에는 각 변수의 변동성을 고려할 필요가 있다. 즉 경제변수가 변동성이 높은 경우는 절대예측오차나 자승평방근오차도 크게 나타나기 때문에 이와 같은 방법을 통해 변동성이 현저히 다른 두 변수의 예측력을 직접 비교하기는 곤란함이 따른다. 이처럼 변수간 변동성의 차이를 감안하여 예측력을 비교할 때 사용하는 방법이 Theil의 U 방식이다.

$$U = \frac{\sqrt{\sum_{t=1}^{T}(P(X_t) - X_t)^2}}{\sqrt{\sum_{t=1}^{T}X_t^2}}$$

다음으로 경제전망의 방향성을 어느 정도 정확하게 맞추었는가를 평가하는 방식으로 카이스퀘어(Chi-square, χ^2) 테스트가 있다. 경제정책을 수행하는 입장에서 보면 경기흐름의 "상저하고" 또는 "상고하저", "연착륙" 또는 "경착륙" 등 경기변동의 방향성과 강도를 얼마나 정확히 판단해 낼 수 있는지가 정책성공의 중요한 열쇠라고 할 수 있기 때문에 경제전망치가 경기의 방향을 얼마나 성공적으로 포착했었는지를 평가할 필요가 있다. 경제성장률 전망치의 카이스퀘어 테스트를 예로 들어보자. 우선 성장률이 높아질 때 높아진다고 예측한 경우와 성장률이 낮아질 때 낮아진다고 전망한 횟수가 전체 전망기간중에 몇 번 정도였는지 통계지수(A)를 만든다. 이 지수는 카이스퀘어분포를 따르기 때문에 A가 통계적으로 유의한 수준인지를 점검하여 예측능력을 평가한다.

$$A = \sum_i \sum_j \frac{(N_{ij} - N_{i.}N_{.j}/N)^2}{N_{i.}N_{.j}/N}$$

단 $i, j = +$ 또는 $-$, $N_{+,+} = N(P+, O+), N_{+.} = N(P+)$

표 5-1 경제성장률 예측의 방향 테스트

		예측치(P)		
		성장률 변화 > 0	성장률 변화 ≤ 0	소계
실적치(O)	성장률 변화 > 0	N(P+, O+)	N(P−, O+)	N(O+)
	성장률 변화 ≤ 0	N(P+, O−)	N(P−, O−)	N(O−)
	소계	N(P+)	N(P−)	N

마지막으로 전망의 유효시계forecasting memory를 작성하여 전망기관의 예측력에 대해 평가하기도 한다. 앞에서도 언급했지만 전망의 시계가 짧은 경우 동향분석과 시계열분석기법만을 사용하더라도 높은 예측력을 확보할 수 있으나 전망의 시계가 길어질수록 거시계량모형의 보유, 여타 정보 및 전망전문가 확보 여부 등에 따라 예측력에 큰 차이가 발생한다. 따라서 전망기관별로 예측치가 어느 정도 시계까지 신뢰할 수 있는지를 비교하는—전망유효시계를 계산하는—것도 의미가 있다.

전망유효시계는 특정 경제변수의 전망시계별로 자승평방근예측오차(RMSFE)를 계산하고 이것이 동 변수의 표준편차를 하회하는 최대 전망시계longest forecasting horizon로 정의하는데 전망의 시계가 길어질수록 RMSFE가 커진다는 점에 착안한 것이다.[1] <그림 5.1>은 스웨덴 중앙은행Riksbank의 경제전망을 예로 든 것인데 GDP 성장률의 전망유효시계는 4분기 정도인 것을 알 수 있다.

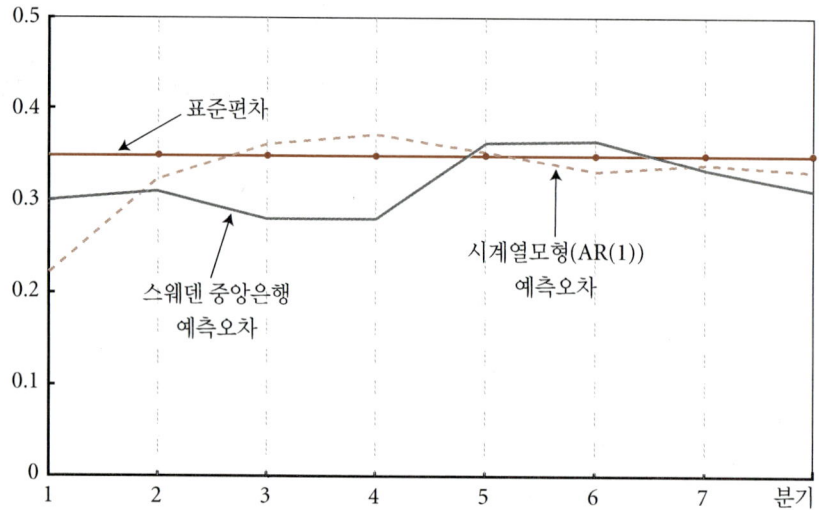

그림 5.1 스웨덴중앙은행 GDP 성장률 전망의 유효시계

---

[1] GDP 성장률을 예로 들면 GDP 성장률 평균이 5.0%, 표준편차가 1.0%인 경우 GDP 성장률의 70%가 5.0 ± 1.0% 범위내 위치하게 되는데 이러한 특성에 착안하여 예측오차가 1 표준편차보다 작은 경우 예측의 정확성이 높다고 판단하는 것이 전망유효시계 방법의 기본 취지라 볼 수 있다.

자승평방근퍼센트오차 5%내의 수출입 예측오차와 경상수지

2007년 경상수지를 전망할 때 한국은행은 연간 20억달러 흑자로 전망하고 민간 연구소들은 20억달러 적자로 예상한 일이 있었다. 이에 대해 언론에서는 한국은행의 전망이 너무 낙관적이지 않느냐, 경상수지가 20억달러 정도 적자가 되면 큰일이지 않느냐라는 반응을 보였던 기억이 난다. 여기서 잠깐 경상수지 전망의 오차 문제에 대해 생각해 보도록 하자.

경상수지는 상품수지, 서비스수지, 소득이전수지 등으로 세분해서 볼 수도 있지만 간단하게 수출과 수입의 차라고 하자. 앞에서도 언급했지만 RMSE%가 5% 이내에 들면 예측력이 괜찮은 것으로 평가하기 때문에 수출금액 전망시 대강 5% 정도의 오차가 생기더라도 통계적으로 큰 문제가 있는 전망치는 아닐 수 있다. 이제 다소 극단적인 상황을 가정해보자. 즉, 수출에서 5%의 오차가 발생하고 수입에서 반대방향으로 5%의 오차가 발생했다고 하자. 이 경우 경상수지 예측오차는 어느 정도 될까? 2007년 당시 우리나라의 수출 및 수입규모가 각각 3천억달러 정도였다면 경상수지 전망의 오차수준은 300억달러 내외가 될 것이다. 따라서 극단적인 경우가 아니라도 경상수지 전망에서 100억달러 정도의 오차는 어렵지 않게 발생할 수 있으며 통계적인 면에서는 허용 가능한 수준이라 할 수 있을 것이다.

만약 이러한 사실을 언론이 알고 있었다면 그렇게 강한 어조로 경상수지 적자전환 가능성에 대해 보도할 수 있었을까? 아니면 한국은행이 더 적극적으로 이러한 사실을 설명했어야 할까? 혹시 한국은행은 이에 대해 설명을 자세하게 하면 언론에서 더욱 크게 보도하면서 정책수행에 제약이 따를 것을 걱정하지는 않았을까? 경상수지 흑자나 적자규모를 GDP에 대한 비율로 발표하면 충격이 덜했을 수도 있는데 왜 한국은행은 그렇게 하지 않았던 것일까? 답은 독자들의 판단에 맡기고자 한다.

예측오차의 발생 원인과 전망시스템 개선

예측오차는 외생변수에 대한 전제 실패, 모형설정 오류, 주관적 판단 실수, 예상치 못한 충격발생 등 다양한 원인에 의해 발생한다. 따라서 예측오차 발생에 대해 무조건 비판하는 태도는 지양할 필요가 있으며 경제전망기관은 원인에 대한 정확한 진단을 통해 지속적으로 전망시스템을 개선해야 한다.

1장에서 언급했지만 정확한 경제전망은 경제주체들의 의사결정 과정 및 효과적인 정책수행에 매우 중요하다. 그런데 언론 등에서 정책당국이나 경제학자들의 예측능력에 대해 비판을 계속하는 것은 경제전망이 계속 틀리고 있음을 의미할 것이다. 그러면 경제예측의 오차는 왜 발생하는 것일까?

경제예측의 오차가 발생하는 원인은 크게 다음과 같은 두 가지 불확실성에서 찾을 수 있다. 우선 미래 상황의 불확실성이다. 경제전망은 특정 시점에서 주어진 정보를 최대한 활용하여 도출한 것이기 때문에 전망대상이 되는 기간중에 경제여건이 전제했던 상황과 달라지거나(외생변수 전제 오류), 예기치 않은 충격이 발생하는 경우, 동 경제전망을 바탕으로 추가적인 정책이 수행된 경우 사후 실적치는 당초 전망치와 차이가 날 수밖에 없다.

두 번째는 경제전망체계의 불확실성이다. 즉 전제치가 모두 맞고 특별한 충격도 발생하지 않았는데도 모형이 경제구조를 정확하게 반영하지 못하는 경우 오차가 발생할 수 있다(모형설정 오류). 또한 경제전망 전문가의 주관적인 판단을 가미하는 과정에서도 오차가 나타날 수 있다(주관적 판단 오류).[2] 결국 경제예측의 오차가 발생하지 않으려면 전망담당자가 실제 경제활동을 정확하게 포착한 모형을 가지고 있고 경제주체들의 행태가 변하지 않으며 예상치 못한 충격의 발생

---

[2] 국민소득 등의 통계는 잠정치, 확정치 등 계속해서 수정되는데 이러한 통계측정의 오류로 인해 전망오차가 발생하기도 한다. 동 요소는 경제정책측면에서 크게 중요하지 않을 수 있어 논의에서 제외되는 것이 일반적이다.

없이 외생변수는 당초 전제와 같이 실현되어야 하는 것이다. 즉 상기 조건중 어느 하나라도 충족되지 못한다면 예측오차의 발생은 피할 수 없다.

앞에서 언급한 것처럼 경제예측의 오차가 다양한 요인에 의해 발생하기 때문에 5장 처음에서 소개한 방식으로 최종적인 경제변수의 예측치와 실적치를 단순 비교하여 경제예측기관들의 경제예측 능력을 평가하는 것은 상당한 문제가 있다고 볼 수 있다. 예를 들어 보자. 어느 기관은 국제유가 등 외생변수에 대한 전제치는 정확했는데 경제전망 수치가 실적치와 많이 달랐고 또 다른 기관은 외생변수에 대한 전제치는 모두 틀렸는데 경제전망 수치는 실적치와 비슷했다고 하자. 이 경우 우리는 어느 기관의 예측력이 우수하다고 해야 하는가? 또 특정 정책

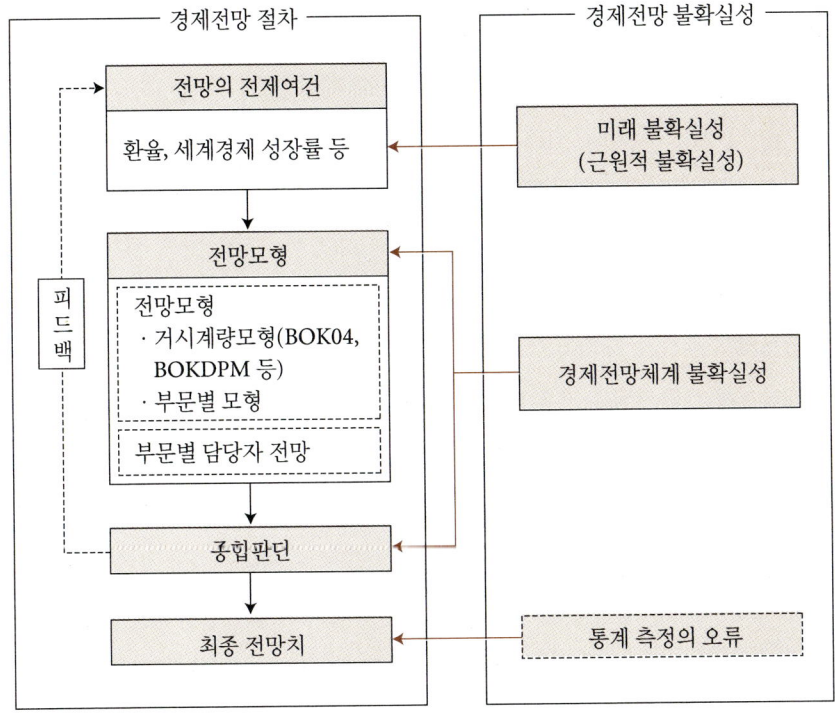

자료 : 최영일·오금화(2008)에서 재인용

그림 5.2 한국은행의 경제전망 절차 및 불확실성

기관이 경제전망 당시에는 정책기조에 변화가 없다고 전제한 후 예측을 수행하고 공표했는데 이후 정책기조에 변화가 생겨 예측오차가 발생했다면 예측능력에 문제가 있다고 말할 수 있을까? 이런 측면에서 볼 때 예측오차에 대한 비판은 신중해야 하며 오차의 발생원인에 대한 진단이 선행되어야 함을 알 수 있다.

한편 예측오차의 발생원인에 따라 경제전망시스템을 개선하는 방식도 다르다. 경제예측의 오차가 빈번하게 발생하고 크기도 상당한 경우 경제전망시스템을 개선해야 하는데 시스템의 어느 부분을 개선해야 할지는 오차의 발생원인에 따라 달라진다. 이하에서는 필자가 생각하고 있는 예측오차 발생원인 점검 및 대책 마련 절차를 설명해 보겠다.

우선 외생변수별로 전제치가 얼마나 많이 틀렸는지를 살펴본다. 국제유가 등 특정 부문에 대한 예상이 크게 벗어나 예측오차가 확대된 경우에는 동 부문에 대한 모니터링이나 동향분석 체계를 개선할 필요가 있다.

두 번째는 외생변수 전제치와 실제치간 차이를 계산하고 여기에 동 전망기관이 가진 모형의 충격반응함수 값을 대입하여 외생변수 전제오류에 따른 예측오차를 계산한다. 만약 동 계산치와 실제 예측오차가 상당히 차이난다면 거시계량모형을 개선하거나 전망담당자의 자질을 높이기 위해 노력해야 할 것이다. 전망담당자의 주관적 판단이 크게 개입되지 않은 상태에서 오차가 발생했다면 거시계량모형의 개선에 중점을 두어야 한다.

세 번째는 예측대상 변수별로 오차가 정합성을 갖는지 점검해 본다. 예를 들어 특별한 외생적 충격이 발생하지 않았는데 GDP 전망치가 실적치보다 크게 낮고 물가 전망치는 실적치보다 크게 높은 상황이 발생했다면 수요압력의 크기를 측정하는 기법이 잘못되어 있을 수 있다. 만약 수요압력을 측정하는 잠재GDP, 자연실업률, 자연가동률 등이 모형에 내생화되어 있다면 거시계량모형에 대한 개선이 이루어져야 할 것이다. 반면 경제전망 담당자가 모형 밖에서 잠재GDP 등을 따로 추정하고 주관적 판단을 통해 수요압력을 반영한 후 경제성장과 물가 전망치를 조정하는 시스템이라면 주관적 판단 부분에 대한 개선이 있어야 할 것이다.

예측오차에 대한 민간의 비판과 정책당국의 자세

2000년대 초반 언론과 국회에서는 한국은행의 경제전망이 너무 많이 틀린다고 호된 비판을 한 적이 있다. 사실 경제예측의 오차는 다양한 요소에 기인하기 때문에 어떤 경우는 추가적인 노력을 통해 오차를 축소할 수 있으나 예상치 못한 충격발생은 불가항력일 수도 있다. 그러나 어느 정도가 불가피한 것이며 어느 정도가 추가적인 노력에 의해 극복이 가능한지 정확히 분석하기 어렵기 때문에 언론이나 국회에서는 정책당국의 잘못된 경제전망에 대해 무조건적으로 비판하고 정책당국자는 평판 손실을 우려하여 예측능력 제고를 위해 각별한 노력을 기울이기 보다는 예측오차 발생의 불가피성에 대해 변명하려는 경향을 갖게 된다.

오랫동안 경제전망 업무를 담당했고 또 언론이 비판할 때마다 시말서를 쓰는 심정으로 괴로워했던 필자의 경험에 비추어 정책당국자나 언론, 국회에서는 다음과 같은 접근태도를 견지하는 것이 바람직하다고 생각한다. 즉 경제전망을 담당하는 이코노미스트는 우선 정도 높고 논리적 정합성을 갖춘 경제전망 수치를 제시하도록 노력해야 하고, 아울러 민간에 의해 평가되는 대상은 전제치가 아닌 최종 결과치라는 것을 인식하고 경기흐름에 대한 직관을 높이기 위해 노력해야 한다. 또 언론 및 민간 경제주체와의 커뮤니케이션을 강화하여 경제전망치에 담겨 있는 의미를 이해시키는 작업이 필요하다고 본다. 한편 언론 등은 정책당국의 경제전망 능력에 대해 비판하는 과정에서 예측력의 비교 기준이 매우 애매하다는 점을 인식하고 예측능력 제고를 위한 노력을 촉구하는 방향으로 애정 어린 비판을 해 줄 필요가 있다 하겠다. 예상치 못한 충격에 의해 예측의 오차가 발생할 경우 언론 등의 비판대상이 되어 전망담당자 본인의 평판이 손상될 위험이 크다면 경제전망 분야에서 전문가로 남고자 하는 인재들을 찾아보기 어렵게 될 것이다.

경제전망의 불확실성 제시

경제예측치에 포함된 불확실성을 명시적으로 밝히는 것은 전망발표기관의 신뢰성 유지 및 전망수요자들의 최적 의사결정에 도움이 된다. 불확실성을 제시하는 방법으로는 시나리오 전망, 범위 전망, 팬차트 방식 등이 있다.

앞에서 언급했듯이 경제전망은 조건부 예측이기 때문에 다양한 불확실성에 노출되어 있다는 점에서 한국은행과 KDI 등 우리나라 주요 경제연구소에서 취하고 있는 점예측치 point forecast 발표 방식은 여러 가지 문제를 야기할 수 있다. 그 중에서도 예측오차 발생에 따른 정책당국이나 연구소의 신뢰 손상은 심각하게 고려해 볼 문제이다. 사실 주요 경제변수에 대한 점예측은 통상 실현될 가능성이 가장 높은 최빈값 mode 일 따름이다. 따라서 동 예측치가 그대로 실현될 가능성은 매우 낮으며 예측오차 발생은 불가피한 것이다. 그러나 민간이 이러한 전망의 불확실성에 대해 인식하지 못한다면 지속적인 예측오차 발생은 전망기관의 신뢰 상실로 이어져 경제전망을 공표함으로써 얻을 수 있는 효과(예: 한국은행의 경우 정책투명성 및 정책유효성 제고)보다 잃는 것이 더 많을 수도 있다.

경제예측치의 제공자(전망전문가 또는 예측치 발표기관)가 예측치에 내포된 불확실성에 대해 명확히 밝히는 것은 정책당국자와 민간 경제주체들의 최적 의사결정에도 도움을 준다. 정책당국자의 예를 들어 설명해 보자. 정책결정자들은 전망의 불확실성에도 불구하고 이를 바탕으로 의사결정을 해야 한다. 정확한 경제전망을 바탕으로 적절한 정책결정을 내린 경우에는 경제 전체적으로 최적의 선택을 할 수 있겠지만 잘못된 예측치를 바탕으로 정책결정을 하는 경우에는 사회적 비용을 지불해야 한다. 따라서 정책결정자가 경제전망의 불확실성에 대해 충분히 인식한다면 잘못된 전망에 기초한 정책실패 비용을 최소화하는 방향으로 경제정책을 수행할 가능성이 높다. 즉 정책결정자가 경제예측 오차에 대한 확률분포($p_n(x)$)를 알고 있는 경우 다음과 같이 사회적 비용($C(f_n - x)$)을 최소화하는 방식으로 정책결정을 하게 될 것이다.

$$min_{f_n} \int_{-\infty}^{\infty} C(f_n - x) p_n(x) dx$$

단, $C(f_n - x)$: 비용함수, f_n : 예측치, x : 실적치, $p_n(x)$: 확률밀도함수

이러한 상황은 민간 경제주체들에게도 비슷하게 적용될 수 있다. 즉 민간 경제주체들이 소비나 투자규모를 결정할 때 경제전망의 불확실성에 노출되어 있으면 예측오차 발생에 따른 의사결정비용을 최소화하는 방향으로 행동할 것이기 때문이다. 따라서 경제전망의 불확실성을 민간이나 정책당국자에게 제공하는 것은 이론적으로도 타당성을 갖는다.

경제전망의 불확실성을 제시하는 방식은 다양하다.[3] 우선 외생변수에 대한 불확실성을 명시적으로 보여주기 위해 기준전망과 시나리오별(낙관적 또는 비관적) 전망을 동시에 제시하는 것이다. 이 경우 정책결정자(민간 경제주체)는 기준전망과는 다른 비우호적인 시나리오 하에서 기준전망에 기초한 정책(경제행위)을 실시했을 때의 부담에 대해 고민해 본 후 의사결정을 내리게 되는 것이다. 미국의 저명한 민간 경제예측기관인 글로벌인사이트(Global Insight: 과거 WEFA와 DRI의 합병회사)에서는 이같은 시나리오 제시 방식으로 경제전망 서비스를 제공하고 있다.

---

[3] 2007년 말 현재 각국 중앙은행별로 경제전망의 불확실성을 표현하는 방식은 아래와 같이 정리할 수 있다.

불확실성·리스크 의미	해당 중앙은행	표현 형태
· 정책위원들의 다양한 견해	· 미 연준, 일본은행	· 범위(range)
· 통계적 신뢰구간	· ECB, 스웨덴 및 노르웨이 중앙은행	· 범위 또는 팬차트
· 모든 종류의 예측오차	· 영란은행	· 팬차트

위기관리 방식의 정책결정과 시나리오 분석

경제여건의 변화에 따라 경제실적은 예측치보다 높거나 낮을 수 있다. 이러한 경제전망의 불확실성 때문에 정책결정자들은 경제정책 결정과정에서 위기관리risk management 접근방식을 선호한다. 즉 기준전망을 가장 발생할 확률이 높은 상황으로 인식하되 확률은 낮지만 현실화될 수 있는 하방리스크와 상방리스크를 모두 고려하여 최악의 상황에 대비하는 정책선택을 하게 되는 것이다.

예를 들어 설명해 보자. 현재 잠재 GDP와 실제 GDP 수준이 비슷하고 잠재성장률은 4.5% 정도, 물가상승률 목표는 3%라고 가정해 보자. 또 전망담당자가 작성한 기준전망의 경제성장률은 4.8%이고 물가상승률은 4.2%라고 하자. 만약 기준전망을 그대로 받아들인다면 적절한 통화정책 방향은 정책목표금리를 인상하여 물가상승률 하락을 유도하는 것이 된다. 그런데 대외여건 가운데 세계경제의 성장이 둔화될 우려가 높아지고 있다고 하자(0.5%포인트 성장률 하락, 확률 20%). 이 경우 정책결정자가 처한 위험은 금리를 인상했는데 세계경제 성장률도 낮아져서 국내 경제가 급격하게 위축되는 것이다. 이러한 상황에서 정책결정자는 시나리오 전망 결과를 보고 싶어할 것이다. 이를테면 세계경제 성장률이 0.5%포인트 정도 낮아지고 금리를 50bp 인상했을 때 거시계량모형을 통해 시산한 경제성장률과 물가상승률이 필요한 것이다. 만약 세계경제가 상당히 위축되더라도 경제성장률이 4.3% 정도로 잠재성장률 수준과 큰 차이가 없는 결과가 나오면 정책결정자는 성장의 하방리스크를 감수하고서라도 금리인상을 단행하게 될 것이다.

두 번째로는 범위전망range forecast을 하는 것이다. 즉 금년중 경제성장률이 4.2~5.5%, 물가상승률은 2.3~3.0% 범위에 들어갈 것으로 본다는 형식을 취하게 된다. 이러한 경우는 불확실성을 명시화하는 효과는 있으나 정책결정자나 민간의 입장에서 볼 때 가장 가능성이 높은 전망치, 즉 최빈값에 대한 정보가 없기 때문에 의사결정에 더 어려움을 겪을 수 있다. 또한 전망치의 범위가 너무 넓은

표 5-2 미 연준의 경제전망[1] (2009년 11월 FOMC 기준)

	2009	2010	2011	2012	장기[4]
실질 GDP 성장률(%)[2]	-0.4~-0.1	2.5~3.5	3.4~4.5	3.5~4.8	2.5~2.8
실 업 률(%)[3]	9.9~10.1	9.3~9.7	8.2~8.6	6.8~7.5	5.0~5.2
PCE 물가 상승률(%)[2]	1.1~1.2	1.3~1.6	1.0~1.9	1.2~1.9	1.7~2.0

주 : 1) 중심범위(central tendency) 기준
　　2) 4/4분기 전년동기대비
　　3) 4/4분기 평균
　　4) 적절한 통화정책 수행을 전제로 한 장기 전망치를 의미. 즉 연준 FOMC 위원들이 생각하는 잠재성장률, 자연실업률 및 암묵적 인플레이션 목표로 해석 가능

경우는 전망치의 유용성이 크게 낮아질 수도 있다. 미 연준과 일본은행에서는 연방공개시장위원회 FOMC 위원들이나 정책위원들의 경제전망치를 전체 범위나 상하위 극단치를 제외한 중심범위 형태로 제시하고 있다.[<표 5-2>참조]

　세 번째는 첫 번째와 두 번째 방식의 장점을 동시에 고려할 수 있는 것으로서 경제예측치의 확률분포를 모형에서 직접 도출하여 통계적 신뢰구간을 제시하는 팬차트 fan chart 방식이다. 즉 외생변수의 분산, 내생변수 오차항의 분산 등에 대한 정보를 바탕으로 모형에서 예측치의 확률분포를 부스트랩 bootstrap 이나 몬테칼로 Monte Carlo 시뮬레이션을 통해 도출해 내고 이를 팬차트 형태로 공개하는 것이다. 거시계량모형들을 이용하면 이러한 방식을 통해 확률분포를 어렵지 않게 도출할 수 있다. 이 경우 확률분포는 기준전망치를 중심으로 상하방 대칭적인 형태가 되고 전망시점의 경제상황과 상관 없이 분포가 과거 평균과 비슷하게 나타난다. 한편 불확실성에는 거시계량모형의 추정계수 자체도 포함될 수 있기 때문에 최근에는 베이지안 방식으로 추정한 거시계량모형을 이용하여 통계적 신뢰구간을 추정하려는 노력이 진행되고 있다.[4]

---

4) ECB, 스웨덴의 Riksbank 등 많은 중앙은행에서 DSGE 모형의 모수 값을 베이지안 방식으로 추정하고 있다.

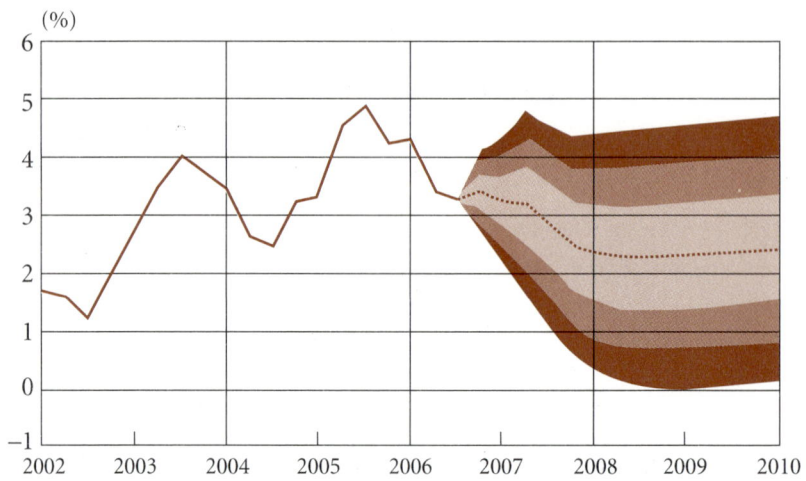

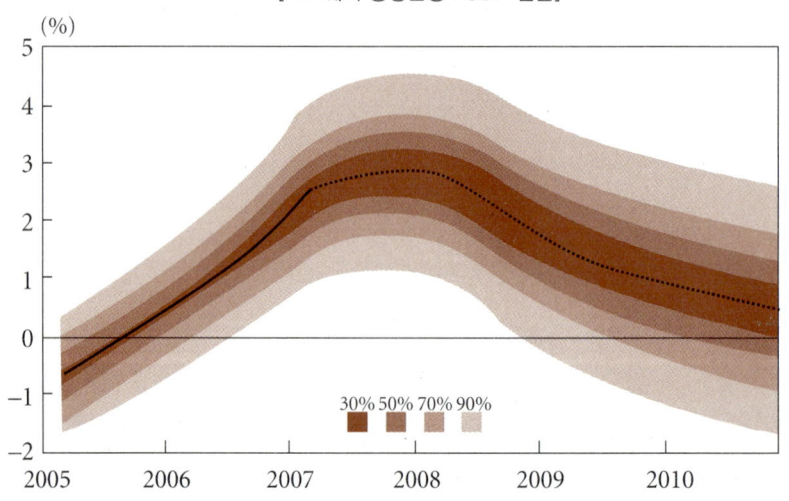

그림 5.3 스웨덴 및 노르웨이 중앙은행의 팬차트 예시

한편 거시계량모형에 의해 도출된 확률분포는 모형에서 도출된 예측치가 기준전망치일 경우에 유효하지만 이를 추가적인 정보를 이용하여 직관을 통해

조정한 경우에는 사용하기 곤란하다는 문제가 있다. 또한 금융위기 등 경제위기 상황에서는 경제예측치의 불확실성이 과거 평균에 비해 크다고 볼 수 있기 때문에 과거 평균에 의존하여 모형에서 도출하는 불확실성 평가는 한계가 있다. 영국의 중앙은행인 영란은행에서 사용하는 팬차트 방식은 이러한 문제들을 함께 고려한 것으로 과거 데이터나 모형에서 포착할 수 있는 객관적인 확률분포와 경제여건 등을 고려한 주관적인 확률분포를 결합하는 형태를 취하고 있다. 즉 거시계량모형 등에서 나온 예측치와 주관적 판단을 결합하여 최종적으로 기준전망을 정하고 전망대상기간의 경제여건에 비추어 불확실성의 정도가 과거 평균에 비해 더 크지는 않은지, 또한 기준전망에 비해 하방리스크가 큰지 등에 대한 주관적 판단을 종합하여 팬차트를 작성하는 것이다.

영란은행에서 사용하는 팬차트 작성방식을 좀 더 자세히 살펴보면 우선 팬차트는 일반적인 정규분포를 변형한 혼합정규분포에 바탕을 두고 작성된다.

$$f(x) = \frac{2}{((1/\sqrt{1-\gamma}) + (1/\sqrt{1+\gamma}))} \frac{1}{\sqrt{2\pi}\,\sigma^2} e^{\frac{-1}{2\sigma^2}[(x-\mu)^2 + \gamma \frac{x-\mu}{|x-\mu|}(x-\mu)^2]}$$

단, μ : 최빈값, σ^2 : 불확실성 정도, γ : 왜도

즉 기준전망(μ), 과거 평균적인 예측오차 및 현재 여건을 고려하여 최종적으로 선택된 분산(σ^2), 상·하방 리스크에 대한 주관적인 판단(γ)을 입력하여 경제전망치의 확률분포를 그려내는 것이다. 앞에서 언급한 적이 있지만 실제 전망의 오차는 모형에 의해 계측되는 과거의 평균적인 오차보다 더 작게 나타나는 경향이 있기 때문에 주관적 판단이 가미된 분산은 모형 평균보다 다소 작은 수치를 부여하고 상·하방 리스크의 비중(<그림 5.4>는 40:60 가정)에 부합하는 왜도 값을 계산하여 입력해 주면 비대칭적인 모습을 한 팬차트가 그려진다.

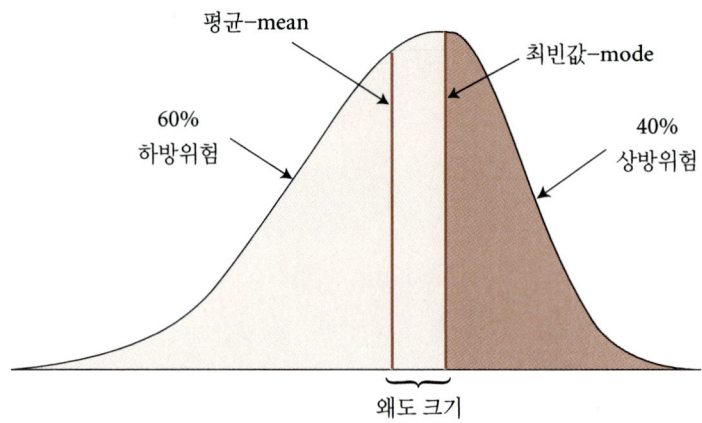

그림 5.4 **팬차트 도식 예시**

영란은행 방식의 팬차트 해석

한국은행은 통화신용정책보고서 등에 영란은행 방식의 팬차트를 활용하여 경제전망의 불확실성을 대외에 공표하고 있다. <그림 5.5>는 2007년 상반기중에 작성한 것인데 이를 해석하는 방식에 대해 설명해 본다.

우선 왼쪽의 경제성장률 팬차트에서 중심선의 수치는 실현가능성이 가장 높은 성장률 전망치이기 때문에 한국은행은 2008년에 GDP 성장률이 5% 초반까지 높아질 확률이 매우 높다고 보고 있음을 의미한다. 또 부채모양의 폭은 성장률 전망의 불확실성을 표시하기 때문에 부채모양이 아래로 많이 치우쳐 있다는 것은 한국은행이 성장의 하방리스크를 크게 보고 있음을 시사한다. 오른쪽의 물가상승률 팬차트를 보면 한국은행은 2008년 초에 소비자물가 상승률이 3% 부근까지 상승할 확률을 가장 크게 보고 있으며 부채모양이 위쪽으로 치우쳐 있기 때문에 물가전망의 상방리스크를 더 크게 인식하고 있다고 해석할 수 있다.[5]

---

5) 이같이 경제성장의 하방리스크가 크고 물가 상방리스크가 큰 상황은 전망시점에서 국제유가 등에 영향을 미칠 지정학적 리스크가 부각되었을 경우에 많이 나타난다.

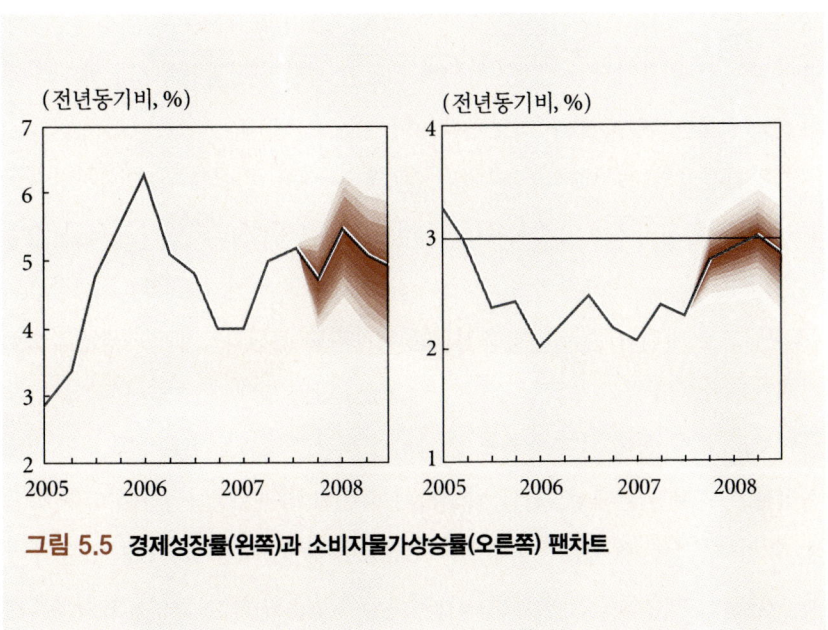

그림 5.5 경제성장률(왼쪽)과 소비자물가상승률(오른쪽) 팬차트

전망수요자와 커뮤니케이션의 중요성

경제전망치 및 불확실성에 대한 정보를 함께 공표한다 하더라도 경제전망 수요자인 정책결정자, 언론 및 민간 경제주체들이 이를 잘 해석하고 활용할 수 있도록 적극적인 커뮤니케이션 전략이 필요하다.

경제전망 전문가에 의해 기준전망, 시나리오 전망 및 예측치의 확률분포가 작성되었다 하더라도 경제전망의 수요자가 이를 해석하고 활용하는 과정에서 커뮤니케이션 문제가 발생하게 된다. 경제전망 수요자는 정책결정자, 언론 및 민간 경제주체들이라 할 수 있는데 경제전망치를 직접 작성한 전망전문가와 전망치의 수요자가 동일한 전망치에 대해 서로 엇갈린 해석을 한다면 경제전망의 유용성은 크게 떨어지고 경제전망치의 제공이 오히려 정책수행이나 민간의 경제활동에 교란요인이 될 수도 있는 것이다.

경제전망의 수치해석에 차이가 발생하는 예를 들어보자. 잠재성장률이 4.5% 정도로 추정되는 경제에서 GDP 성장률 예측치가 4.2%였다고 하자. 경제전망 전문가는 우리 경제가 4.2% 성장을 하더라도 지난 2년간의 고성장으로 GDP갭률은 여전히 플러스가 유지되는 경우라면 정책기조를 경기중립적으로 가져가는 것이 좋다고 생각할 것이다.[6] 그러나 만약 정책결정자나 민간 및 언론 등이 GDP갭률 등에 대한 개념을 잘 알지 못해서 성장률에 집착하게 되면 경제성장률 예측치가 잠재성장률을 하회하기 때문에 경기부양이 필요하다고 판단할 수 있다.[7] 특히 정책결정자가 여론에 민감하게 반응하는 상황에서 언론이 잘못된 판단을 바탕으로 강한 어조로 경기부양이 필요함을 강조하는 경우 정책결정이 경제전망 수치에 내포된 의미와는 전혀 반대로 이루어질 가능성도 있다.

또 다른 예로 정책당국이 3년 정도의 시계로 경제전망 작업을 수행하되 대외공표는 1차연도만 하는 상황을 보자. 정책당국은 GDP 성장률이 전년도에 비해 전망대상 1차연도에 다소 하락하다가 2차연도부터는 다시 상승추세를 회복하는 소프트패치의 경기순환 패턴을 예상했다고 하자. 이러한 상황에서는 정책당국이 특별한 경기대응정책을 취할 필요가 없다고 판단할 것이다. 그러나 대외에 공표된 전망수치는 1차연도 것만이기 때문에 언론에서는 경기가 하강국면에

---

[6] 사실 경제전망 전문가들은 경제전망치를 최종적으로 확정하는 단계에서 적절한 정책대응 방향이 무엇일지에 대해 이미 판단을 하고 있을 가능성이 높다. 그래서 정책당국이 발표하는 경제전망 수치를 보면 미래의 정책기조에 대한 정보를 얻을 수 있는 것이다.

[7] GDP갭률은 (실질 GDP − 잠재 GDP)/잠재 GDP × 100으로, 실제 GDP 수준이 잠재 GDP 수준을 하회할 경우 경기부양책이 필요하다고 판단한다. 수식에서 알 수 있듯이 GDP 성장률과 잠재성장률간 격차와 GDP갭률은 항상 같은 부호를 나타내지는 않는다. 1장의 참고 박스글 "증감률만 이용시 경제상황판단 오류(예시)"를 참조하기 바란다.

접어들었다고 보도하며 경기부양이 필요하다고 주장할 수 있고 이에 불안을 느낀 민간 경제주체들이 소비나 투자를 줄인다면 실제로 경제가 하강국면으로 진입해 버릴 위험도 있게 된다. 이때 3차연도 전망치까지 발표하는 대안을 고려할 수 있으나 2차연도 이후의 전망치는 1차연도 것에 비해 예측오차가 큰 것이 일반적이기 때문에 정책당국자는 예측오차 발생에 따른 신뢰 저하를 크게 우려하여 1차연도 전망치만 발표하는 것을 선호할 수도 있다.

한편 경제전망 수치의 공표가 자기충족적 기대 현상[8]을 유발할 수 있기 때문에 정책당국자들은 전망수치를 언론이나 시장이 어떻게 해석할지 고려한 후 최종적인 전망수치를 확정하여 발표할 유혹도 느낄 수 있다. 예를 들어 민간 경제연구기관들은 대부분 4% 내외의 성장률을 예상하며 경기가 부진할 것으로 진단하고 있는 상황에서 정책당국이 정밀하게 전망해 본 결과 4.5% 내외의 성장은 가능할 것으로 예상되었다고 가정해 보자. 그런데 정책당국이 4.5%를 공식적인 전망치로 발표하면 언론에서 너무 낙관적이고 안이한 태도를 보이고 있다고 비판할 것으로 보이고 컨센서스 전망[9]을 반영하여 4%대 초반으로 조정하여 발표하면 자기충족적 기대현상으로 실제 경제성장률이 낮아질 가능성이 우려된다고 하자. 이런 경우는 정책당국이 전략적으로 4.4%를 최종 전망수치로 확정하여 발표할 수 있다. 즉 4.4%라는 수치는 잠재성장률보다는 조금 낮기 때문에 경기부진 가능성을 정책당국이 인식하고 있다는 점을 의미하면서도, 예측오차 등을 고려할 때 동 수치는 잠재성장률과 크게 차이가 나지 않아 경기부양정책을 펼 필요가 없다는 메시지로도 해석될 수 있는 점을 노리는 것이다. 이같이 전략적인 관점에서 최종 전망치를 선택하는 것은 정책당국에 대한 언론의 신

---

[8] 1장에서 설명했지만 경제상황이 양호함에도 불구하고 기업이나 가계가 미래에 경기가 나빠질 것으로 예상하여 소비 및 투자를 줄이게 되면 실제로 경기가 악화되는 현상을 말한다.
[9] 전망기관들이 대체로 동의하는 전망치를 말하는데 통상 각 기관의 전망치를 단순 평균한 수치가 된다.

뢰가 낮은 상황에서 최종적인 정책목표 달성을 위한 고심의 결과라고 이해할 수 있다. 그러나 과학적인 근거하에서 전망수치가 결정되고 이를 바탕으로 합리적인 정책결정이 이루어져야 한다는 전문가적 논리의 정당성을 담보하기는 어렵다고 본다.

이제 민간이 경제전망치를 목표치로 오인함에 따라 정책당국이 전망수치를 자의적으로 조정하게 되고 그 결과 정책실패가 발생할 수 있는 예를 살펴보자. 중기시계에서 재정계획을 수립할 때는 통상 경제성장률과 디플레이터 상승률에 대한 전망을 바탕으로 세수 규모를 예상하고 일정한 재정수지를 유지하는 수준에서 세출규모를 결정하는 방식을 취한다. 이러한 중기재정계획은 보통 그 전제로 활용된 경제성장률 전망치를 포함시켜 발표하게 된다. 이제 중기시계로 경제전망을 수행한 결과 경제성장률이 대외여건 악화 등으로 잠재성장률보다 낮은 상황이 상당기간 지속될 것으로 나타났다고 가정해 보자. 정책당국자의 입장에서 민간이 경제성장률 전망치를 정부의 목표치로 오해하는 경향이 있는 경우 잠재성장률보다 낮은 성장률 전망치를 대외에 공표하는 것이 상당한 정치적 부담으로 작용할 수 있다. 즉 언론 등에서 정부가 경제성장을 포기했다고 지적할 수 있는 것이다. 이런 정치적 부담 때문에 정책당국은 경제성장률 전망치를 잠재성장률 수준으로 조정하고 이를 바탕으로 세수를 전망한 후 세출규모를 결정할 유혹을 느낄 수 있다. 만약 그런 일이 발생한다면 십중팔구는 몇 년 후 실제 성장률이 당초 전제치에 미치지 못하게 되고 이는 세수 부족에 따른 재정적자로 귀결되어 국가채무가 크게 증가하는 문제를 야기할 수 있다. 왜냐하면 사회간접자본투자 등 재정지출사업은 중장기에 걸쳐 수행되기 때문에 세출규모가 한번 결정되고 나면 쉽게 바꾸기가 어렵기 때문이다.

이러한 문제점에 비추어 볼 때 경제전망 전문가들은 전망수치 자체뿐만 아니라 동 수치가 주는 의미, 전망치의 불확실성 등에 대해 정책결정자, 언론 및 민간 등과 적극적으로 커뮤니케이션할 필요가 있다.[10] 즉 경제전망 전문가들이 커뮤니케이션을 통해 수요자들의 이해를 도모하지 못할 경우 경제전망 수치는 경제전망 기술자들만의 지적유희의 산물[11]일 뿐 사회적 기여도는 미미하거나 오히려 혼란을 야기할 가능성도 배제할 수 없다. 또한 경제전망에 대한 이해 부족, 정책당국에 대한 낮은 신뢰도, 언론보도 태도 등을 감안하여 전망수치를 최종적으로 확정하는 과정에서 과학적인 근거가 아닌 정치적이고 전략적인 차원의 접근방식이 만연된다면 궁극적으로 상당한 사회적인 비용이 수반될 수 있다.

따라서 경제전망 전문가는 경제전망의 기법 및 한계 등에 대해 민간, 언론 등을 대상으로 적극적인 교육을 실시하여 경제전망에 대한 이해 수준을 제고할 필요가 있다. 또한 이를 통해 정책의 투명성과 신뢰성을 확보함으로써 정책의 유효성을 높여 나가야 한다. 한국은행에서는 경제전망을 발표한 후 민간 경제전문가 집단이나 언론 등을 상대로 설명회를 개최하고 경제전망의 방법론 등에 대해 특별강의를 실시하고 있는데 이런 모두가 전망과 관련한 커뮤니케이션 문제를 최소화하기 위한 노력들이라 하겠다. 필자가 이 책을 집필하는 이유중 하나도 경제전망에 대한 이해 부족에서 오는 사회적 비용을 줄여보자는 데 있음은 이미 머리말에서 밝힌 바 있다.

---

10) 정책결정자와 경제전망 전문가간 커뮤니케이션 문제를 해소하기 위해 정책결정자가 경제전망 과정에 깊숙이 개입하는 것이 좋을 수도 있다. 그러나 이 경우 정책결정자가 정책결정을 정당화하기 위해 경제전망 수치를 조정할 위험이 생기고 이는 궁극적으로 정책실패를 유발할 수 있다. 따라서 경제전망 전문가에 독립성을 부여하되 정책결정자와 적극적으로 커뮤니케이션하는 시스템을 만들 필요가 있다.
11) 경제전망기법 등에 대한 지식은 경제전망 전문가에 비해 정책결정자들이 부족하다. 따라서 이들 사이에 적극적인 커뮤니케이션이 이루어지지 않을 경우 정책결정자들은 경제전망 전문가들을 기술자로 취급하는 태도를 취하고 경제전망 전문가들은 정책결정자들을 무식하다고 비판하는 등 갈등이 유발될 수 있다.

중앙은행의 책임성과 경제전망치 공표

경제가 발전하고 사회적으로 민주화가 진전됨에 따라 민간의 정보수요가 높아지고 있다. 또 금융시장 참가자들은 시장정보에 즉각적으로 반응하고 투명성이 부족한 곳에는 리스크 프리미엄을 통해 그 대가를 묻는 현상이 강화되고 있다. 중앙은행의 경우 정책결정의 독립성이 높아지는 반면 정책수행의 투명성과 책임성도 함께 강화되는 추세에 있다. 즉 투표를 통해 뽑히지 않은 엘리트 집단에게 통화정책을 독립적으로 수행토록 하되 그에 대한 책임은 정책의 투명성을 통해 확보하는 것이 시대적 대세가 되고 있다.

이러한 관점에서 정기적인 경제전망의 공표는 정책의 투명성을 높이고 민간의 정보욕구를 충족시켜 주는 효과적인 방법중 하나가 될 것이다. 아울러 경제전망치 발표는 정책당국자의 정책의도를 민간의 기대형성에 반영시킴으로써 경제정책의 효율성을 제고하는 추가적인 효과도 있다. 이에 따라 1990년대 이후 경제전망치를 발표하는 중앙은행들이 크게 늘어나고 있는 추세이며 최근 들어서는 전망의 공표 빈도가 높아지고 전망시계도 2~3년으로 확대되고 있다.

표 5-3 주요국 중앙은행의 경제전망 현황

	FRB	ECB	일본은행	영란은행	캐나다 중앙은행	스웨덴 중앙은행	뉴질랜드 중앙은행
경제전망 대상변수	GDP 물가 실업률	GDP 물가	GDP 물가	GDP 물가	GDP 물가	GDP 물가 노동시장 정책금리	GDP 물가 노동시장 정책금리
공표빈도	분기	분기	반기	분기	분기	분기	분기
전망시계	3년	2년	2년	3년	3년	3년	3년
발표방식	구간예측	구간예측	구간예측	팬차트	점예측	팬차트	점예측

한편 경제전망치 공표를 통해 투명성을 제고하는 데는 상당한 비용도 수반될 수 있다. 첫 번째는 예측오차 발생에 따른 중앙은행의 신뢰성 저하다. 물론 예측능력이 열위인 경우는 마땅히 호된 비판이 따라야 한다. 그러나 예측오차의 발생은 불가피한 측면도 없지 않은데 이 점을 민간이 이해하지 못하면 빈번한 예측오차 발생이 정책당국의 정책수행능력 및 정책결정의 적절성에 대한 의문으로까지 확대될 가능성이 있다. 두 번째는 경제전망치에 대한 시장의 과도한 관심으로 통화정책의 신축성이 제약되는 것이다. 예를 들어 예상치 못한 충격의 발생으로 경제전망치를 수정하고 정책기조를 전환해야 함에도 불구하고 정책의 일관성을 명분으로 이를 시행에 옮기지 못할 위험이 있을 수 있다.

그러나 정책의 투명성과 책임성을 높이는 것은 납세자인 국민에 대한 의무라는 점에서 정책투명화를 위한 비용을 최소화하면서 경제전망을 공표하는 노력이 매우 긴요하다. 사실 경제전망 공표의 비용을 언급하는 근저에는 경제예측능력의 부족과 민간 경제주체들의 경제전망에 대한 이해 부족이라는 요소가 자리하고 있다. 따라서 중앙은행은 경제예측 능력을 제고할 수 있도록 상당한 인력과 재원을 투입해야 하고 경제전망치 및 불확실성에 관한 정보를 함께 공개하며 다양한 교육 및 홍보를 통해 경제전망의 한계에 대한 민간의 이해를 높여야 한다. 또한 예측치 못한 커다란 충격에 의해 예측오차가 발생했을 경우에는 어떤 연유에서 전망치를 수정할 여지가 생겼고 정책기조의 변경도 요구한다는 것을 민간에게 적극적으로 설명할 필요가 있다.

CHAPTER 6

향후 경제전망시스템의 발전방향

2007년부터 시작된 글로벌 금융위기는 경제전망, 나아가 거시경제학의 진로에 대해 다시 생각해 보는 계기를 제공하였다. 앞에서 언급한 대로 거시계량모형이 한 기관이 현재까지 축적한 경제지식의 결정판이라면 글로벌 금융위기의 발생은 현재 사용되고 있는 경제분석의 틀이 한계를 가지고 있음을 의미한다. 이러한 측면에서 6장에서는 거시계량모형 또는 경제전망시스템의 향후 발전방향에 대해 살펴보고자 한다. 또한 경제전망은 전문가의 직관이 매우 중요하다는 점을 누차 강조하였는데 필자가 전망에 필요한 감각을 기르기 위해 활용했던 방법을 소개하고자 한다. 마지막에는 인적 및 물적자원의 제약하에서 각 기관이 효과적으로 경제전망시스템을 구축하는 방법에 대해 필자의 생각을 제시해 본다.

ECONOMIC FORECASTING

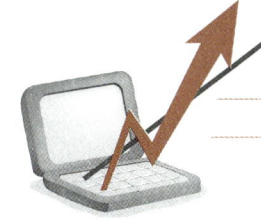

Economic Forecasting

경제전망시스템의 발전방향

　금번 글로벌 금융위기를 예측하지 못한 것은 기존의 경제전망시스템이 금융부문을 소홀히 다루고 합리적 기대를 가정하며 경제주체들의 심리변화를 고려하지 못하는 등에 기인한다. 중앙은행 등 경제전망기관과 학계에서는 앞으로 상당기간 동안 전망시스템의 이같은 한계를 극복하기 위해 노력해야 할 것이다.

　중앙은행이나 기타 경제전망기관에서 구축하여 경제예측에 활용하고 있는 거시계량모형은 그 기관이 현재까지 축적한 경제구조에 대한 인식의 틀임을 누차 강조해도 지나침이 없을 것이다. 2007년 이후 글로벌 금융위기 과정에서 미 연준 등 유수의 경제전망기관들은 경제위기의 예측에 실패하였는데 이는 이들 기관이 보유한 경제분석의 틀이 잘못되어 있을 가능성을 시사한다. 대개의 중앙은행 거시계량모형은 최신의 경제이론과 컴퓨팅 능력의 발전 정도를 최대한 반영한다는 측면에서 경제위기 예측의 실패는 현재까지 거시경제학계가 가진 분석능력의 한계를 보여주었다고 할 수 있다.

　도대체 어떤 부분이 잘못된 것일까? 이 책을 자세히 읽고 있는 독자라면 이미 인지했을 가능성이 있지만 가장 먼저 제시할 수 있는 것은 경기변동에 있어서 금융의 역할에 대한 고려가 부족했다는 것이다. 사실 현재 우리가 살고 있는

세상은 모든 경제주체들이 자신들의 경제활동에 필요한 자금을 조달하고 이에 수반되는 부채를 상환해야 하는 금융자본주의 체제라 할 수 있다. 따라서 모든 경제주체들은 거래와 관련한 지불약속을 이행할 수 있도록 항상 유동성과 지급능력을 확보해야 하며 어떤 충격의 발생으로 다수가 이러한 지불약속을 지키지 못하는 상황이 도래하면 금융거래는 마비되고 실물경제가 심각한 타격을 받는다. 또한 금융회사들이 경제상황에 따라 레버리지 비율을 조정하기 때문에 경제 충격이 실물경제에 미치는 영향은 금융부문의 비중이 커질수록 증폭되는 경향이 있다. 2007년 이후 미국의 서브프라임 모기지대출 부실이 금융경색을 통해 글로벌 금융위기로 이어지고 대공황 이후 가장 심각하게 경기침체를 유발한 것은 경제활동에 있어서 금융부문의 중요성을 확인시켜준 분명한 예라 할 수 있다.

그러나 자본주의 체제의 이러한 상황변화에도 불구하고 경제전망 전문가들은 금번 글로벌 금융위기 전까지 가계 기업 금융기관 등 경제주체들의 자산·부채 및 레버리지 상황, 신용채널의 작동 여부, 금융회사간 거래관계 등에 대한 면밀한 모니터링을 소홀히 한 것이 사실이다. 3장에서 소개했지만 가장 최근에 주요 선진국 중앙은행들이 핵심모형으로 구축하여 경제전망에 활용하고 있는 DSGE 모형이 금융부문을 소홀이 다루고 있는 점은 이를 반영한다고 볼 수 있다. 즉 DSGE 모형에서는 금리를 설명변수로 한 최종수요식과 테일러준칙 형태의 정책반응함수를 포함시키는 정도로 금융부문이 설계되어 있을 뿐 신용경로 등은 소홀히 다루고 있다. 물론 이렇게 금융부문을 소홀이 다룬 배경에는 DSGE 모형의 발전이 실물경기변동이론에서 출발한 점이 작용했지만 그동안 많은 경제전망 전문가들이 경기분석 과정에서 금융부문의 역할에 대해 제대로 인식하지 못한 점도 부인하기 어렵다고 본다.[1]

---

[1] 그동안 필자도 경제전망 업무를 수행하면서 실물경제지표들의 움직임에 많은 가중치를 두어 왔으며 금번 글로벌 금융위기는 경기변동에 있어서 금융부문이 얼마나 중요한 역할을 하는지를 새로 깨닫는 계기가 되었다.

두 번째는 경제주체들의 기대형성방식에 대한 전제의 잘못이다. 거시경제학계와 중앙은행들은 대부분 경제주체들의 기대가 **합리적**이라고 간주하고 이를 바탕으로 거시계량모형을 만들어 경제전망 및 정책**효과분석**에 사용하고 있다. 경제주체들이 의사결정을 함에 있어 모든 선택 가능한 **옵션**과 이의 **확률분포**를 고려하는 합리성을 보여주고 있는 것일까? 경제활동이 상승과 하강을 반복한다는 사실을 아는 합리적인 경제주체들이라면 경기 상승기가 상당기간 지속되었을 경우 얼마 지나지 않아 하강국면으로 전환될 가능성이 높다고 생각하고 과도한 위험추구 행위를 자제할 것이다. 그러나 1990년대 이후 대완화great moderation 현상을 겪으면서 투자자들의 위험선호 경향은 더욱 강화되고 이것이 주택가격 버블 형성으로 이어진 것은 사람들의 행태가 합리적이지 않다는 점을 보여준 것이다. 즉 경기가 상승세를 지속했을 때 경제주체들은 다음 해에도 이러한 추세가 지속될 것이라고 기대하면서 의사결정을 한 것이다.[2]

세 번째는 불완전한 합리성과도 연계되어 있지만 경제주체들의 심리변화에 대한 고려 부족을 들 수 있다. 사람들은 자신이 참이라고 믿는 것에 따라 행동하는 경향이 있다. 즉 각 경제주체들이 경제상황 및 거래상대방에 대해 어느 정도 믿음 또는 신뢰confidence를 가지고 있는가에 따라 경제활동의 정도가 달라질 수 있다. 우선 경기상황이 좋을 때는 자신의 결정이 성공적일 것이라는 확신이 강하며 미래 경기상황이나 거래상대방에 대한 의심을 되도록 미루는 경향이 있다. 이에 따라 경제주체들은 필요 이상으로 더 많이 사고 더 많이 투자하려 든다. 반면 경기상황이 좋지 않을 때는 미래 경제상황에 대한 희망도 줄어들고 거래상대방에 대한 신뢰도 낮아짐에 따라 과도하게 지출을 축소하는 경향이 있다. 이처럼 경제주체들의 심리변화는 경기상황과 밀접하게 연결되어 있기 때문에 경

---

[2] 월가의 유명한 이코노미스트들도 경기전환점 예측에 대부분 실패하고 있는 것은 이를 뒷받침한다고 할 수 있다.

기상황이 좋을 경우 지출 및 통화 승수가 덩달아 높아지고 경기상황이 좋지 않을 때는 이들 승수가 크게 낮아지는, 즉 경기상황에 따른 승수효과의 비대칭성 현상이 나타나고 있다. 그러나 현재의 모형들은 경제주체들의 경제상황에 따른 심리변화와 파급효과의 비대칭적 변동을 구체적으로 고려하지 못하고 있다.

네 번째는 정책당국자의 관심이 경제성장(고용)과 물가에만 초점이 맞추어져 있다는 점이다. 주요국 거시계량모형에서 정책반응함수는 대부분이 GDP갭률과 인플레이션 갭에 따라 정책금리를 결정하는 방식으로 설계되어 있기 때문에 물가와 임금만 안정되면 초과수요(또는 과잉유동성) 문제는 없는 것으로 파악하는 경향이 있다. 그러나 이같은 편향된 관심은 글로벌화 진전에 따른 인플레이션 안정효과—중국의 저가상품 제공 등—가 물가흐름을 주도하는 상황에서 미 연준 등이 저금리기조를 상당기간 유지시키는 결과를 초래했고 이것이 미국의 자산가격 버블을 형성시켜 금번 금융위기와 연관을 맺게 되었다.

이상에서 본 것처럼 금번 글로벌 금융위기를 겪으면서 거시경제학은 상당한 한계를 드러냈으며 중앙은행뿐만 아니라 학계에서는 향후 상당기간 동안 이를 극복하기 위한 연구가 계속될 것으로 예상된다. 이러한 과정에서 중앙은행 등 경제전망 전문가들은 자신들의 경제인식 틀을 수정해 나가야 할 것이며 그 결과를 거시계량모형에 반영하는 작업을 병행해야 할 것이다.

여기서 향후 거시계량모형 및 경제전망시스템이 나아갈 방향에 대해 필자의 생각을 적어본다. 우선 거시계량모형에 경제주체들의 자금대차관계를 세분화하여 설계하고 글로벌 자금흐름, 금융회사 및 금융시장 참가자들의 행태를 모형화하는 등 금융부문을 크게 보강해야 한다. 경제주체들의 기대형성방식도 학습기대 learning expectation 등 불완전한 합리성을 반영할 수 있도록 수정되어야 한다. 경제활동에 있어 심리 confidence가 매우 중요한 역할을 하기 때문에 경제주체들의 심리변화에 따른 외부충격의 파급영향력 변화 등을 포착할 수 있도록 경제전망 과정에서 국면전환 regime-switching 모형이나 STR smoothing transition regression

모형 등 비선형추정법 등을 적극 활용할 필요가 있다. 통화정책반응함수도 물가와 경제성장(또는 실업)뿐만 아니라 자산가격이나 금융안정 등도 변수에 추가하는 방식으로 바꿔야 할 것으로 보인다. 마지막으로 민스키(Hyman P. Minsky)의 주장처럼 현대 금융자본주의 하에서는 경제위기가 빈번하게 발생할 가능성이 높은 만큼 국내외 금융시장, 자산가격, 외화채무 등에 대한 조기경보시스템early warning system[3])을 보강하고 거시계량모형 자체를 위기모드와 평시모드로 구분해서 사용할 수 있는 방안을 강구해 나가야 하겠다.

민스키의 경제관 : 금융불안정과 경제정책[4])

현대 자본주의는 각 경제주체들이 투자 및 소비를 위한 자금을 조달하고 이에 수반되는 부채를 상환해야 하는 금융자본주의monetary capitalist economy라는 점을 인식할 필요가 있다. 이런 체제하에서는 모든 경제주체가 은행처럼 금융거래와 관련한 지불약속에 응할 수 있도록 항상 유동성과 지급능력을 확보해야 하기 때문에 투자를 결정하는 과정에서 미래의 기대수익과 자금조달사정 등에 대한 예

---

3) 조기경보시스템은 금융시장이나 외환시장 및 자산시장에서 위기도래 가능성을 조기에 진단하기 위해 구축된다. 조기경보시스템은 여러가지 방법으로 설계된다. 우선, 과거 경험에 비추어 위기발생과 밀접한 관련이 있는 선행지표들을 발굴하고 이들 지표가 특정 임계치를 초과하면 위기발생에 대해 경보를 발령하는 방식이 있다. 또한 선행지표들을 이용하여 로짓logit 모형이나 국면전환 모형을 추정하고 위기발생 확률이 특정 임계치를 넘으면 경보를 발령하는 방식도 있다. 우리나라에서는 한국은행, 금융감독원, 국제금융센터 등에서 조기경보시스템을 구축해 활용하고 있다.
4) 거시경제 분석과정에서 금융부문의 중요성을 강조하고 케인즈의 기대expectation 연구를 부활시키려 노력했던 경제학자중 한 명이 Hyman P. Minsky였기 때문에 경제전망모형의 개선방향을 기술하면서 참고로 그의 경제관을 간단하게 소개한다.

측이 매우 중요한데 미래는 늘 불확실한 점이 문제다. 한편 불확실성이 큰 경제여건 하에서 경제주체들은 특별한 여건변화가 감지되지 않는 한 현재의 추세가 당분간 지속될 것으로 예상하는 경향이 있다. 사람들이 합리적이라면 높은 성장세가 오래 지속될 경우 과거 경기순환 경험에 비추어 경기침체가 발생할 가능성에 대비할 것이다. 그러나 일반적인 사람들은 그 이듬해에도 고성장이 이어질 것으로 예상하거나 경제구조가 바뀌었다고 해석하는 경향이 높다. 그 결과 호경기가 장기화될수록 미래 수익 및 시장의 자금조달사정에 대한 기대가 낙관적으로 바뀌고 은행가 투자자 기업가 및 주택구입자들은 더 많은 위험을 감수하는 경향을 갖는다.

이같은 금융자본주의 체제 및 경제주체의 기대형성방식에 기인하여 경기가 확장하거나 자산가격이 상승할 때는 미래 수익에 대한 낙관적인 기대가 확산되면서 투자자들의 위험선호경향이 높아진다. 또한 담보능력의 향상, 은행의 대출태도 완화 등 금융시장 여건도 개선됨에 따라 경제 전체적으로 레버리지가 크게 상승하는 현상이 나타난다. 즉 경제주체들은 경기확장기에 부채를 점차 늘려나가는데 처음에는 원리금 상환이 가능한 상태(hedge finance)에서 출발하여, 시간이 지나면서 차환을 통해 겨우 이자를 메꾸고(speculative finance), 결국에는 보유자산 매각이나 신규차입을 통해서만 원리금을 상환할 수 있는 상황으로 진행한다(Ponzi finance).

이처럼 투기금융speculative finance이나 폰지금융Ponzi finance 상황에 처한 경제주체들의 비중이 높아지면 경제 전체적인 레버리지가 크게 높아지는데 이런 상황에서는 경제상황에 대한 기대를 변화시킬 작은 충격만 발생해도 엄청난 경제혼란 혹은 금융위기가 초래된다. 즉 외부충격이 발생하면 추가대출이나 차환이 중단되고 많은 경제주체들은 채무변제 약속을 지키기 위해 건전한 자산까지 헐값에 매각하는 사태가 발생한다(Minsky moment). 이처럼 금융자본주의는 내재적 불안정성intrinsic instability과 취약성financial fragility 때문에 금융위기가 반복적으로 발생할 수밖에 없다. 설령 성공적인 정책수행으로 경제적 안정이 장기간 지속되더라도 이는 경제주체들의 위험선호경향을 강화시키기 때문에 필연적으로 금융위기는 발생할 수밖에 없다(금융불안정가설).

한편 금융위기가 발생하면 실물경제 활동에 커다란 영향을 미쳐 디플레이션이나 공황을 유발할 수 있기 때문에 정부는 이를 방지하기 위한 대책을 세워야 한다. 즉 재정측면에서는 대규모 자금을 투입하여 금융회사 구제 및 경기부양을 추진하고 중앙은행은 발권력을 동원한 최종대부자기능 수행으로 금융시스템의 붕괴를 막는 역할을 담당하게 된다. 따라서 금융위기가 반복될 수밖에 없는 금융자본주의체제를 유지하기 위해서는 위기가 공황으로 발전하지 않도록 충분한 재정동원능력을 갖춘 거대한 정부 big government가 필수적이다. 그러나 『금융위기에 따른 디플레이션 → 경제붕괴』 상황을 방지하기 위해 정부가 투입한 거대한 자금은 미래 인플레이션 발생의 위험요소가 되기 때문에 금융자본주의 하에서는 인플레이션이 만성화될 위험이 상존한다. 또한 거대 자금을 동원한 경제위기 처방은 도덕적 해이 moral hazard를 유발하여 다음 경기상승기에 경제주체들의 위험선호경향을 더욱 강화시키는 요소로도 작용한다.

이처럼 금융자본주의체제 하에서는 금융위기의 반복을 근본적으로 막을 수는 없기 때문에 위기가 발생하더라도 심대한 경기침체를 유발하지 않는 방향으로 시스템을 개혁할 필요가 있다. 예를 들어 정부부문은 건전한 재정상태를 유지하여 유사시에 재정동원 능력을 극대화할 수 있도록 준비하고, 실제 위기발생시 정부가 투입해야 할 자금이 정부의 능력범위를 넘어서지 않도록 정부의 재정능력 확장속도에 맞추어 금융부문이 성장하도록 유인체계를 구축해야 한다. 중앙은행은 재할인정책을 중요한 정책수단으로 활용하고 위기상황에서는 비은행금융기관들과 직접 거래할 수 있어야 한다. 또한 중앙은행은 태생적으로 금융안정의 책임을 져야 하기 때문에 동 기관의 감독기능은 은행만이 아닌 시스템적으로 중요한 모든 기관까지 포괄할 필요가 있다.

전망에 대한 감각 기르기

다양한 경기분석 방법과 거시계량모형에 대한 지식이 있더라도 결국 경제전망은 전문가의 감각에 의존하게 되는데 전망에 대한 감각, 즉 직관을 기르기 위한 몇 가지 훈련방법을 소개한다.

어떤 사람이 경기분석방법, 거시계량모형 및 거시경제학에 대한 많은 지식을 쌓았다 하더라고 경제전망의 전문가라 말하기 어렵다. 사실 경제전망 전문가는 이러한 지식의 바탕 위에서 직관을 발휘할 수 있어야 한다고 본다. 그러나 이러한 직관은 하루아침에 길러지는 것이 아니며 상당기간 동안의 업무 경험과 훈련을 통해 형성된다. 이하에서는 필자가 전망에 대한 감각을 기르기 위해 활용했던 방법을 제시한다.

① 우선 개별 경제지표들의 증감률이나 순환변동치 등을 경기국면과 함께 그래프로 그린다. 경기상황에 따라 지표들이 어떤 특성을 보이는지 유심히 바라보며 경기흐름에 관한 느낌을 가져본다. 어떤 지표는 경기에 선행하고 어떤 지표는 동행하며 어떤 지표는 경기전환점 부근에서 오르내림을 상당기간 반복한다는 등의 특성을 감각적으로 파악한다.

② GDP 구성항목과 관계 있는 개별 지표들(예: 소비는 소비재판매액, 도소매판매액 등)의 증감률을 그림으로 그리고 어떤 지표가 더 최근 흐름을 잘 따라가는지, 최근 1~2개월의 개별지표 증감률 추세에 맞추어 GDP 구성항목의 증감률을 연필로 연장해 보며 추정치를 상상한다.

③ 주요 경제지표들의 움직임을 시계별(1일, 1개월, 6개월, 1년, 5년, 10년, 30년)로 그려본 후 단기시계의 그림부터 장기시계 그림으로 옮겨가면서 흐름을 살펴본다. "아! TV 뉴스에서 주가가 크게 상승했다고 보도했는데 시계를 넓혀보니 의미 있는 변동은 아닌 것 같군"이라고 말하면서 "단기 뉴스를 소홀히 여기지 않되

이에 민감하게 반응하여 큰 그림을 놓치는 실수는 범하지 않으리라" 중얼거려 본다.

④ 거시계량모형의 플로우차트를 확대 복사하여 책상 위에 올려놓고 특정 부문에 충격이 발생했을 때 어떻게 경제전체로 파급되어 가는지 화살표를 따라 연필을 움직인다. 몇 번이고 반복하여 머릿속에 그 차트가 그려져 있도록 한다.

⑤ BOK04 및 BOKDPM 모형 등에서 도출된 변수간 탄성치 및 충격반응함수를 외우고 모형에 설정된 변수별 함수식을 머릿속에 집어넣는다. 예를 들어 수출식에서 환율이 상승하면 수출이 어느 정도 증가하는지를 보고, GDP 대비 수출의 비중을 고려할 때 GDP 성장률은 어느 정도 변할 것인지 대강 계산해 본 후, 모형의 시뮬레이션 결과와 비교해 본다. 약간의 차이가 있다면 어떤 2차적인 효과가 작용했는지 생각해 본다. ④와 ⑤번 훈련을 반복하여 경제충격 발생에 대한 뉴스가 나오자마자 머릿속에서 파급 채널과 그 효과가 바로 튀어나옴을 느끼도록 한다.

⑥ 다양한 형태의 거시계량모형을 직접 운용해 보면서 모형이 가진 특성을 파악하기 위해 노력한다. 모형의 변수를 어떤 식으로 설정해 놓으니 이같은 특성을 보이는구나, 전망의 시계를 몇 년 정도로 하니 장기 추세선에 수렴하는구나 하는 느낌을 가져본다.

⑦ 장기적인 관점에서 인구구조 및 산업구조 변화, 세계경제지형의 변동 등을 예상하여 잠재 GDP 등을 추정해 본다. 단기적인 숫자에 집착하여 큰 숲은 보지 못하고 좁은 시계에서 헤매고 있는 자신을 발견해 본다.

⑧ 다양한 분석으로부터 얻은 예측치들을 바탕으로 본인이 직접 전망수치를 결정한 후 실적치가 발표되면 왜 차이가 나는지 추론해 본다. 이 과정을 몇번이고 반복하여 얼마만큼의 노력을 기울여 전망수치를 결정했을 때 예측오차가 크지 않고 본인도 최선을 다했다는 느낌이 드는지 체험해 본다.

차트분석의 활용: 시장 효율성 및 경제주체의 합리성 문제

차트분석technical analysis은 주요 가격지표의 추세와 시장참가자의 심리 및 행동 양태간 관계를 연구함으로써 미래의 가격흐름을 예측하는 기법을 말한다. 동 분석은 가격이 일정한 추세와 변동패턴을 가지고 있으며 역사적으로 반복되는데 이러한 현상은 금융시장 참가자들의 두려움, 희망 및 탐욕의 감정이 집단행동으로 나타나기 때문이라고 보고 있다. 즉 본인이 시장에서 직접 투자하지 않는 경우는 경제의 기초적인 여건에 관심을 집중하다가도 직접 돈을 투자하거나 거래를 담당하는 경우 감정이 개입된 집단행동을 하게 되며 이것이 단기적 가격흐름을 결정한다. 특히 위기상황에서는 투자자들이 상호 독립적으로 의사결정을 하지 않고 명성을 가진 선도자를 따라가는 군집행동을 보인다.

투자자들의 감정변화와 가격변동의 패턴을 좀 더 살펴보자. 가격상승 초기 투자자들은 매우 조심스러운 움직임을 보이다가, 상승세가 지속되면 대세상승에 대한 확신이 높아져 수요를 더욱 늘리며, 어느 순간 탐욕에 빠져 과열현상으로 이어진다. 시장의 과열이 어느 정도 지속되면 투자자들은 과연 그 상황이 얼마나 지속될 수 있을지 점차 의심하기 시작하고, 어떤 이유로 외부충격이 발생하면 신뢰가 급격하게 무너지며 투매가 일어나 가격이 급락하는 현상이 발생한다.

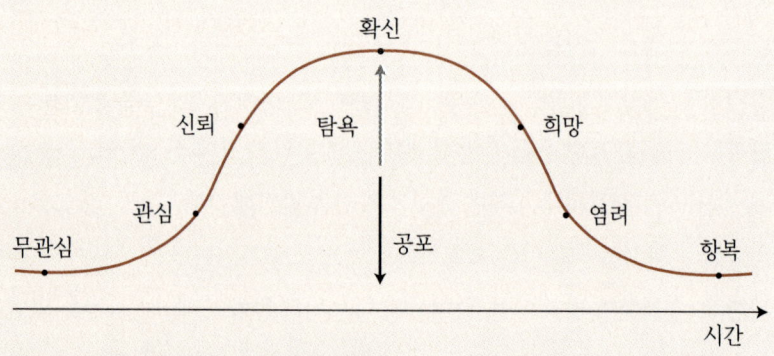

그림 6.1 **투자자의 심리변화와 가격형성**

차트분석가들은 기초경제여건보다는 시장참가자들의 집단행동 방향(낙관적인 견해와 비관적 견해를 가진 집단간의 역학관계)과 시장의 에너지 변화에 기인한 단기적인 가격순환에 관심을 갖는다. 이에 따라 차트분석가들은 이동평균선의 활용, 과거 순환과의 비교, 거래량 및 가격변동 속도 분석 등을 통해 주가, 환율, 채권가격 등의 정점과 저점, 하강추세선과 상승추세선, 다중 정점과 다중 저점, 심리적 저항선과 지지선 등을 파악하고 미래의 가격흐름을 예측하려 한다.

사실 시장이 효율적이라면 금융시장에서 결정되는 환율, 주가 등 가격변수는 과거와 현재의 경제상황 및 미래 경기예상에 관한 모든 정보를 반영하고 있기 때문에 차트분석에서 사용하는 가격변동의 규칙성에 대한 정보가 미래의 가격전망에 도움이 되지 못해야 함을 의미한다. 그러나 금융시장 애널리스트들이 여전히 차트분석을 많이 활용하고 있고 동 분석을 통해 상당한 수익을 올리고 있다는 점은 금융시장 효율성 가설이 맞지 않을 가능성을 시사한다. 또 동 분석이 타 금융시장 참가자들의 심리적 변화와 군집행동 herding behavior 을 바탕으로 가격을 예측한다는 점에서 경제주체들의 의사결정이 합리적이지 않을 수 있다는 뜻으로도 해석될 수 있다.

한편 필자도 경제학자이기 때문에 경제이론을 중시하는 경향이 강하여 차트분석에 대해 많은 관심을 두지 않았었다. 그러나 2007년 이후 글로벌 금융위기 상황에서 금융시장이 패닉 panic 에 빠져 각종 뉴스가 발표될 때마다 가격변수가 오버슈팅 over-shooting 하고 정책당국이 대책을 발표하더라도 시장이 전혀 반응하지 않는 현상을 지켜보면서 경제위기 상황에서는 시장참가자들의 심리와 행동을 연구하는 (차트분석 등에서 활용하는) 지식이 도움이 될 수 있겠다는 생각을 갖게 되었다. 돌이켜 보면 필자가 경제지표들을 보면서 경기흐름을 감각적으로 느끼려 했던 것은 차트분석가들의 접근방식과 비슷한 면이 있는 것 같다.

경제전망시스템 디자인과 전문가 양성

경제전망시스템은 주관적 판단에 의존한 전망그룹과 모형기반 전망그룹으로 나누어 적절하게 구성하고 코디네이터가 두 그룹을 아우르는 방식으로 구축될 필요가 있다. 또한 경제전망은 궁극적으로 종합예술적인 성격을 지니기 때문에 전문가를 체계적으로 양성하는 노력이 중요하다.

대규모 거시계량모형을 구축하여 운용하는 데에는 많은 비용이 수반되기 때문에 대다수 정책 또는 연구기관들은 경제동향분석만을 기초로 주관적인 판단에 의존하여 경제전망을 수행하고 있는 것이 현실이다. 앞에서도 지적했듯이 주관적 판단에만 의존한 경제전망은 논리적 정합성이 결여되고 전망수치가 단기적인 정보에 따라 자주 바뀌며 장기전망을 수행하기도 어렵다. 따라서 동 방식의 전망에만 의존하여 정책 및 투자활동을 결정하면 잘못된 선택을 할 가능성이 높아진다.

이 책을 끝까지 읽고 있는 독자는 이미 느꼈겠지만 경제전망의 정확성을 지속적으로 확보하기 위해서는 경제동향분석 및 모니터링을 철저하게 수행하는 가운데 현실 설명력이 높은 거시계량모형을 구축·운용하는 일이 병행되어야 한다. 이러한 측면에서 경제전망시스템은 예산과 인력을 주어진 제약조건으로 하여 경제동향분석 기능과 모형운용 부문을 최적으로 결합하는 방식으로 디자인할 필요가 있다. 즉 예산이나 인력 사정을 감안하여 그 시스템의 규모를 결정하더라도 경제전망시스템을 경제동향분석 및 모니터링을 바탕으로 한 주관적 전망그룹과 거시계량모형을 주 분석도구로 하는 모형기반 전망그룹으로 나누어 운용하는 것이 좋다. 사실 두 그룹은 상호보완적인 관계이면서도 전망시계가 중첩되는 부분에서는 경쟁관계에 있기 때문에 서로의 전망치를 바탕으로 토론하는 과정에서 상당한 시너지효과도 얻을 수 있다.

한편 많은 인원으로 다양한 분석기법을 통해 종합적인 틀 내에서 경제전망이 이루어지는 체제에서는 코디네이터의 역할이 매우 중요하다. 사실 코디네이터는 경제전망 작업과정에서 전제치 확정, 모형에 의한 전망과 부문별 담당자의 전망간 피드백, 최종전망치의 확정 및 보고서 작성에 이르기까지 전 과정을 통할하게 된다. 따라서 코디네이터는 주관적 전망업무와 모형기반 전망업무를 모두 경험한 전문가가 맡는 것이 이상적이며 업무수행 과정에서는 오케스트라의 지휘자와 같은 역할을 해야 한다.

예산과 인력의 제약하에 경제전망시스템을 디자인하는 예를 설명하기 전에 우선 한국은행 조사국의 경제전망시스템(2007년 기준)에 대해 잠시 소개하고자 한다. 한은 조사국에서 경제전망 업무에 관계하는 인력은 30~40명 정도로 구성되어 있으며 경제동향분석 및 모니터링 업무는 조사총괄팀, 동향분석팀, 물가분석팀, 국제무역팀, 통화재정팀, 산업분석팀, 해외조사실 등에서 수행하고 거시계량모형에 의한 전망업무는 거시모형반에서 담당하는 형태를 취하고 있다. 인력구성 면에서 볼 때 모형기반 경제전망을 수행하는 인력은 전체의 10~15% 정도이고 나머지는 경제동향분석 및 모니터링 업무를 수행하고 있다.[<그림 6.2>참조]

이제 예산이나 인력 제약하에서 어떻게 경제전망시스템을 디자인하는 것이 좋을지 필자의 생각을 첨언하고자 한다. 만약 5명 이내의 인력으로 경제예측을 수행하고자 한다면 경제전반에 대한 분석능력이 있는 1인(코디네이터)이 전망작업 전체를 주도하고 나머지 3명 정도가 실물, 금융 및 해외경제 부문을 적절하게 안배하여 담당하며 나머지 한 명은 간이 거시계량모형이나 VAR 모형 등을 이용한 모형전망을 담당하는 체제를 갖출 수 있다. 만약 10명 정도의 인력 운용이 가능하다면 2명 정도를 모형구축 및 운용을 담당토록 하고 경기, 국내수요, 대외거래, 물가, 고용 등 실물부문 동향분석에 5명 정도, 금융부문 2명 정도, 해외경제동향 파악에 2명 정도를 배정하는 경제전망시스템을 구축하면 상당한 정도의 전망능력을 발휘할 수 있을 것으로 본다.

조사총괄팀	동향분석팀	물가분석팀	국제무역팀
전망 미세조정 GDP 소비 설비투자 건설투자	소비 설비투자 건설투자 고용 실물 모니터링	물가 임금 수입단가 부동산가격 물가 모니터링	경상수지 수출입 원/달러환율 수출단가 수출 모니터링

거시모형반	산업지역팀	통화재정팀	해외조사실
전망 미세조정 모형 전망 경기분석 잠재 GDP 추정	산업별 전망	재정지출 주가 회사채수익률 가계신용	세계경제성장률 국제유가 기타원자재가격 엔/달러환율

그림 6.2 한국은행 조사국의 경제전망관련 업무분장(2007년 기준)

이상에서 경제전망시스템의 디자인 방식에 대해 설명해 보았지만 현실 부합성이 높은 모형이 있고 모니터링을 위한 시스템을 잘 갖추었다 하더라고 궁극적으로 경제전망은 사람이 하는 일임을 잊어서는 안 된다. 우선 다양한 모형에서 수치가 도출되었다고 하더라도 어떤 모형에서 나온 수치를 선택할 것인가는 최종적으로 전망담당자가 결정해야 하기 때문이다. 또 모형에서 경제전망 수치를 일차적으로 결정했다 하더라도 모니터링에서 수집된 다양한 정보를 어떻게 활용해서 어느 정도 모형수치를 조정해야 할지는 순전히 전망담당자가 경험을 바탕으로 직관적으로 결정하는 것이 현실이다. 아울러 이러한 전망수치를 바탕으로 정책방향을 도출해내고 정책결정자 및 민간과 커뮤니케이션하는 정치적 행위도 결국 전망담당자의 몫이다. 한편 경제전망을 담당하는 사람이 많다고 해도, 또 그들 개인의 능력이 뛰어나더라도 적절하게 코디네이팅되지 못한다면 그 성과를 기대하기 어렵다.

이러한 점에서 경제전망에서 가장 중요한 것은 전문가를 어떻게 확보하는가이다. 하지만 경제전망 전문가는 하루아침에 육성되지 않는다는 어려움이 있다. 경제전망 전문가는 거시경제에 대한 해박한 지식을 가져야 하고 경제지표들의 움직임에 대한 동물적 감각이 필요하며 이 두 가지를 적절하게 조합하는 결단력도 있어야 한다. 이와 같은 능력을 종합적으로 갖춘 전문가를 육성하기 위해서는 모형개발 및 운용, 동향분석 및 조사연구 등의 업무를 두루 거치도록 경력경로를 설정하여 체계적으로 관리할 필요가 있다.

결국 정도 높고 현실감 있는 전망을 위해서는 정확성이 높은 모형을 만들기 위해 지속적으로 노력해야 함은 물론 체계적인 모니터링을 통해 경제동향을 파악하고 외생변수들에 대한 정확한 전제치를 도출해 낼 수 있는 시스템을 구축해야 한다. 그리고 더욱 중요한 것은 경제전망을 담당할 전문가를 육성하는 데 배전의 노력을 기울여야 한다는 점이다.

사실 위의 조건들을 모두 충족시킨다 하더라도 예상치 못한 충격이 발생하면 경제전망은 여전히 틀릴 수 있기 때문에 책을 마무리하는 단계에서 결국 다음과 같은 생각이 머리에 떠오른다.

"진정한 경제전망 전문가라면 경제전망의 정확성을 높이기 위해 최선의 노력을 다하되 전망의 한계에 대해서도 잘 알고 인정하면서 구도자의 마음으로 전망업무를 수행해야 한다."

Economic Forecasting

주요 참고문헌

강희돈·박양수, 2007, "한국은행 동태적 최적화 모형(BOKDSGE) 개요," 한국은행 조사통계월보 2007. 9월

강희돈·이중식, 2008, "경제주체의 기대변화가 국내경제 및 통화정책에 미치는 영향 분석," 한국은행 조사통계월보 2008. 7월

강희돈·편도훈, 2009, "한국은행의 경제전망용 DSGE 모형(BOKDPM)의 개요," 한국은행 조사통계월보 2009. 1월

공철·박양수·최강욱, 2007, "주요 교역국과의 경기변동 동조화 현황 및 충격요인 분해," 한국은행 조사통계월보 2007. 6월

김양우·이긍희·장동구, 1997, "한국의 단기경제예측시스템," 한국은행 경제분석 3권 3호

김종욱, 2000, "상태공간구조에서 기업경기조사 결과의 예측력 평가," 한국은행 경제분석 6권 3호

문소상·황상필, 2005, "경제환경 변화와 거시계량모형의 진화," 한국은행 한은조사연구 2005-10

박양수·공철·황상필, 2006, "산업구조의 중장기 전망과 시사점," 한국은행 한은조사연구 2006-12

박양수·문소상, 2005, "우리 경제의 성장잠재력 약화 원인과 향후 전망," 한국은행 조사통계월보 2005. 9월

오금화, 2008, "우리나라의 잠재 GDP 추정 및 평가," 미발표자료

이완수·심재철·박양수, 2007, "경제뉴스, 경제상황, 소비자 기대심리 그리고 소비행위의 상호 속성 의제설정 관계에 대한 시계열 분석," 한국언론학보 51권 4호

이종원, 2006, 경제예측론, 도서출판 해남

장광수·전봉걸, 2000, "주요 실물경제지표의 경기순환적 특성," 한국은행 한은조사연구 2000-16

최영일·박양수, 2007, "최근 경기순환의 특성변화를 반영한 경기분석모형의 개선," 한국은행 한은조사연구 2007-26

최영일·오금화, 2008, "경제여건 변화를 고려한 경제전망의 불확실성 평가," 한국은행 한은조사연구 2008-26

한국은행, 2004, 계절변동조정 프로그램 BOK-X12-ARIMA 사용자 편람, 업무참고자료 2004-3

한국은행, 2010, 알기 쉬운 경제지표해설, 한국은행

황상필·문소상·윤석현·최영일, 2005, "한국은행 분기 거시계량모형의 재구축," 한국은행 조사통계월보 2005. 5월

황상필·박양수·최강욱, 2006, "한국은행 거시계량투입산출모형의 개요," 한국은행 조사통계월보 2006. 9월

Akerlof, George and Robert Shiller, 2009, *Animal Spirit: How Human Psychology Drives The Economy, and Why It Matters For Global Capitalism,* Princeton University Press

Carnot, Nicolas, Vincent Koen and Bruno Tissot, 2005, *Economic Forecasting,* Palgrave Macmillan

Clements, Michael and David Hendry, 2004, *A Companion To Economic Forecasting,* Blackwell Publishing

Del Negro, Marco and Frank Schorfheide, 2004, "Priors from General Equilibrium Model for VARs," *International Economic Review,* 45(2), 643-673

Evans, Robert, 1999, *Macroeconomic Forecasting*, Routledge

Garratt, A, K. Lee, M. H. Pesaran and Y. Shin, 2006, *Global and National Macro-econometric Modelling*, Oxford University Press

Greene, William H., 1997, *Econometric Analysis*, Prentice Hall International

Hamilton, James D., 1994, *Time Series Analysis*, Princeton University Press

Johnston, Jack and John Dinardo, 1997, *Econometric Methods*, McGraw-Hill

Kang, Heedon and Yang Su Park, 2007, "BOKDSGE: A DSGE Model for Korean Economy," *BIS Conference Series on Structural Dynamic Macroeconomic Models in Asia-Pacific Economies*, BIS

Kim, Chang-Jin and Charles Nelson, 1999, *State-Space Models With Regime Switching*, The MIT Press

Minsky, Hyman P., 2008, *Stabilizing An Unstable Economy*, McGraw-Hill

Mishkin, Frederic S., 2007, *Monetary Policy Strategy*, The MIT Press

Park, Yang Su, 2004, "Statistical Inference and Errors in Variables Problem in Using Quantified Values of Business Tendency Survey," University of Illinois

Pindyck, Robert and Daniel Rubinfeld, 1998, *Econometric Models and Economic Forecasts*, McGraw-Hill

Plummer, Tony, 2006, *Forecasting Financial Markets: The Psychology of Successful Investing*, Kogan Page

Roubini, Nouriel and Stephen Mihm, 2010, *Crisis Economics: A Crash Course in the Future of Finance*, The Penguin Press

Stock, James and Mark Watson, 1989, "New Indexes of Coincident and Leading Economic Indicators," *NBER Macroeconomic Annual*, 351-94.

Stock, James and Mark Watson, 1999, "Forecasting Inflation," *Journal of Monetary Economics*, 4, 293-345.

Theil, Henri, 1952, "On the Time Shape of Economic Micro Variables and the Munich Business Test," *Revue de l' Institat International de Statistique*, 20, 105-120

Walsh, Carl E., 1998, *Monetary Theory and Policy*, The MIT Press

Economic Forecasting

찾아보기

| ㄱ |

가격순환 · 207
가속도이론 · 77
강한 모형의존 방식 · 145
거시경제예측모형시스템 · 102
거시계량모형 · 88
거시계량투입산출모형 · 106
건설투자 · 78
경기대응정책 · 5
경기동행종합지수 · 56
경기선행종합지수 · 55
경기수축국면 · 6
경기순환 · 6
경기순환시계 · 37
경기순환주기 · 6
경기신호 · 45
경기저점 · 6
경기정점 · 6
경기종합지수 · 55
경기진폭 · 6
경기침체 · 7
경기확장국면 · 6
경기후행종합지수 · 56
경상수지 · 81
경제활동인구 · 85
경제활동참가율 · 85
계절변동 · 33
계절조정 · 34
고용 · 84
고유근(eigen value) · 61
고유벡터(eigen vector) · 61
곡물재고 · 80

공적분 VAR 모형 • 103
공통요인 • 53
공행성 • 39
공황 • 7
교환방정식 • 165
구조모형 • 70
구조적 연립방정식 체계 • 88
국가신용등급 • 140
국민소득통계 • 25
국제원자재가격 • 81, 123
국제유가 • 81, 123
국제유가 모형 • 124
국채발행 • 136
군집행동 • 207
균등분포 • 50
균형금리 • 164
균형성장경로 • 8
균형수렴속도 • 12
균형통화량 • 165
그랜저인과검정 • 70
근원소비자물가 • 87
글로벌 모형 • 117
금융불안정가설 • 203
금융자본주의 • 201

기대인플레이션 • 87
기업경기실사지수 • 47
기준순환일 • 6
기준전망 • 137, 182
긴축정책 • 14

| ㄴ |
내생변수 • 88

| ㄷ |
다모형시스템 • 101
다중공선성 • 60
단기동학식 • 98
단위노동비용 • 87
대규모 연립방정식 모형 • 104
대완화(great moderation) • 199
대체효과 • 76
대출태도 • 78
더블딥(double dip) • 7
동태요인모형 • 60
동태적 최적화 • 110
동태적확률일반균형모형 • 96
동행지수 순환변동치 • 56
동행지표 • 25

| ㄹ |

레버리지 • 198

루카스 비판(Lucas critique) • 104

| ㅁ |

모수 • 91

모형운용자 • 21

몬테칼로 시뮬레이션 • 183

물가 • 86

물가안정목표제 • 87

미래지향적 기대 • 96

미세조정(fine-tuning) • 123, 127

미시적 기초(micro-foundation) • 95

| ㅂ |

범위전망 • 182

베이지안 추정법 • 99

보조모형 • 53, 101

부분조정 • 68

부스트랩(bootstrap) • 183

부양정책 • 14

불규칙변동 • 33

불확실성 • 176

비경제활동인구 • 86

| ㅅ |

상수항 조정 • 127

상승국면 • 6

상태공간모형 • 51

생산자물가 • 88

생산함수접근법 • 156

서베이 지수 • 47

석유의존도 • 71

선행지수 전년동월대비 증감률 • 57

선행지표 • 25

설문조사 • 47

설비투자 • 77

설비투자조정압력 • 53

설비투자추계지수 • 27

세계교역물량 • 121

소득효과 • 76

소비심리 • 140

소비자동향지수 • 47

소비자물가 • 87

소비자심리지수 • 58

소비지출 • 75

소프트패치(soft patch) • 7

손실함수 • 34

수익률곡선 • 53

수입 · 80

수입단가 · 80

수입물가 · 88

수입물량 · 81

수입액 · 27

수준충격 · 136

수출 · 81

수출물가 · 88

수출액 · 27

순환변동 · 33

순환요인 압도 개월수 · 35

스태그플레이션 · 7

스펙트럴분석 · 39

스펙트럴 응집도 · 39

시간변동 투입산출모형 · 106

시간적 일관성 · 16

시계열분석 · 63

시나리오별 전망 · 181

시나리오 분석 · 89, 131

시나리오 설정 · 135

시뮬레이션 · 133

시스템 변수 · 53

실물경기변동이론 · 90

실업률 · 85

실질통화갭 · 165

| ㅇ |

안정화정책 · 4

애널리스트 · 21

약한 모형의존 방식 · 145

연간모형 · 109

연산일반균형모형 · 90

연속신호추출법 · 58

영구충격 · 136

영업이익률 · 142

영업일수 · 31

예측오차 · 171

오버슈팅 · 207

오차수정모형 · 12, 98

왜도 · 185

외국인투자자금 · 140

외삽법(extrapolation) · 64

외생변수 · 88

월별지표 · 25

위기관리접근방식 · 182

유휴설비 · 54

은닉인자(unobserved component) · 60

은닉인자모형 · 157

이동평균 · 35
이론적 정합성 · 94
인플레이션 갭 · 164
인플레이션 기대심리 · 86
일반화적률법 · 99
일시충격 · 136
일치추정치 · 52
임계치 · 58
임금 · 86
임의보행 · 64

| ㅈ |

자기상관 · 66
자기충족적 기대 현상 · 189
자기회귀 · 65
자본소득분배율 · 156
자본스톡 · 156
자산효과 · 16
자승평방근예측오차 · 172
지연가동률 · 162
자연실업률 · 160
자연자본장비율 · 163
잠재 GDP · 10, 156
잠재성장률 · 188

장기균형식 · 98
장기유통속도 · 165
장기추세수준 · 37
재고순환선 · 54
재고완충기론 · 80
재고투자 · 79
저축률 · 148
적응적 기대 · 104
적정수준지표 · 155
전기대비 증감률 · 40
전년동기대비 증감률 · 40
전망유효시계 · 173
전망전문가 · 153
전미경제연구소(NBER) · 56
전이함수 · 68
절대예측오차 · 171
점예측치 · 180
정부지출 · 123
정상상태균형 · 91
정책공약 · 126
정책금리 · 126
정책모의실험 · 13
정책시차 · 4
정책실패 · 4

찾아보기 221

정책효과분석 • 89
정태적 최적화 • 104
정합성 • 16, 146
조기경보시스템 • 201
주관적 전망 • 15
주성분분해분석 • 60
중립금리 • 164
증가율충격 • 136
지정학적 리스크 • 52, 139
지표모형 • 30
직관 • 15
질적지표 • 47

추세변동 • 33
추세성장률 • 42
추세·순환계열 • 37
축차모형 • 70
충격반응함수 • 70
취업자수 • 85
측정오차 • 52

| ㅊ |

차트분석 • 206
채산성 • 142
체크리스트 방식 • 152
초과수요압력 • 87
초과유동성 • 88
초기 전망치 • 93
초단기예측모형 • 33
총요소생산성 • 157
최빈값 • 180
최우추정법 • 99

| ㅋ |

캘리브레이션(calibration) • 91
커뮤니케이션 • 187
컨센서스 전망 • 189
코디네이터 • 145
콥-더글라스형 생산함수 • 156

| ㅌ |

테일러준칙 • 164
토빈의 q이론 • 77
통화론자 • 90
통화정책 • 94
투기금융 • 202
투명성 • 94
투입산출모형 • 108
투자심리 • 140

투자율 • 148

| ㅍ |

팬차트 • 183
평균수렴현상 • 149
평생소득가설 • 75
폰지금융 • 202
피셔 가설 • 166
필립스 곡선 • 160, 166

| ㅎ |

하강국면 • 6
하방리스크 • 137
학습기대 • 200
합성지수 • 55
항상소득가설 • 75
핵심모형 • 101
현실 설명력 • 94
혼합정규분포 • 185

활황 • 7
회귀분석 • 49
회복국면 • 6

| 기타 |

ARIMA 모형 • 65
BOK-X12-ARIMA • 34
BOK04 모형 • 105
BOKDPM • 114
BOKDSM • 111
GDP 갭률 • 42
Growth Cycle 프로그램 • 56
Hodrick-Prescott filtering • 34, 157
IS 곡선 • 166
Minsky moment • 202
Putty-Clay 가설 • 162
VAR 모형 • 69
X12-ARIMA • 34